Spain in the
International Arena of
the 20th Century

Between Atlanticism and
Europeanism

HOSODA Haruko
細田晴子

戦後スペインと国際安全保障

米西関係に見るミドルパワー外交の可能性と限界

千倉書房

戦後スペインと国際安全保障

——米西関係に見るミドルパワー外交の可能性と限界

目次

第3章 反共の砦として 一九七〇年代前半

第6章 国際社会への積極的貢献 一九八〇年代

序章

スペインにとって、二〇一一年はEC（欧州共同体）加盟から二五周年、二〇一二年はNATO（北大西洋条約機構）加盟三〇周年という節目の年であった。EC加盟によってスペイン外交の「民主化」が完了したと考える研究者もいるように、フランコ（Francisco Franco）権威主義体制から民主主義体制へ移行したスペインは、名実と共に欧州の一員として復帰し、四半世紀を越える歳月を重ねたことになる。

一九九六年のアスナール（José María Aznar）PP（Partido Popular 中道右派、国民党）政権発足後、スペインでは「歴史教育改革」に関して多くの議論が戦わされた。この時期にスペイン史再評価の気運が出現した理由として、中塚は次の二つを挙げている。第一に、フランコ時代からの反動による「地域の歴史」の氾濫にたいする不満、第二に、民主化達成と順調な経済成長によるスペイン史再確認への要請である。「民主化直後には声をあげにくかった、スペインにアイデンティティを抱き、スペインに自信を持とうとする世論」がこれを支えたという（中塚、二〇〇二年、二七三-二八〇頁）。では、欧州と「違わない」「普通の」国となるまでに、スペインはどのような道のりをたどったのだろうか。

本書は、冷戦期以降、公式・非公式を問わず、米国が如何にスペインという国に影響力を及ぼしてきたかを探る。そして、スペインの政治指導者たちが冷戦の変容というグローバルなコンテクストの中で、米国の影響を受けつつ、どのように「イデオロギー」を変容させ、時に鋭く対立してきた多様な政治勢力を如何に和解させていったか明らかにする。

著者は対米関係を軸にスペインの外交政策を分析すべく、米西二カ国の公文書、英国をはじめとする関係国の外交文書を中心に、米西の政治家の史料館などからの様々な史料、自伝、マスコミ報道、先行研究を渉猟し、二国間関係の詳細を分析してきた。

これまで二〇世紀米西関係にまつわるスペインでの先行研究は、主に二国間協定・条約交渉の詳細をつづったものがほとんどであった。筆者はスペインで提出した博士論文(Hosoda 2005)において、スペイン側の公開史料不足を米国側の史料とインタビュー等によって補い、米国という視座から客観的にスペインを分析した。米国による民主化支援が、これまで言われてきた以上に重要な意味あいを持っていたことを示し、併せて、その支援に際してフアン・カルロス(Juan Carlos I)国王と米国スタブラー(Wells Stabler)駐西大使の果たした役割が大きかったことを明らかにした。さいわい同博士論文は、後続のスペイン人研究者らに引用され、多くの研究書に分析の土台を提供することができた[★1]。本書はこの博士論文をもとにしている。

本書の分析の特色は、次の三点である。

第一に、国際秩序形成過程において、政治指導者、外交官が何を考え、どのように問題解決にあたったのか、各プレーヤーの行動に焦点を当て、外交交渉を史的に解明(細谷、二〇〇一年、三-五頁)することを目指した。スペインでは政治を概観する際に、特に属人的要素の分析が重要である。カシキスモ[★2]と呼ばれるシステムが存在したスペインでは、政治指導者の個性が時々の政治に色濃く影を落とすからである。駐米・仏大使・国際連盟軍縮部代表・閣僚として活躍した歴史家であり、内戦勃発により英国へ亡命したマダリアガ(Salvador de Madariaga)は、スペインの政治の原動力を個人の人格に帰しているほどである(Madariaga

1951:195-201)[★3]。

著者は外務省勤務の折から、スペインにおける外交政策策定に個人のパーソナリティが大きくかかわる様を肌で感じてきた。この経験に基づき、非大国スペインの歴史を振り返るなかで、現代日本にも相通ずる課題を考察したい。

第二に、日本人という客観性を活かした歴史叙述を目指している。スペイン政府文書の公開状況はかんばしくない。本書を執筆中の現在(二〇一二年六月)も、スペイン外務省が公文書の公開を一層制限するとのニュースが舞い込んできている。米国、モロッコ、キューバ関係の文書は特に制限が厳しく、とりわけ米国に関しては、現在も一九七四年以降の政治文書はほとんど閲覧不可能である。そうした資料状況を、従来スペイン人研究者が看過しがちであった英米の公文書、私文書、当事者の回想録、マスメディアの報道などによって補完した。

内戦時にフランコ反乱軍側、共和国政府側、どちらに与したかによって、スペインの歴史家・ジャーナリストの書物には強弱の差こそあれ、バイアスがかかっているケースが散見される。POUM(マルクス主義統一労働者党)党員マウリン(Joaquín Maurín)は、米国の歴史家ペイン(Stanley G. Payne)(第四章註29も参照)[★4]に対し、スペインの軍事史は、「木を見て森を見ないスペイン人よりも外国人の方が執筆に適している」として鼓舞している。しかし英米人のなかにも、共和国側亡命者のインタビューや協力をベースに、事実の一断面のみを強調した内戦史を構築している人々が存在する。例えば米国人ボロテン(Burnett Bolloten)の著書が、冷戦期に亡命POUM党員ゴルキン(Julián Gorkin)やCIAの協力によって、反共プロパガンダのために書かれたため、スペイン内戦の内実がゆがめられていると批判される(Southworth 1996)のもそうした一例と言えよう。

著者は第三者たる日本人として、そしてスペイン内戦ブームから距離をおいた世代として、史料批判を行いつつ歴史を再構築し、現代社会との連続性を明らかにするよう腐心した。単なる時系列の一国史ではなく、欧米の現実を理想化せずに示し、米国側からの視点を加えつつ二一世紀スペインの国際社会における役割と可能性を分析したい。

第三に、一国史観を離れ、米西同盟関係を様々な側面から分析する。かねて米西二カ国関係を、キューバを中心とする中南米、欧州、地中海諸国といった地域、労働組合、亡命知識人といった観点からも分析してきた著者は、地中海諸国の民主化、外交交渉のあり方、安全保障問題を俯瞰的に検討し、冷戦期の思想対立を中心としたグローバル・ヒストリーの再構築を試みてきた。現在のスペイン、欧州、地中海の抱えている問題の根本原因を歴史的に解明するためには、以下の四点を踏まえる必要があるものと考えられる。

①地中海と民主化

一般にフランコ政権は反ユダヤ政策・親アラブ政策をとったとされるが、フランコ以降の政権も一貫して中東・地中海を重視した政策をとっている。ゴンサレス（Felipe González）ＰＳＯＥ（Partido Socialista Obrero Español スペイン社会労働党）元首相（任期一九八二〜一九九六年）は、首相就任後の初外遊先にモロッコを選び、後の首相にもこれを勧めている。同じＰＳＯＥのサパテーロ（José Luis Rodríguez Zapatero）前首相（任期二〇〇四〜二〇一一年）はもちろん、ＰＰのアスナール元首相（任期一九九六〜二〇〇四年）の最初の外遊先もモロッコであった。サパテーロ政権下のモラティノス（Miguel Ángel Moratinos）元外相（任期二〇〇四〜二〇一〇年）は、中東和平会議ではアラブ世界協力研究所所長、のちに中東局長・イスラエル大使として活躍した中東専門家であった。

二〇一〇年末のチュニジアに端を発した民主化要求は、ヨルダン、エジプト、リビアといった諸国に連鎖した。一九八六年当時、対リビア政策においてスペインは、米国による空爆に賛同しないなど、米国と一線を画している。地中海諸国とは中産階級層・国民統合の象徴の不在といった相違点はあるが、一九七〇年代に民主化を成し遂げたスペインとしては、現在ＥＵの一員として、地中海諸国の一員として、権威主義体制から無血で民主化を成し遂げた先達として、米国とは異なる立場から民主化プロセスに貢献できる可能性がある。

②イデオロギーの対立

スペイン内戦（一九三六〜一九三九年）は、第二次世界大戦のリハーサル、冷戦の導入部であったとの見方も多い（Southworth 1996:292）。一九三五年のコミンテルン大会で、反ファシズムのための人民戦線が結成され、共産党の敵はリベラル派や社会主義者からファシストとなった。しかし一九三九年、スターリン（Joseph Stalin）はヒトラー（Adolf Hitler）との関係を融和策へと切り替え、独ソ不可侵条約が調印された。

米国共産党は、自分たちの活動が、人民戦線の政策に沿った「共産主義的であるよりはむしろ反ファシズム的な性格」であることを強調していた（クレア、ヘインズ、フィルソフ、二〇〇〇年、二二八頁）。スペイン内戦へ米国・カナダからの国際旅団を通じスペインに派遣されたうちの多くが共産主義者であった[★5]。彼らは現地また帰国後、ソ連のKGBにリクルートされることも多かった。ヘインズ、クレアは、米国人でソ連のスパイや情報源となった人々を三種類に分類するが、その一つが「スペイン内戦帰りのアメリカの若者」であった。一方、米国政府は、第二次世界大戦前後の国内のソ連スパイ・モスクワの諜報本部間の秘密通信を傍受し解読し（「ヴェノナ作戦」）、米国政権内の高官、科学者の中にも内通者がいることを悟っていた[★6]。そのため冷戦期、米国が外交政策を策定する際、常にソ連への軍事的・イデオロギー的対抗が念頭に置かれた。

また同時期の米国外交においては、労働組合もアクターとして重要な役割を果たしていた。この間、第二次世界大戦中枢軸国寄りであった反共政策の旗手のフランコ・スペインと米国は冷戦期如何なる関係を築いていったのだろうか。また国際社会でスペインは如何なる位置におかれていたのか、そしてスペインの民主化問題は、戦後の国際社会にとってどのような意味を有していたのか、その意義を問う。

③安全保障問題

大国たりえなかったスペインは、二〇世紀後半、駐留米軍、領土、核問題といった日本と共通する安全保障上の問題を有していた。

一八九八年の米西戦争の敗北と、それに伴う米州での植民地喪失は、スペインに大きな挫折感と屈辱感を植え付けた(Roy 1986)。二〇世紀初頭、スペインの非近代性を嘆いた知識人たち「98年世代」は、その解決のために「欧州接近」「欧州化」を目標とした。「98年世代」から影響を受けたオルテガ(José Ortega y Gassett)は、一九三〇年代には、スペインという問題に対する解答は欧州にあるとし、「ヨーロッパ大陸の諸民族の集団による一大国民国家(nación)を建設する決断のみが、ヨーロッパの脈動をふたたび強化しうる」と断じていた。そして、スペインが中南米の諸民族と「共通の過去、共通の種族、共通の言語」を持っていたにかかわらず一つの国民国家を形成していないのは、「共通の未来」が欠落していたためとしたのである(オルテガ、一九九八年、二五〇、二六二頁)。

政治社会学者J・リンスによれば、フランコ体制は限定的な多元主義、特殊なメンタリティ(強いイデオロギーの欠如)、いくらか制約されたリーダーシップ、弱い動員力という観点から、全体主義とは異なる「権威主義体制」である(リンス、ステパン、二〇〇五年、九三–一二五頁)。実際、内戦終了後はファシズム政党のファランヘ党は、カトリック勢力、王党派などのフランコ支持層と並ぶ、唯一の政党「国民運動(Movimiento Nacional)」という一派の構成員に過ぎなくなるのである。

しかしフランコ・スペインはファシズムに加担したという「原罪」ゆえに欧州諸国から疎外されていた。「欧州への回帰」を悲願としつつも、疎外されたフランコ政権は、当初その延命のために米国に接近せざるを得なかった。フランコ・スペインは、第二次世界大戦後の国際的孤立の時代から民主化移行期まで、国際社会における承認を強く希求しており、それが往時の外交政策にも色濃く反映されていた。NATO加盟は一九八二年まで待たねばならず、一九七六年まで米国との二国間「片務」協定によって欧州安全保障システムに一方的に組み入れられていた。

しかし二一世紀に入るとスペインは、イラク戦争に反対する「古いヨーロッパ(=独仏)」に対して、英、伊、東欧諸国とともに、介入に賛同する「新しいヨーロッパ」として言及された。イラクへの派兵も行っていたアスナール首相は、二〇〇三年三月一七日、大西洋のポルトガル領アソーレス諸島で、ブッシュ(George W. Bush)大統領、ブレア(Tony Blair)首相とともに国連安保理の決議なしにイラクへ武力を行使する意思表明を行った。アスナール首相はブッシュ大統領との緊密な関係、米英とならぶ影響力のある「大国」であることをアピールしたのである。それに対するアルカイダ系イスラム過激派による報復措置が、二〇〇四年三月一一日に首都マドリッドで発生した列車爆弾テロである。直後の総選挙において、米国追随政策への批判票を集めたPSOEが勝利し政権交代が行われた。

スペインが未来を共有できるのは、オルテガの指摘したように、当時も現在も米国ではなく欧州という運命共同体の近隣地域ではないか。それではなぜアスナール政権は米国に接近したのか。フランコ政権は、本当に盲信的に大西洋主義を取っていたのか。米西同盟関係は如何にして二国間片務協定によるつながりから多国間安全保障システムへと変容していったのか。

④愛国心と外交

二〇世紀最後半の国際社会において米国は圧倒的優位に立ち、新たな帝国のフレームワークを形成せんばかりであった。米西戦争の敗戦国であり、中規模国に過ぎないスペインが、第二次世界大戦後、国際的に孤立し、米国支配に妥協しつつも、自主独立的な外交政策に固執したのはなぜだったのだろう。

イベリア半島は対岸アフリカから最短で一四キロほどしか離れていない。歴史的にも、南からのベルベル人、イスラム教徒や、西側・地中海からはケルト人、ギリシャ人、フェニキア人、ローマ人、西ゴートを含む様々なゲルマン民族がこの地に到来した。その一方、イベリア半島内は険しい地形により分断されており、特にマドリッド、トレドが存在するカスティーリャ地方は外部から孤立しがちであった。

スペインで祖国《パトリア》(patria)という言葉は、様々な形容詞がつけられて否定的にも肯定的にも変化して用いられた。変わらないのは、祖国、愛国主義《パトリオティスモ》(patriotismo)のコンセプトが多義的であり、象徴的・伝説的な含蓄があるということである。一九七八年の憲法第二条では、民族体(nacionalidades)および諸地方(regiones)の自治を認めて、地域ナショナリズム解決への一歩を記した。しかしその一方で、スペインは統一され不可分の国家《ナシオン》(nación)であり、全てのスペイン人にとって共通で不可分の祖国であることもまた謳われている。スペインでは、国家とは何か、が議論になることはあっても、祖国に関するコンセプトは議論の対象とはならなかったのである。そのためナショナリズムとは異なり、愛国主義はポジティブな含意を持ち、合理的、協調的(非排他的)、民主的であるとされてきた(Fernández Sebastián 2008:916-929)。

また、全てのスペイン市民は、彼らの言語、自己の民族認識、出生地にかかわらず、スペインの領土内での平等な政治的および市民的権利を有している。そのためスペイン市民は誰か、というデーモスにかかわる問題は、スペイン国家の正当性を否定するバスク・カタルーニャの過激派ナショナリストがいるにもかかわらず、スペインでは争点にしないのである(リンス、ステパン、二〇〇五年、六五頁)。

これら四つの視点をさらに明確にするため、本書では、フランコ時代、一九五七年から一二年間外相を務めたカスティエーリャ(Fernando María Castiella)、民主化プロセスに貢献したフアン・カルロス皇太子、一四年間首相を務めたＰＳＯＥのゴンサレスという、思想も立場も異なる三名のスペイン人アクターに着目して史的分析を行う。

第一章では、中南米植民地の喪失と、深い精神的ダメージをもたらした米西戦争での敗北が、スペインのその後に如何なる影響を与えたか概観する。さらに第二次世界大戦後、枢軸側に協力的だったために孤立したフランコ体制が、国際情勢の変化に伴い、どのように変容していったのか。冷戦の深化に伴い、米西協定という米国との紐帯《ちゆうたい》によって西側につなぎとめられ、アウタルキーア（自己充足的経済）政策を放棄して国際経済体制に組み込まれていく様子を明らかにする。

第二章では一九六〇年代を中心に、核の時代、デタントの時代の米国にとって、スペインが中東への兵站《へいたん》基地、地中海の要衝として重要性を増していったことを明らかにする。その際、スペインの親アラブ政策、反ユダヤ・反フリーメイソン政策の起源を探り、二度の米西協定改定、水爆落下事故、フランコ政権内部の分裂、地中海の中立さえ主張するカスティエーリャ外相を中心とした自主独立外交の試み、亡命スペイン人と米国といった事象に注目する。日本と同様、スペインでも秘密協定により、米国軍による核兵器の持ち込みが行われていた。また、レバノン・コンゴ紛争時には、米軍・ベルギー軍などによってスペインの基地が使用された。それはあたかもヴェトナム戦争時の沖縄を彷彿とさせる。こうした状況下、スペインに芽生えた米国に対抗する「愛国心」の諸相を検証する。

第三章では、中東・地中海情勢の悪化に伴って、スペインが反共の砦という意味合いから重視されていく過程を分析する。その中で、地中海諸国からの攻撃を懸念するスペインと、NATO域外の南の脅威を中東と考える米国の齟齬が浮き彫りになる。中東紛争に際して基地使用を制限しようとするスペインと、地中海におけるポルトガル革命の影響拡大を懸念する米国が、どのように関係を修正していくのかが分析のポイントとなる。

第四章では、欧米関係が悪化する中、親フランコ政権の米国とスペインの民主化を主張する欧州諸国がどのように協力関係を築き、スペインのスムーズな民主化を支援したのかを明らかにする。また、スペインはいかに欧米諸国との和解、国内の和解を遂げていくのか。その際、フランコの後継者に指名されたファン・カルロス皇太子(現国王)に注目する。

第五章では、スアレス(Adolfo Suárez)首相の下、欧州の集団安全保障にスペインが如何に貢献しようとしたのか、NATO加盟議論、軍の近代化、共産党の合法化などを中心に論じる。あわせて、スアレス政権と米カーター(Jimmy Carter)政権が次第に乖離するに至る要因も明らかにする。

第六章では、政権の座に就いたゴンサレスの率いるPSOEが、共和党政権下の米国との間に協調関係を構築し、国際的にも活躍の場を広げていく姿を描く。それはマルクス主義というイデオロギーに拘泥《こうでい》しなかったこと、ECの一員として米国に相対したこと、世論に裏打ちされた外交政策を追及したこと、などが複合的に作用して、はじめて可能になった。

終章では、前述の四点について議論の総括を行いつつ、米西関係がスペインにおける多様性を許容する社会の構築に如何に貢献したか、アクター間でどのような相互作用があったのかを検討していきたい。

註

★1――例えば、(López Zapico 2010);(Powell 2011a).

★2――地方割拠制の強い国に、産業化を背景とする政治の中央化が行われ、中央と地方を結ぶ接点にカシーケ(地方有力者、つまり人間ないし人格)が介在するシステム。利益と権益の配分というプリンシプルに従って、ハイアラーキー構造の下で共同の行動を取り、中央の政治を構成する政治的クライエンテリズムの一種(篠原、一九八六年、一一-一三、六八-七〇頁)。

★3――同書において英仏スペイン人の行動様式の比較を行っている。

★4――Maurín, Letter to Payne, August 5, 1962, Joaquín Maurín Papers, Box 8, HI.

★5――一九三七年一〇月一日時点で任務に就いていた一八四五人の米国人のうち、共産主義者の割合は約八〇%であった(クレア、ヘインズ、フイルソフ、二〇〇〇年、二二九頁)。

★6――他の二つは、①ニューディール政策がルーズベルト政権下で開始された際、連邦政府で働き始めた理想主義に燃えた多くの優秀な若者および②献身的な米国共産党員。これらの暗号には、そうしてリクルートされた米国人の名、リクルート方法、スパイの内容などが具体的に記載されている。また、スペイン内戦亡命者がメキシコで工作員としてリクルートされることもあった(ヘインズ、クレア、二〇一〇年)。

第1章

フランコ権威主義体制の誕生と変容 〜一九六〇年代

1 スペインの没落と国際的孤立

一八九八年、米西戦争の敗北によりキューバ、プエルトリコ、フィリピン、グアムを失ったスペインは、新しい時代の潮流に乗り遅れた没落帝国であることが明白となった。スペインでは、この「98年の悲劇」によって国内の知識人を中心に沸き起こった、ナショナル・アイデンティティ危機の議論、欧州化によるスペインの近代化を唱える「再生主義」の議論が、スペイン・ナショナリズムに結びつかず、むしろ戦争の失敗の責任を中央政府に帰すことによる、カタルーニャ・ナショナリズム、バスク・ナショナリズムといった、地域ナショナリズムの勃興へと繋がった。

その後、プリモ・デ・リベーラ(Miguel Primo de Rivera y Orbaneja)独裁時代(一九二三〜一九三〇年)、フランコ時代(一九三九〜一九七五年)には、地域ナショナリズムは抑圧された。中央集権的なフランコ政権は、カタルーニャおよびバスクの自治権を廃止し、「スペイン・ナショナリズム」を強要したため、フランコ時代そしてポスト・フランコ時代の民主化プロセスにおいて反フランコ勢力の左派は、地域ナショナリズム運動と結託していく[★1]。こうした背景を念頭に、米国とフランコ、反フランコ勢力を軸に、フランコ権威主義体制がいかに誕生し変容していくのかを当時の国際情勢と絡めて明らかにする。

✣フランコ体制の誕生とスペインの孤立

のちに四〇年にわたる権威主義体制を敷くことになるフランシスコ・フランコは、造船所・海軍軍港で知られる現ガリシア州内のフェロールで一八九二年に誕生した。フランコ家は六代にわたって続く海軍士官の家系である。その四人兄弟の次男であったフランシスコは、物心つくにつれ、米西戦争で敗北した海軍の惨状を身近に感じることになっただろう。兄の入学した海軍士官学校が閉鎖されたため、フランシスコはトレドの陸軍士官学校に入学した[★2]。

中南米の植民地を失ったスペインは、帝国主義下の列強に対抗すべく地中海対岸のモロッコへ進出し、スペイン・モロッコ一九一二年からフランコはアフリカに駐屯する。スペインは同年の協定によって同地に保護領を獲得するが、その後もベルベル人の反乱に苦しめられることとなった。アンワールでの戦いでは、「厄災」と呼ばれるほどの大敗北を喫し、その責任はスペイン国内で重大な政治問題となった。政治家は軍部に責任を押し付けたが、国王アルフォンソ一三世の支持を得た軍部は、一九二三年、プリモ・デ・リベーラのクーデターにより独裁政権を発足させた。同政権下で、フランコはアフリカでの戦争を指揮し、一九二六年には三四歳という異例の若さで将軍に昇進する。

プリモ・デ・リベーラもまた軍部の不満を抑えることが出来ず、一九三〇年、辞任した。翌年四月の市町村議会選挙で共和派が勝利すると、国王は亡命を余儀なくされ、第二次共和制が成立し、六月には議会選

図1 スペインの州(現在)と主な基地の位置

挙が行われた。新政府は軍の改革を行い、フランコが校長を務めるサラゴサの士官学校は閉鎖されることとなった。フランコは、一九三三年には地中海のバレアレス諸島へ左遷される。

共和国政府も頻発するストライキやアナーキストの蜂起に手を焼いた。一九三四年一〇月四日、労働者の蜂起がおこり、炭鉱を有するアストゥリアスでは、PSOE(スペイン社会労働党)、PCE(スペイン共産党)、に加え、アナーキストも参加した。フランコを司令官とするモロッコ外人部隊が出動し、これを鎮圧したが、国内は左右両派に分裂していき、政府の無力も明確となった。

その後一九三六年、軍事蜂起の危険性を有する右派軍人はマドリッドから追放され、フランコはカナリア諸島へ飛ばされた。七月フランコは反乱軍を組織し、共和国政府に対してモロッコから反旗を翻した。一方共和主義者、社会主義者、共産党といった左派も、ファシズムに対抗するべく人民戦線として団結した。英仏が主導して欧州二七カ国は不干渉委員会を設置したが全く機能せず、独、伊は総司令官となったフランコの反乱軍を支援し、委員会に不参加の米国は反乱軍側に石油などを供与するなど、結果としては反乱軍側を利するものとなった。共和国側にはソ連およびメキシコの支援のほか、反ファシストを掲げるコミンテルン組織の国際旅団の義勇軍が参加した。その中には、米国の共産主義者を中心とするリンカーン大隊などが含まれていた。

こうして外国からの介入によりスペイン内戦はおよそ三年にも及んだ。内戦によって荒廃し、二分されたスペイン国民を統合することは、勝者となったフランコ政権にとっても困難な仕事であった。第二次世界大戦中の一九四〇年、同政権は非交戦国宣言を行った。一方でスペイン内戦を勝ち抜き、かつての植民地帝国再興という夢を抱いていたフランコは、ジブラルタルの回復、モロッコなどアフリカでの領土拡大と経済援助の提供を対価に、独に参戦を提案した。しかし交渉は難航し、同年一〇月のフランコ・ヒトラー会談でも参戦は決定されず、翌年義弟で親独派のセラーノ＝スニェル（Ramón Serrano Suñer）外相のイニシアティブの下、独に「青い師団」（スペイン義勇兵師団）を派遣するなどの枢軸側支援を行うにとどまった。

連合国側に有利な情勢になると、一九四二年九月、フランコは政権内のファシズム色を薄めるため、セラーノ＝スニェル外相を更迭すると同時に、カトリック勢力から閣僚を登用した。そして翌年には中立国への復帰宣言を行っている。非大国スペインは、第二次世界大戦の戦況を窺い、日和見の態度を取らざるを得なかった。

米国政府はフランコ側の将軍を買収してスペインの中立維持を工作し、フランコ政権には「スペインにおいては」反フランコ分子と関係を断つと述べていた。しかしＣＩＡの前身のひとつである戦略事務局（ＯＳＳ）は「ニューヨークにおいて」バスク、カタルーニャの人々、共産党、アナーキストなどと接触していた。こうしてスペインに関して国務省とＯＳＳの間に不和が生じてくる。一九四三年には、ＯＳＳが反フランコ分子と接触しているとして、駐西大使は米国政府とフランコ政権との関係悪化を危惧している。国務省側からすると、ＯＳＳが接触するバスク人は「大部分が左派・マルクス主義者」であり、共和国政府下で拡大した自治権をはく奪され、フランコ体制下でゲリラ活動を繰り返し、自治回復を目指していたためである(Brown1982:225, 231-232, 345-346)。

結局、第二次世界大戦後の一九四六年、フランコ政権は国連において非難決議および国連加盟阻止・駐スペイン大使の召還を推奨する排斥決議を受け、アメリカ主導の欧州復興計画、マーシャルプランの適用外となって国際的に孤立した。

フランコは国連決議を逆手にとり、国内のスペイン・ナショナリズムを鼓舞し、政権の正統性を確保しようとした。孤立ゆえのアウタルキーア政策は、一九五〇年代まで続く。これは政府が貿易や為替を統制し、農業、工業に関しても割当量を決定するというものであったが、石油をほとんど産出せず、エネルギーを輸入に頼っていたスペインにとっては無謀な政策であった。このため生活水準は内戦前の、一九三〇年代半ばレベルまで低下してしまう。

そうした国際環境のもとで、フランコ政権は対外政策としてヴァチカンのほか、アラブ諸国および中南米との繋がりに力を入れた。特に南北米大陸では、軍事力・経済力ではかなわぬ米国に「精神性」を強調することで対抗し、影響力を回復しようとした(Delgado 1992:225)。スペイン語とカトリック信仰という共通点、歴史的な絆を強調して、一九四〇年創設のイスパニダー評議会(Consejo de la Hispanidad)を、一九四六年にはスペイン文化院(Instituto de Cultura Hispánica)に改めるなど、スペイン精神《イスパニダー》のもとにこれら諸国との関係を維持強化し、国連でのスペインの非難決議・排斥決議に対抗しようとしたのである。

2　冷戦：反共と反ファシズム

✣労働組合というアクター

一九四三年、既に米国のOSSは、労働組合やファランへの中にまで潜行する共産党に対抗可能な組織は、スペインでは僅かにバスク地方のナショナリストの党とマドリッドの共和派の小規模グループのみであることを懸念していた（クレア、ヘインズ、フィルソフ、二〇〇〇年、三八七－三九〇頁）。しかし前述のように、米国政府はスペインの戦略的重要性から反共政策を取るフランコ政権に接近し、OSSを除けば反フランコ派との接触はほとんど行わなかった。

一方米国内では労働組合関係者はスペイン内戦の個人的経験から、共産党以外の反ファシズムつまり反フランコ派を支援していた。ただし一九五〇～六〇年代、これらのイニシアティブはスペイン内政に対して強い影響力は及ぼさなかった。具体的には政府外のアクター（オールド・レフト）は、スペイン内戦以前に、ソ連に失望し、スペイン内戦を特別な感情で眺め支援していた。第二次世界大戦後は、反共、反フランコ独裁の名のもとに、米国政府とは異なった支援策をとることになる。しかしヴェトナム戦争が勃発すると彼らの最大関心事はスペインからヴェトナムへと移行していくのである。

スペイン内戦に関して、元米国共産党書記長であり、派閥抗争でスターリンに除名されて反共産党を形成したラヴストーン（Jay Lovestone）は「スペイン親派のオブザーバー」ではなく「国際反共産党のリーダー」として興味を有していたのである（Morgan 1999:117）。ラヴストーンは、スペイン・カタルーニャでの反フランコ運動で活躍するPOUMを支援していた。POUMも反スターリン主義を掲げており、当時スペイン共和国政府で勢力を持つ共産党に抑圧されていた。そのため、ラヴストーンはPOUMをスペイ

図2 労働組合相関図

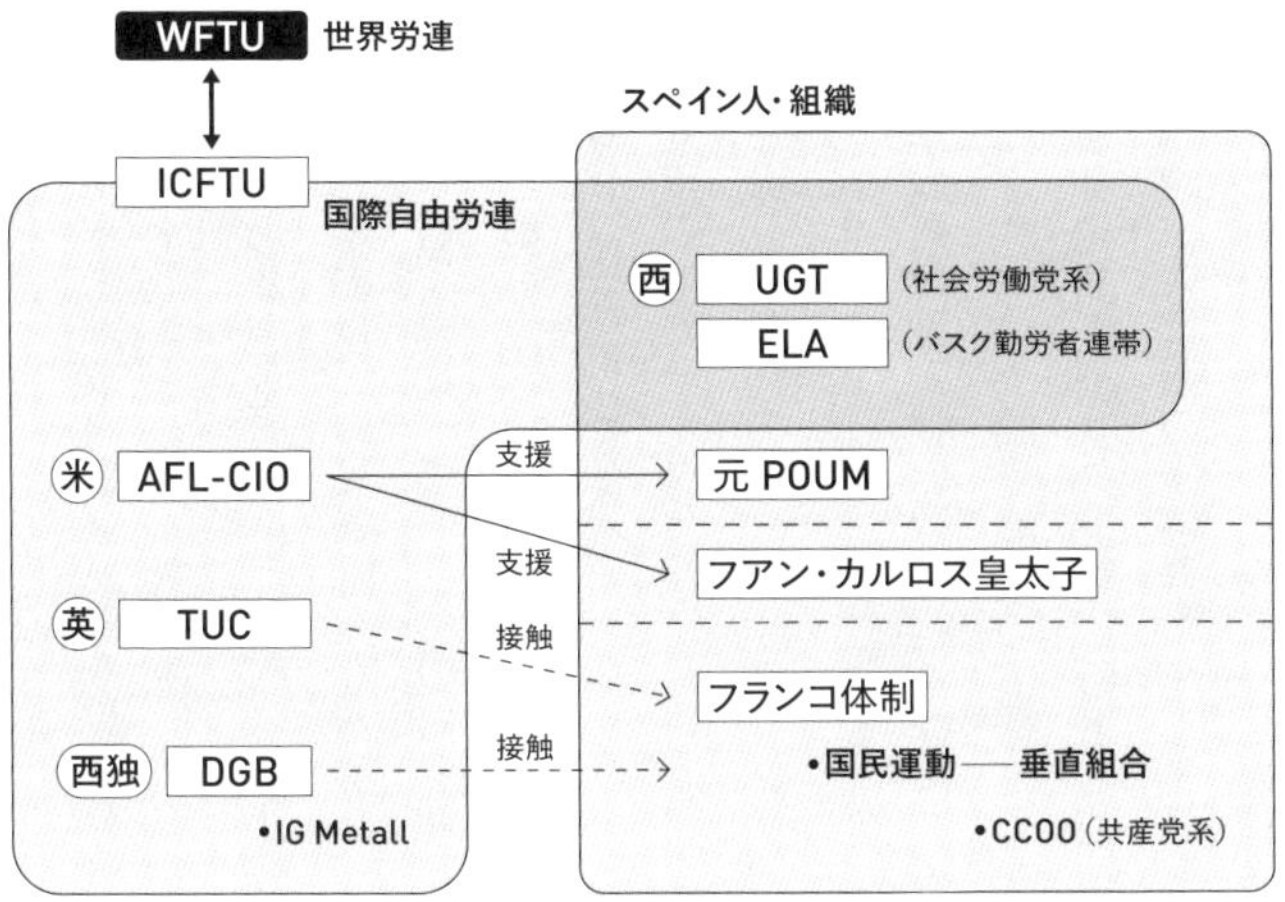

出典：筆者作成

ンにおけるカウンターパートと見なし、スペイン内戦前にはその創設者のひとり、ニン（Andréu Nin）［★3］へ特使ウルフ（Bertram Wolfe）を送り、資金援助を行っていた（Morgan1999:121-124）。

そのため、スペイン内戦終了後にフランコ体制が確立すると、在米・仏の元POUM党員を支援して、米政府とは袂を分かち、共産党勢力に対抗しつつ反フランコ・キャンペーンを展開したのである。一方のコミンテルンも、カタルーニャの共産党活動などを注視していた（クレア、ヘインズ、フイルソフ、二〇〇〇年、三八七頁）。

後にAFL（アメリカ労働総同盟）の国際関係局長となるラヴストーンは、スペインのPSOE党系労働組合UGT（労働者総同盟）への支援以上に、元POUM党員を通じた支援を行う。

もちろん、同時にUGTへの支援も国際組織を通じ行われていた。一九四九年、米国のAFL、CIO（産業別組合会議［★4］）、英国のTUC（労働組合会議）はWFTU（世界労連）を脱退し、ICFTU（国際自由労連）を結成した。その際、スペインのUGT、ELA（バスク勤労者連帯）もこれに参加した。一九五五年に合同したAFL－

ＣＩＯ（アメリカ労働総同盟・産業別組合会議）は、ＩＣＦＴＵの加盟組織同士ということで、同機関を通じＵＧＴやＥＬＡを支援したのである。つまりＡＦＬ－ＣＩＯのミーニー（George Meany）会長およびラヴストーンは、反共・反独裁（右派であれ左派であれ）を主張していたため、軍事的重要性からスペインを西側につける必要性を重視する米国政府とは異なる政策を取ったのである。

スペイン国内では、フランコ体制下の一九三八年に職種別の垂直組合が形成されていた。五〇年代に形成された非合法の共産党系のＣＣＯＯ（労働者委員会）はＷＦＴＵには加盟せず、垂直組合に参画する一方、ＵＧＴ、ＥＬＡなどはこれに参画しなかった。こうして仏での亡命組織を中心として国外で活動していた社会労働党系のＵＧＴに比べて、ＣＣＯＯを通じ共産党は国内の活動で着実に勢力を伸張していくのである。

❖冷戦の深化、国際的認知へ

一九四五年二月のヤルタ会談において同盟国は、スペインの王政復古を決定し、一九三一年の第二共和制成立後に亡命した最後の王、アルフォンソ一三世の三男、バルセロナ伯（Juan de Borbón）の即位を画策していた。米国のルーズベルト（Franklin D. Roosevelt）大統領夫人は、亡命スペイン人組織を支援していた。しかし四月の大統領の死去と冷戦の激化によって、フランコは救われる。一九四七年の初めには、共産圏側の亡命者からの情報、ヴェノナ暗号解読の情報により、米国政府は国内におけるソ連側の諜報活動の脅威を認識し、政府職員の身元調査制度の実施、ＣＩＡの創設を決定した（ヘインズ、クレア、二〇一〇年、三七－三八頁）。そしてルーズベルト大統領の後継者トルーマン（Harry S.Truman）大統領は増大する共産主義勢力に脅威を感じこれに対抗するため、最終的にスペインの統治者としてバルセロナ伯よりもフランコ体制の維持、すなわち「弱い王政」より「強い独裁者」を望んだ（Anson 1994:217, 231-232）。

一方、欧州の諸機関は、ナチス、ファシズムを支援した非民主主義国として、スペインの加盟を許さなかった。ポルトガルやトルコは当時の戦略的重要性により、前者は一九四九年に原加盟国として、後者は一九五二年にそれぞれNATO加盟を果たしたが、スペインは一九八二年まで加盟することが出来なかった。

スペインに対する国際世論の風向きが変化するのは、冷戦の深化に伴う一九五〇年の朝鮮戦争勃発以降である。アジアで熱い戦争に転化した二大陣営の対立は、米国に地中海・中東における安全保障の緊急性を実感させたのである。こうして同年一一月には米国及び中南米諸国の支援で、国連の排斥決議が撤回され、スペインは一九五五年には国連に加盟した。一九五七年までに、中南米諸国間ではフランコ政権が広く承認され、唯一、亡命スペイン共和国政府を国内に擁立するメキシコだけが未承認であった。一方で、反共主義を掲げるフランコ政権は、当時ソ連をはじめとする東側諸国との外交関係を一切持たなかった。

米国から見たスペインの戦略的重要性を考慮する際、キーワードとなるのは、冷戦、中東、地中海、NATOといった用語であろう。地政学上、スペインは海軍および商船の航行観察に適していた。また冷戦が深化するに従い、米国はバレアレス諸島、ジブラルタル、カナリア諸島をつなぐNATOの南境界線として、さらには中東への中継・補給兵站基地、石油輸送経路として、東側諸国から距離のあるスペインの戦略的重要性を強く認識するようになったのである。NATO諸国内に核配備を展開していた米国は、朝鮮戦争勃発後、地中海方面および疲弊した欧州でのソ連の勢力拡大を恐れた。フランコ・スペインの取る断固とした反共主義は、米国にとってフランコ権威主義体制に歩み寄る格好の口実となった[★5]。英国は国内の経済危機を抱えてアラブ世界での外交に敗北し、仏はインドシナ紛争を抱えて内政が混乱を見せていた。欧州各国の支援が以前ほど期待できなくなったことも、米国がスペインに目を向ける要因となっていた。

さらに一九五〇年代以降、米国は欧州同盟国に長距離爆撃機、中距離ミサイル、原子力潜水艦による核配備を展開し、NATOの核備蓄、核共有も協議された。しかし米国はそれとは別に、各国と個別の取り決めを結び、核使用に関する最終的決定権を保持することに固執した。米軍基地受け入れ国が、核使用の際に事前の協議あるいは同意を求めたのに対し、米国は核使用について事前同意は絶対的な条件ではないとする方針であった（佐々木、二〇二一年、二一-三頁）。

スペインはＮＡＴＯに非加盟であったが、スペインの基地は他のＮＡＴＯ加盟国に比べると高い米軍の自由裁量度が魅力であったと思われる。ジブラルタル海峡航行の安全確保、および中東への兵站基地を必要とする米国は、反共主義を標榜するスペイン国内での海・空軍基地の確保に動く。当時、国務省はスペインの状況を「海軍は近代兵器も訓練も不十分な状況ではあるものの、整備されれば対外的に十分貢献できる」と評価している。スペインでは外貨不足、公共政策の失敗、大銀行の寡占などにより道路・鉄道網などインフラ整備が不十分で、近代的な軍需産業も育っていなかった。そのため国務省は、スペインへの経済支援を考案すべきとしていた。そしてＮＡＴＯの共同防衛のため、まずスペインに基地を創設することを目論み、あわせてスペインのＮＡＴＯ加盟も望んだのである[★6]。こうして一九五三年、両国は相互防衛・経済援助・基地貸与協定（以下米西協定）を締結した。

マーシャルプランの恩恵から外れ、アウタルキーア政策により経済的に破綻していたフランコ政権は、僅かな経済援助と抱き合わせになった基地協定を受け入れ、基地の建設・共同使用を許可し、米国にスペインの基地使用権を譲渡したのである。例えば一九五八年のレバノン紛争では、スペイン政府は米国に対し即時に基地使用を許可している。スペイン側は「米国基地」という呼称を嫌い、「スペインにある両国基地の中の米国の設備」である点を強調する。本書でも、以降「スペインの基地」と表記する。

スペイン企業はインフラ整備・投資誘致、スペイン経済立て直しのために、米国の経済援助に長期にわたって依存せざるを得なかった。もちろん、この援助はスペインの経済発展を目指したものではなく、米国企業のスペイン市場への参入を可能にする、すなわちスペイン経済の自由化による米国企業家のための投資・貿易環境の整備ためのものであった[★7]。

また同協定は米国に対するスペインの防衛義務がない片務協定であり、スペインの主権下の両国共同基地と規定されるも、秘密条項によって駐留米軍のスペイン領土内の自由移動が定められていた。さらにスペインにとって最も懸念すべき、地中海からの脅威への共同防衛は協定内に規定されていなかった。軍部の独立性および米ソ二極から距離を取る外交に関しては、スペインの反米・中立主義志向の左派勢力のみならず、右派の一部もこれを支持していた。北アフリカからの脅威を懸念するスペインの安全保障はNATO域外であるとして、米国を含む加盟国の支援の可能性はなかったためである。それどころか米国は、第四章で述べる一九七五年の緑の行進において、公には「中立」を表明していたものの、実際はモロッコに限定的支援を行っていた[★8]。しかし欧州で孤立するスペインは、反米感情は維持しつつも、必要悪として米国を受け入れざるを得なかったのである。

❖テクノクラートの台頭と経済発展

限定的な多元性を容認するフランコ体制は、軍部、カトリック全国布教者協会（ACNP）などのカトリック勢力、唯一の政党、国民運動《モビミエント・ナショナル》の一部にすぎなくなったファランヘ、王党派など様々な勢力の集合体であった。一九五〇年代になると、これらの勢力に代わり在俗修道会オプス・デイ(Opus Dei)出身のテクノクラート集団が体制内での権力を拡大しつつあった。この時期、米国の援助を受け、バルセロナやマドリッドにビジネススクールが創設された。中でも、ハーバード・ビジネススクールの手法を導入したバルセロナのスクールは、オプス・デイの創設したナバーラ大学とも関係が深く、同会出身のテクノクラートを輩出した(Puig 2003:120)。

一九六〇年代のフランコ政権内では、テクノクラートが通商大臣、大蔵大臣などを中心に閣僚ポストを占め、確実に政権内での実権を掌握していった。首相府に入ったオプス・デイ出身の行政法教授、かつファアン・カルロス皇太子とも近しいロペス＝ロド（Laureano López Rodó）は、「経済安定化計画」によりスペイン経済の立て直しを図った（一九六五年以降は無任所大臣、一九七三年外務大臣）。

スペインは一九五八年、欧州経済協力機構（ＯＥＥＣ）、ＩＭＦ、世界銀行へも加盟し、アウタルキーア政策下の為替管理体制と輸入数量制限を撤廃し、貿易自由化により国外市場進出をめざしたのである。一九五九年一二月には、アイゼンハワー（Dwight D. Eisenhower）大統領が初の訪西を行い、米国の支援を受けるフランコ政権の強固さが国内外に宣伝された。

一九六〇年代に入ると、国内に政治の安定も見られ、スペインへの直接投資も増加した。また、季節労働者として移民を欧州各国へ送っていたスペインはオランダ、西独、仏など西欧諸国とは移民協定を結んだ。また、一九五一年には情報観光省が設立され、「スペインは違う」（"Spain is different"）と銘打った積極的な観光誘致政策が開始された。欧州帰りの移民、欧州からの観光客は、欧州の思想まで持ち込み、スペイン社会へ刺激を与えることとなる。また、農業社会から工業化社会への産業構造の転換の中で、都市への国内の移動も増加し農村の変容でカシキスモの影響力も減退した。こうしてスペインは外資・移民の送金・観光収入により外貨を獲得し、国内では中産階級が増加し、一九六〇年代は世界でも日本と比肩する年率七％の高度経済成長を達成したのである。

第二次世界大戦中枢軸側に協力し、政治体制を民主化せずに経済発展を目指したフランコ政権を他の欧州諸国は許さず、一九六二年に行われたスペインのＥＥＣ（欧州経済共同体）加盟申請は受理されなかった。ただし、これはＥＥＣ加盟国に、人権・民主主義とは何か、ＥＥＣ加盟の基準とは何かを問うきっかけとなった（Powell 2011b:26-27）。

3 まとめ

東西のイデオロギーの対立を軸とすると、当時の米西二国間関係、国際社会でのスペインの位置が明確になる。米西戦争によって没落していくスペイン帝国は、内戦・第二次世界大戦後国際的に孤立するも、一九五〇年代の冷戦によって今度は米国政府から手を差し伸べられ国際社会に部分的に復帰する。米国政府・企業を通じ国際経済システムに取り込まれていくスペインは、一九六〇年代奇跡の経済成長を遂げることとなる。その中心には、フランコという人物がいた。そして、一方では反フランコ体制派も米国(政府ではない)から国際的な支援を得て力を蓄えていくのである。

スペインは第二次世界大戦の敗戦国ではなかったが、国際社会で孤立し、経済的には破綻の危機にあった。米国の接近によって「救出」されたスペインは、その勢力圏内に置かれることを受け入れる。フランコ体制の内部でも、ファランへ、カトリック勢力、テクノクラートと、中心的勢力は少しずつ変化していくのである。一方の米国も決して一枚岩ではなく、政府がフランコ体制を支持したのに対し、労働組合などはスペイン国内で地下ネットワークを広げる共産党に対抗すべく、亡命スペイン人、地域ナショナリズム勢力など反フランコ体制派との関係を構築していった。こうしたつながりは、やがてフランコ体制の崩壊局面に生きてくるのである。

註

★1――スペインの地域に関しては以下を参照(中塚、二〇〇八年b)。

★2―フランコの伝記に関しては、例えば(Payne 1992; Preston 2002)を参照。フランコの軍人キャリアに関しては(砂山、二〇〇八年、一一一、一二三、一二七頁)および、フランシスコ・フランコ財団のホームページを参照。http://www.fnff.es/La_Carrera_de_Franco_20_c.htm

★3―モスクワのトロツキー(Leon Trotsky)のもとで働き、スペインでトロツキー派のグループを創設したこともあったが、トロツキーと決別し、一九三五年、POUMを創設した。しかしソ連での派閥抗争に巻き込まれ、ニンはトロツキー派だとされてソ連の諜報・保安機関NKVDに粛清される。

★4―自動車、鉄鋼などの大型生産型産業を組織するため、CIOは一九三六年の結成時に共産主義者の助けを借りた。一九三〇年代後半までにはCIOのメンバーの四分の一が共産主義者の指導下にある組合に属していた。一九四八年、民主党に代わる人民戦線的政党として共産党が進歩党を支持して、キャンペーンが失敗すると、CIO指導者、ルーサー(Walter Reuther)は、共産党員や共産党が支配する組合を労働界から追放した(クレア、ヘインズ、フィルソフ、二〇〇〇年、四三-四七頁)。

★5―米国から見た、スペインの戦略的重要性に関しては(Kaplan 1977; Viñas 1981; 2003)を参照。

★6―DoS, Proposed FY 1952 Foreign Aid Program Title I Europe, n.d., DDRS, アクセス 17/2/2002.

★7―冷戦期の米国の対スペイン投資に関しては(Puig and Álvaro 2004)を参照。

★8―DoS, Briefing Memorandum to SoS, September 30, 1976, Fol. "Spain (6)", Box 12, NSA. PCF-EC, GFL.

第2章
中東への足がかり　一九六〇〜一九七〇年代前半

一九五〇年代、スペインは欧州諸国から政治的に孤立する一方で、米国への政治・軍事・経済的依存を高めていた。米国が安全保障を核の抑止力に依存するようになる一九五〇年代末から一九六〇年代にかけて、デタントの動きを背景に欧米における安全保障の枠組みの中、米国から見たスペインの重要性とはいかなるものであったのか。

本章では、一九六〇年代の地中海・中東情勢にかかわる米西関係を論じ、それにかかわるフランコ体制内部からの変革の動き——米国に対する愛国心の芽生え——と外部からの圧力を明らかにしようとする。地中海・中東情勢の影響により、一九六〇年代の米西関係はいかに変容していくのであろうか。

1　アラブとユダヤの狭間で

✣スペインの親アラブ政策の起源

スペインが親アラブ政策をとる理由は何か。七一一年、地中海対岸からイスラム教徒が侵入し西ゴート王国を滅ぼした。その後もムラービト朝、ムワッヒド朝などベルベル人系の王朝が北アフリカから半島へ侵入した。キリスト教側による何世紀にもわたるレコンキスタ、再入植運動を通じて、一四九二年、ついに最後のイスラム王朝、ナスル朝が滅ぼされる。こうして一五世紀末、イベリア半島にカスティーリャ王国とアラゴン王国の複合王政からなるスペイン王国が打ち立てられる。

スペイン王国は、カトリックを国教とし、矢継ぎ早にユダヤ人追放、イスラム教徒追放を行う。一部の異教徒は、キリスト教に改宗してスペインにとどまるが、ユダヤ系新キリスト教徒の中からは、トルケマーダ(Tomás de Torquemada)のような異端審問所の長官も出た。一方でスペインではキリスト教徒としての「血の純潔」が重視される。中世にはイスラム、ユダヤ、キリスト教徒の共存が可能であり翻訳文化も栄えたスペインであるが、こうしてユダヤ系に対する不信感が培われていくのである。

二〇世紀には知識人の間では、このイスラム教徒との「共存」がスペイン史上何を意味するのかに関する議論は尽きなかった。例えばアメリコ・カストロ(Américo Castro)はスペインをスペインたらしめたものを、「ムスリムやユダヤ教徒などセム的他者の中世八〇〇年に及ぶクリスト教徒との死闘と共生という事実」と述べ、歴史家のサンチェス＝アルボルノス(Claudio Sánchez-Albornoz)はこれに反駁してイスラム時代を特別視しない説を主張した(西澤、一九九一年、二八頁)。

現スペイン国王、フアン・カルロス一世によれば、アラブの中でも王国・首長国にとってはスペインの元首が国王であることが、スペイン・アラブ世界の関係の潤滑油になっているという。砂漠で過ごしたアラブ人の価値基準の中には、時間の観念、民主主義の概念は存在しない。それに欧州人は耐えられなくなるという（Vilallonga 1993: 235-6）。

以上のような歴史的背景の他、経済的な要因も挙げられる。国内で殆ど石油を産出しないスペインは、フランコ時代末期、エネルギーの三分の二を石油（そのうち八割をサウジアラビアから輸入）に依存していた。アラブ諸国は石油を盾に、イスラエルを承認しないようスペインへ圧力をかけていたのである（Huguet 2005:8; 18）［★1］。なお、民主化後スペインの軍需産業の主な輸出先はアラブ諸国であり、彼らは貿易の重要なパートナーであった。

第二次世界大戦後に欧州から孤立したスペインは、スペイン帝国の残滓にすがって、スペイン精神《イスパニダー》を標榜しつつ親中南米および親アラブ政策を取らざるを得なかった。国連においてはアラブの民族自決支持を維持していたのである。そして一方では、冷戦時代もスペインの安全保障の最重要懸念事項は、他の欧州諸国のように東側からの脅威ではなく、南側（地中海）からの脅威であった。

❖フランコとユダヤ、フリーメイソン

フランコ政権は一九三〇年代のその成立当初から、反共産主義と並んで、反ユダヤ主義、反フリーメイソンを掲げていた。当時ユダヤ人はスペイン国内にわずか六千名在住するのみだったといわれるが（Avni 1982: 43）、同政権は一五世紀末にスペインを統一したカトリック両王にならい、カトリックを国教として国を統一すべく、親アラブ政策を推進していたためと思われる。その他にも、アラブ諸国からの石油輸入の依存、西サハラ問題に関するアラブ側の支援の必要性なども同政策支持の要因であった。

一九四〇年には、フリーメイソン・共産主義弾圧法が施行された。多くの知識人が政治参加した第二共和

制下、アサーニャ(Manuel Azaña)大統領を含む議員の大部分がフリーメイソンであったため、また出奔した父親がフリーメイソンに共鳴する反カトリック的な自由主義者であった(Payne 1992:7-12; Preston 2000:28-34)ためか、反発したフランコはフリーメイソンを敵視し、特に危険な存在と見なしていたのである。フランコは、一八世紀のイエズス会の解散や第二次共和制時の反宗教的法制の責任をフリーメイソンに押し付け、当時のマスコミは対独アピールのためユダヤとフリーメイソンを結びつけた「ユダヤ・フリーメイソンの陰謀説」を利用した。

後に首相となるカレーロ＝ブランコ(Luis Carrero Blanco)海軍大将も、厳格なカトリック信者であり、反フリーメイソンであった(Suárez 2011:129, 302-304)。彼からすると、ルーズベルト大統領個人が形成した「アングロサクソン・ソビエト戦線」は、フリーメイソンとユダヤに仕えるもの、つまり民主主義、フリーメイソン、自由主義、金権政治、共産主義の複合体であるユダヤ戦線であり、キリスト教文明の破壊を狙うものであった(Tusell 1993:61)。一方、フランコは米国を「自由主義やフリーメイソンの牙城」として注意を喚起し(中塚、二〇〇八年b、一六七頁)、基本的にはユダヤ人よりも共産党、フリーメイソンを真の敵としていた(Domínguez 2009:97)。しかし、その後冷戦による米国の接近に伴い、フランコ政権は対米批判をトーンダウンさせた。

なおフランコ政権は、一九七五年八月のテロリストの死刑執行によって再度国際的に孤立したため、フランコは死の直前一〇月一日の最後の演説において、スペインへの攻撃は「特定の腐敗した国」由来のものとし、再びスペインの問題を左派・フリーメイソンの陰謀や共産主義・テロリストの策謀としたのである[★2]。つまり反フリーメイソンは、体制が弱体化し孤立する際に強調されるレトリックであった。

一方、フランコ政権はユダヤ人救済に動くこともあった。フランコ自身の家系には、ユダヤ系改宗キリスト教徒の祖先が存在したとの研究もある(Domínguez 2009:14, 39, 84)。第二次共和制前のアルフォンソ一三世時代、セファルディム（スペイン系ユダヤ人）に対しスペインが与えた旅券によって、第二次世界大戦中ナチスの迫害時フランコ政権は四万六千人のユダヤ人を救出することになる（Suárez 2011:905）。一方一九六七年の六日戦争後、米国の外交政策の中で地中海の重要性は増加した。エジプトと国交を断絶した米国は、カイロのスペイン大使館内に対アラブ連合共和国（UAR）米国利益代表部を設置した。米国はギリシャ大使館と比較して、スペイン大使館（当時のサガス（Ángel Sagáz）大使［★3］は、UARと良好な関係を保っていた）を選択した。米国はスペインを「中東との友好的な仲介者」として望み、UARとの停戦のために再三仲介を要請していたのである［★4］。カスティエーリャ外相も、ラスク（David Dean Rusk）国務長官に対しサガス大使経由の情報を通知していた。またスペインは、アラブ諸国で迫害されたユダヤ人を救援した。同大使の手配で千五百名以上のユダヤ人がナセル（Gamal Abdel Nasser）支配下のUARから釈放・解放されたのである（Rein 2006）。

これはスペインが西欧の民主主義国家の世論に映る同政権のイメージを常に意識していたためともとれるが、他方でこの救援はUARが当時英米仏とも国交がないという特殊な状況下の話で、さらにフランコ政権の手柄というよりは主にサガス大使個人の手腕によるところが大きかった。実際これとは逆に一九五二年リビアでは、カレーロ＝ブランコの命で、スペインのパスポートを望むユダヤ人へ救援策は行われなかったのである（Rein 1996 302-303）。

サガス大使は、UAR側の様々なグループと接触する一方、米国に対してはブリーフィングを行っていた。問題は、米西両国の分析は、ソ連が中近東への足掛かりを構築しつつあるという点で基本的に一致していた。問題は、ソ連がどの程度UARに対して軍事・経済・政治的支援を行うかであった［★5］。米国はこうしたUARでのスペインの行動に感謝の意を表明し、イラクでも同様の救助をスペインに依頼した［★6］。特に、大統領レベルでもサガス大使の貢献に言及し謝意を再三表明していた［★7］。後に彼は米国大使（一九七二〜一九七四年）となるのである［★8］。

✣冷戦下のアラブ諸国・イスラエルとスペイン

英国は一九四〇年代末にギリシャ・トルコ防衛から手を引いていた。代わって米国が両国に軍事・経済援助を行い、共産化の防止を試みた。一九五六年スエズ危機の後、英仏のエジプトにおける影響力は減退し、一旦はスエズ危機解決に協力した米ソであったが、ソ連はエジプトへの海軍基地建設など支援し着実に影響力を拡大した。また、ペルシア湾岸においても米国資本が中東石油の主導権を掌握する。アフリカ・アジアでの民族自決、独立運動、脱植民化の流れの中、一九五六年モロッコはフランスから独立し、スペイン領モロッコも翌年イフニ戦争[★9]を経て独立に至った。米国とモロッコは一九六三年末期限で米軍の撤退に合意し、米国はモロッコから駐留軍を撤退させたが、核兵器は同年九月まで当地に残されていた。

一九五六年の大陸間弾道ミサイル実験の成功、翌年の人工衛星打ち上げ成功により、米国は科学技術開発でソ連に大きく水をあけられる形となった。さらに軍拡競争の激化で戦略国空軍団(SAC)基地の確保が急がれた。また一九五〇年代後半から一九六〇年代前半にかけ、米国は核優位へ執着し、ソ連との軍縮交渉では核兵器運搬手段の削減問題も争点となっていた(黒崎、二〇一一年)。

一九五八年三月以降、米軍はフランコ政権の幹部に通知せずスペイン国内へ核兵器を持ち込み、貯蔵し、スペイン領空を通過し核兵器輸送を行っていた(Moran 2009:70)。一九六〇年代初めには、核弾頭を搭載したポラリスミサイルの開発に伴って、これを搭載する原子力潜水艦の重要性が上昇し、その停泊地の確保および中東からの石油の輸送路確保のため、米国にとってのスペインの戦略的重要性は一層高まった。また一九六〇年代は核兵器の拡散に対する米欧の見解の相違、独仏の接近による米国・西欧諸国の間の軋轢《あつれき》も、米国がスペインに固執する一因となった。

こうした状況下、スペインは一九六四年には大西洋に面したカディス近郊のロタ海軍基地に原子力潜水艦

図3 地中海世界の要衝スペイン

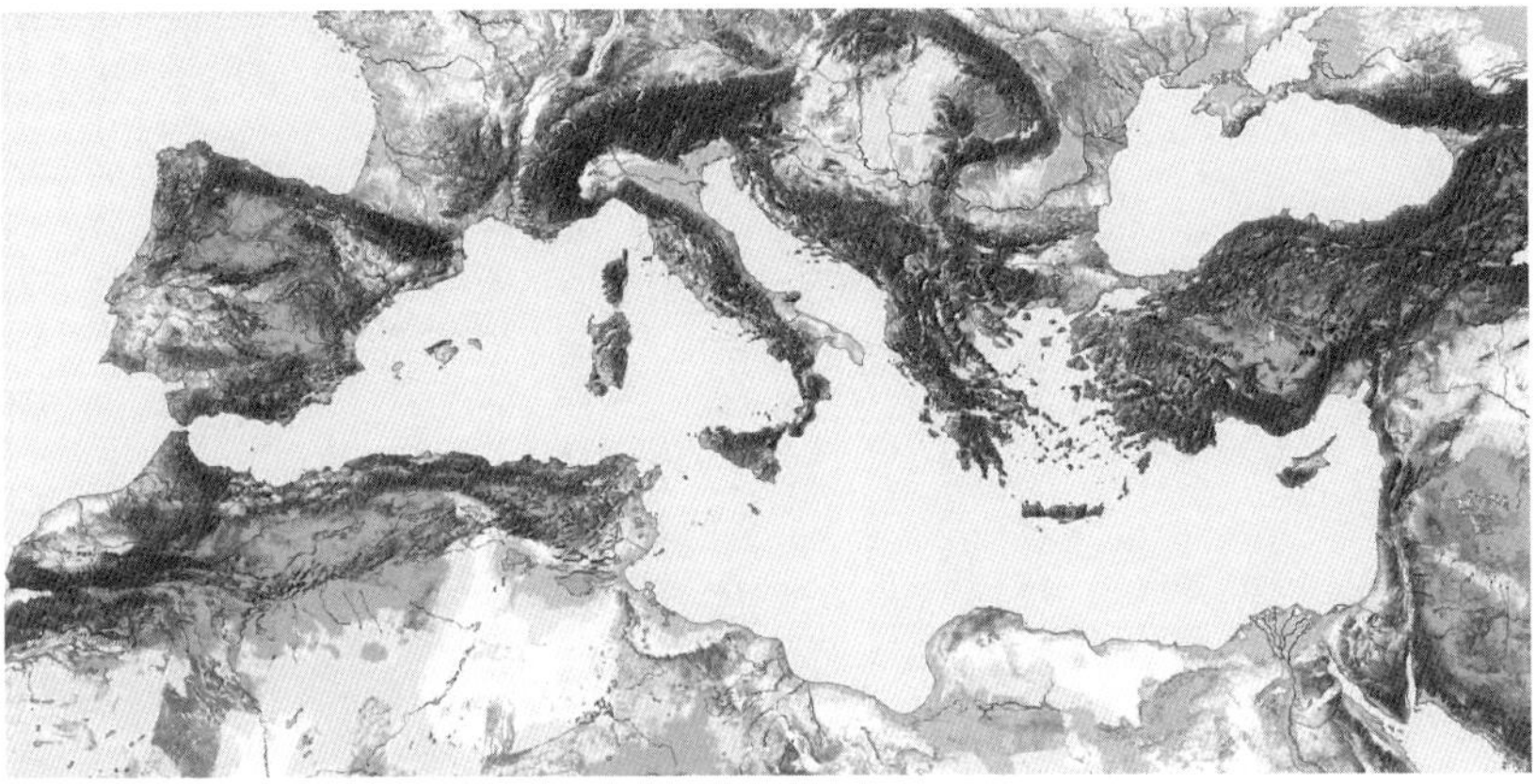

の寄港を許可する。NATO加盟国の基地では、NATO域外の紛争に対し米国一カ国のイニシアティブでの自由な基地使用は不可能であったのに対し、米軍に自由裁量の余地のあるNATO非加盟国スペインのロタ海軍基地は使い勝手が良かったのである(Chamorro y Fontes 1976:101; Hosoda 2011a)。

その他、当時の米西関係に影響を与える地中海の出来事にリビア革命があげられる。一九六九年にカダフィ(Muammar al-Qaddafi)大尉(当時)によって王政が倒され、米軍はリビアのウィーラス(Wheelus)基地より撤退を余儀なくされた。その代替地として、乾燥したスペインの気候が演習に適切であったため、サラゴサ基地(バルデナス・レアレス演習地)で米軍の軍事演習が実施されるようになった。

✣一九六三年米西協定延長[★10]

一九五八年のレバノン紛争[★11]、一九六〇年からのコンゴ紛争[★12]の際、米国、ベルギー空軍がスペインの基地を使用した。レバノン紛争では、ロタ海軍基地をはじめとするスペインの基地の使用を希望する米国に対し、フランコ政権は「直ちに」「肯定的な」回答を寄せていた[★13]。コンゴ紛争以後スペイン外務省は、第三国、特にNATO加盟国の人員、航空機、船舶がスペインの「米国」基地に寄港する際は軍を通じてではなく、外交ルートでの許可を要求するようになった(Pardo 2007: 349)。

当時米西二国間の安保体制はいかに進展していったのか。経済発展をとげていたスペイン国内では、米国の一方的な片務協定に疑問が呈されるようになった。一九五三年の米西協定は一〇年期限であり、その改定交渉に際しカスティエーリャ外相はこれを条約に引き上げるよう米側へ強硬に主張したため、改定交渉は難航した。ガリーゲス(Antonio Garrigues)駐米スペイン大使は協定改定にあたり、米国と日本など他国の間で結ばれた安全保障条約を研究し、手本にしようと試みた[★14]。

米国が同協定の自動更新を切望したのに対し、スペイン側は同国に不利な条件を改定すべきと主張した。特に米国空軍の第四〇一戦術航空団が駐留するトレホン基地は、大都市マドリッド北東二四キロメートルに位置し、民間空港に隣接した滑走路が並行していたことから事故の危険性が懸念された。また一九六〇年代前半現実味を帯びてきた核戦争への脅威から、スペイン側は二大国紛争の巻き添えを危惧し、米軍によるトレホン基地使用の見直しを要請した。一九六三年の協定交渉においてスペインは「両国への脅威は、共通の関心事」という文言の挿入に成功し、大西洋および地中海の安全におけるスペインの貢献が強調された。しかしながら、実際は北大西洋条約とは異なる単なる宣言であり、米軍に対し何ら軍事的義務を課すものではなかった。

また一九六三〜六四年にかけてもう一つの争点となったのは、スペイン領土内への核の導入であった。実際は、前述のように一九五三年の秘密条項のもと、一九五八年以降領土内に核兵器が導入され、領空を通過して核兵器が移送されていた。フランコ政権の秘密外交と報道統制によりこれを知るものは政権内のごく一部のみであった。一般的に欧州諸国、スペイン共に、核兵器を搭載した米国の原子力潜水艦の寄港に難色を示していた。そのため、是が非でもスペインの許可を獲得せねばならない米国は、対米強硬派のカスティエーリャ外相率いるスペイン外務省の頭越しに、軍部出身のムニョス＝グランデス（Agustín Muñoz Grandes）副首相と原子力潜水艦の寄港許可について交渉したのである。スペイン軍部は米国に妥協し、ロタ基地への潜水艦の寄港を許可したため、以後スペイン外務省と軍部の間には不信感が募ることとなる。

❖水爆落下事故 パロマレス事件

スペインへの米国による核兵器の持ち込みが公になり世論でも問題となるのは、一九六六年一月一七日のスペイン南部パロマレス沖における米軍の水爆落下事故以降である。同事故により、核の脅威を現実のものと実感したスペイン世論は次第に駐留米軍、核問題に敏感になるのである。米国はスペインの世論による対米感情悪化、核兵器に関する機密漏えいを恐れた。フランコ政権側はこれを逆手にとり、米西交渉のカードとする。

当時、核爆弾の輸送を行うB52爆撃機が常時スペイン上空を飛行していた。同事故は地中海沿岸のパロマレス村沖で、米軍の水爆四個を搭載した戦闘機と、セビーリャ近郊のモロン空軍基地より飛び立った空中給油機が海上で衝突、墜落したというものである。四個のうち、陸地に落下した三個は直ちに発見され回収されたが、残る一個の発見に二カ月半を要した。陸地に落下した方は核爆発を起こさなかったものの、プルトニウム（PU239）やウラニウム（U235）が拡散し土壌が汚染された。同事故は、米国にとっては非核国で起こした最大の事故であり、その汚染度、長期にわたる報道という観点から、最も深刻な事故であった[★15]。

ムニョス＝グランデス副首相は、スペイン領土上空ではなく海上での給油を要請し、スペイン領土内に核関連装備の設置の有無を米側に質した。すなわち、実際にはスペインにはすでに核兵器が貯蔵されていたが、これは極秘条項であり、場所など詳細に関しては、副首相でさえ通知されていなかったのである。米側のブリーフィング後の二九日、通常は親米的な副首相も、詳細が明らかになるまではスペイン領土上空にての核兵器輸送は禁止すると述べた。これはスペイン政府内の文民閣僚からあるいはフランコ自身の命令と推測されるが、いずれにせよスペイン側はこれを米西協定交渉時の圧力に用いようと試みたのである。こうして米国は、将来的にも米軍のスペイン上空の核兵器輸送、領土での保管が禁止されるであろうと懸念し、さらにこうしたスペインの決定が英、仏、独などへ「ドミノ現象」として波及することを憂慮したのである(Moran 2009:70, 75-76)。米国は同事件がスペインに与える環境汚染以上に、スペイン世論に与える否定的な影響(反米、反駐留米軍)を懸念し情報隠ぺいを試みたのである。

スペインのマスコミは事故当日より同事故に関する報道を行ったが、検閲の存在するフランコ政権下では、米国に対する批判的な報道は見られなかった。米国は、スペインにおける核爆弾の「紛失」について三月二日まで公式に認めず、ジョンソン(Lyndon B. Johnson)大統領自身も、同事件に対しては積極的に対応しなかった。一方、前妻がスペイン人であったデューク(Angier Duke)駐スペイン大使のイニシアティブで記者会見が開催されると、マドリッドの米国大使館前で核持ち込み反対、反駐留米軍、果ては反ヴェトナム戦争を理由とする反米を掲げる抗議運動が起こった。

このような反米運動は、同事故以前には見られなかったものである。また政権内にも米国との協定に難色を示す軍人も存在し、米国はスペインでの報道ぶりに次第に神経質になっていた[★16]。デューク大使のイニシアティブによって、安全性をアピールすべく、大使とスペインの情報観光相フラガ(Manuel Fraga)は早春の冷たい地中海で泳ぐという茶番劇を演じた。このショットは非常に印象的であったために、現在二一世紀のスペインにおいても、スペイン人の間では広く語り継がれ、よく知られた写真となっている。

米国政府は事故後、汚染土壌一四〇〇トンを本国サウスカロライナ州に輸送する一方、当時のフランコ政権は汚染地域を接収し土地の使用制限を行っていた。一九六六年二月には、米国側が住民の健康および安全性に関する調査のための技術支援の実施が両国で合意された。カスティエーリャ外相およびラスク国務長官間では、パロマレスのための浄水器設置などが協議された[★17]。米国側は毎年行われる住民の健康診断の一部を援助したものの、土壌は想像以上に汚染されており、二一世紀に入ってもプルトニウムは同地に残留していた[★18]。

スペイン側は、同事故が一九六八年に期限切れの協定の交渉の際に有利なカードとして使用できると見てとり、米国と対等な立場での交渉を要求した。さらに協定自体を有利に改定するのみならず、EEC、NATOといった西欧の機関への加盟の支援、ジブラルタル問題の有利な解決[★19]への支援なども同時に要求したのである。一方、当時の米国の欧州軍最高指揮官も、仏のNATO軍事機構脱退、ソ連の地中海における勢力拡大のためにスペイン基地は不可欠であるとして米西協定交渉の成功を第一義にし、デューク大使と共にスペインのEEC加盟交渉に米国は反対せぬべき、との意見であった[★20]。

英国は第二次世界大戦後、地中海における勢力を縮小してきており、一九六七年には地中海艦隊を解体して、ジブラルタルの戦略的重要性は相対的に低下していた。代わって地中海で勢力を拡大したのは、第六艦隊を常駐させる米国である。ジブラルタルを自国の領土と見做すスペインは、NATO軍の使用の際はスペインの協力を必要とする旨主張した。さらに同交渉の影響は二国間の問題にとどまらなかった。フィリピンなど欧州外の国々まで、自国の基地に対する米国のオペレーションの規制を一層厳格にしようと試みたのである(Stiles 2006:59)。

2 フランコ体制の分裂

❖カスティエーリャ外相の登場

第一章で述べたようにフランコ体制は、異なった派閥の集合体であった。内戦、第二次世界大戦中にはフランコの義弟で親独のセラーノ＝スニェル外相が就任したものの、戦線でドイツ優位が崩れるとフランコは政権のファランへ色を弱めようと試みた。スペイン内戦直後には、ACNPなどカトリック諸団体の関係者が行政・教育機関のポストを占めたが、外務省でもACNPのシビリアン、マルティン＝アルタッホ（Alberto Martín Artajo）らを経て一九五七年には、カスティエーリャが外相に就任したのである（任期一九五七〜一九六九年）。この一九五七年の組閣では、多くの専門家が入閣し、テクノクラート内閣と呼ばれた。

こうした状況下、ACNP所属の彼は、諸派の寄せ集めであるフランコ政権の中でコンセンサスを形成できる人物として期待された。ビルバオ（バスク地方）出身でありマドリッド大学で学んだ彼は、青い師団に参加、国際法を専門とする教授であり、駐ペルー大使の経験があった。また、ヴァチカンの支持を意味する一九五三年の政教協約締結時には、駐ヴァチカン大使として活躍した。

経済復興を成し遂げつつあるフランコ政権に対し、ファシスト的な政権という国際的な批判も薄まりつつある中、彼はスペインがその歴史や地理に相応の、欧州ではミドルパワー、米州では大国として再度国際的な活躍を切望していた。しかしカスティエーリャ外相は、スペインがあたかも大国であるように振る舞い対外政策の実施を試みたため、後々政権内でも亀裂が生じてくる。

カスティエーリャ外相は、イデオロギー色を可能な限り排除した、プラグマティックな外交政策を目指した。またジブラルタル問題を対外政策の中心に据えた。そのため、アラブ諸国・中南米諸国の支持を取り付け、第三世界の新興国からの支持を得るべく、欧米主義色を薄めたスピーチを行い、スペインの非植民地化プロセスを推進する必要があった。さらにスペインの新たな国際的貢献として、「西地中海における集団安全保障のシステム形成のため、同地域の和平と安全保障に寄与する役割」を打ち出した。それ故一九五三年の米西協定に体現されるような大西洋主義をスペイン外交の中で相対的に薄めるべく、地中海諸国との接触を増加させて、スペインによるジブラルタル支配の正当化を試みたのである(Pardo 1996:235-238)。

具体的には、外相は著書、「ある外交の戦い」(Una batalla diplomática)(1976)においては、「根源的なナショナリズム」(nacionalismo primigenio)を主張 (Pardo 1996:225)し、「スペインの復権」(Reivindicaciones de España)(1941)では、一七一三年のユトレヒト条約で英国に割譲され未返還のままのジブラルタルおよびモロッコのタンジール、モロッコの仏領アフリカ、アルジェリアのオラン、ギニア湾まで含めたスペインの権利を主張していた(Pardo 1996:231)。

彼は一九六三年国連における英国のジブラルタル自治主張に反対し、地中海の中立と非核化を主張した(いわゆる「カスティエーリャ・ドクトリン」)。また、当時ジブラルタルの主権に関しては、フランコ政権のみならず、マダリアガ、サンチェス=アルボルノスといった共和国側の亡命知識人もこれを支持していた。外相は、議会においてこれに言及し、ジブラルタル問題はフランコ政権の問題ではなくスペインの問題であると述べている。現在、現代史家のサンチェス=マンテロは、カスティエーリャ外相のスペインの国益を擁護しようとするこの姿勢を評価している(Sánchez Mantero 2007:152)。

当時カスティエーリャ外相の部下であり、民主化後に外相となるオレッハ(Marcelino Oreja)によれば、外相は「フランコ政権の自由化、公開外交、後継者の指名」に賛同していた。ただし外相は政権内にコンセンサスを求めて動くことはなく、彼の対米自主独立政策に賛同する閣僚はフラガ観光情報相のみであった(Oreja 2011:69)。

同外相期のスペイン外務省発の電報など公文書では、米国や冷戦二極から「独立した」外交を行うべしという点が再三強調されている。スペインは経済発展を遂げ、自国の地政学的位置を米国が重視していることを見越して、例えば対キューバ政策では米国に与しない政策を行おうとする。英仏も対キューバ政策では同様の態度を示しているが、NATO加盟国であり欧州の大国である両国と、当時のスペインの国際的立場は全く異なる。

彼の信条をよく表すスピーチがある。一六世紀、サラマンカ学派[★21]の創設者でドミニコ会士であり、スペインが中南米到達後に、異教徒も含めた普遍的人類社会に通用する万民法(国際法)の基礎を作ったビトリア(Francisco de Vitoria)の胸像が一九六三年、米州機構に設置された。その除幕式においてカスティエーリャはスピーチし、ビトリアに言及した。彼によればビトリアは、「政治は権力の技術ではあるが、人間により行使されるので、無目的に働く力ではなく精神的なガイダンスであるべき」と述べたという。そしてカスティエーリャは、全ての国は平等で、内政不干渉が米州機構のベースであること、また、外相自身はバスク地方出身ながらカスティーリャ地方にあるサラマンカ大学のビトリアをカスティーリャ王国が常に示すモラル、強さの規範と賞賛した[★22]。「国家間の平等」、「内政不干渉」は、法学者でもある彼の対米外交政策のキーワードともなる。

スペイン人の歴史学者パルドは、カスティエーリャの外交政策を評価し、「外交においてはイデオロギー的に固執せず」、一六世紀のビトリア、スアレス(Francisco Suárez:神学者、法哲学者、イエズス会士)の国際法に遡り「スペインの古典的国際主義」に沿うものとしている。また彼は、米国との協約・同盟に縛られない立場を置き土産として外務省に残そうとしたとする(Pardo 2007:375)。英、仏、スペイン人の国民性を比較考察したマダリアガによれば、スペインの法制度全てが宗教性をベースとしているとし、またスペイン帝国の方向性は、英国のように経済的でも、フランスのように政治的でもなく、宗教的兄弟愛に基づいた精神的なものであったとする（Madariaga 1951:205, 215）。確かに、一五世紀、カスティーヤ王国が求めたのは、中央集権化や組織化ではなく「統一」であり、しかも政治的・経済的統一ではなく精神的な統一であった。バスクという地域ナショナリズムの色濃い地方出身であったにもかかわらず、法学者であり、ACNPに所属していたカスティエーリャ外相の外交スタイルには、「精神的統一」を強調する傾向が強く見られるのである。

❖外務省と軍部の対立

一九六〇年代に入ると、フランコは狩猟時に事故に遭い、またパーキンソン病の症状悪化のため、政権内でポスト・フランコ体制が検討されるようになった。一九六二年七月には新たに副首相ポストが設けられ、ムニョス＝グランデス将軍が同職に就いていた。一九六七年には海軍出身、反共主義、反フリーメイソンを主張する厳格なカトリック信者のカレーロ＝ブランコが同職を引き継ぐ。彼は、一九五〇、一九六〇年代と首相府相として米西協定の交渉に当たっていたため、米側からも信頼されていた（Tusell 1993:180;213;300）。しかし、それは交渉において最終的には米国に妥協するためであった。米国へ安全保障を完全に依存する彼は、閣議においてもカスティエーリャ外相としばしば対立していた。

つまり前述したカスティエーリャ外相の思想は、政権内では非主流派であった。当時、カスティエーリャ外相の理想・主張は、スペイン軍部には容認できないものであり、カレーロ＝ブランコはフランコの命を受け常に英米に対し妥協すべきと主張した。これにはスペインが第二次世界大戦で国際的に孤立し、アウタルキーア政策を取らざるを得なく、政権の存続が危ぶまれた経験が背景にある。すなわち彼とフランコが対米政策決定の中心人物であったため、協定交渉に際しては、スペインの外相の果たしうる役割は限定されていたのである（Tusell 1993）。

地中海の中立に関しては、一九六三年の協定改定およびポラリス搭載原子力潜水艦の停泊以降、核戦争へ巻き込まれる危険性が高まるにつれ、外務省内では漸次強調されるようになった。一九六八年秋、カスティエーリャ外相はラスク国務長官に対し、協定交渉に強硬姿勢で交渉に臨んだ。スペインに満足いく形で協定がまとまらなければ、米ソ両国を地中海から撤退させた地中海の中立化もありうると述べたのである。

カスティエーリャ・ドクトリンは、フランス、リビアさえも非核化に反対する時期に、現実的なドクトリンとは言えなかった。しかし一九六八年夏の訪米時、ジョンソン大統領に屈辱的な態度で応対された[★23]カスティエーリャ外相は、フランコ体制の維持以上にスペイン人の尊厳維持の方がより重要であると実感したのである。すなわち、国力にかかわらず、力ではなく尊厳を持って交渉に当たり、従属的な立場ではなく対等な交渉国として交渉に臨むことを欲したのである。言い換えれば、カレーロ＝ブランコのような対米追従政策ではなく、スペインは対米自主独立政策をとるべき時期に来ていると感じたのである。米国にとっては、特にパロマレス事件以降スペインがド・ゴール的な「独自」外交を試みているように映った。EEC加盟国でもNATO加盟国でもなく、米国に対して経済的・軍事的に依存しているスペインが、米国に対して自主独立外交を目指した点は、ド・ゴールの政策以上に特記すべきである。

一方フランコ政権内部では陸海空軍三省と外務省の間で対立が生じていた。一九五〇年代末のモロッコ独立、米国への軍事的依存により軍部には不満が鬱積していた。軍部は更なる武器と軍事協力を必要とし、首相府（フランコおよびカレーロ＝ブランコ）は政治・軍事・経済的に米国へ依存し、外務省は国の尊厳を重視した。カスティエーリャ外相は、政権内における自ら権限は制限的であったにもかかわらず、二国間協定改定交渉における主導権掌握を試み、一九六八年の交渉では米国に強硬姿勢で臨み、地中海の中立化まで言及したのである。彼はNATO第五条の約する集団防衛や日米安保条約のようなものをイメージし、米西協定はスペインに安全保障を約する法的枠組みでなければならないと考えていた（Oreja 2011:70）。米国はこの政権内部の分裂に目をつけ、交渉に臨むにあたり利用したのである。

米国は一九六八年、スペインに駐在する石油会社(Gulf Oil Company)の執行役員フィッツパトリック(John Fitzpatrick)を通じ、米西協定交渉の唯一の障害はカスティエーリャ外相であり、外相がカレーロ=ブランコ副首相の承認以上を要求しているとして、国務省の懸念を副首相に示唆している。更に米国は、スペインの四つのうち三つの基地は維持したいが必要不可欠なものでないとも述べた。

副首相の方からは、スペインの懸念はモロッコと西サハラであり、これらに対抗するため基地協定交渉時に唯一望むのは、現在のままでは不十分であるスペイン軍の再軍備であるとした。そしてカスティエーリャ外相を交渉から外し、スペイン軍部がこれを引き継ぐよう、自分の影響力を使うようフィッツパトリックに返答した。デューク大使は、外相の強硬な態度によって暗礁に乗り上げた交渉にようやく光が見えたと感じたのである[★24]。米国は、その後もヒル(Robert Hill)駐スペイン大使を通じて軍部とくにカレーロ=ブランコに対してカスティエーリャ排除への圧力をかけた(Oreja 2011:77)。

つまり、フランコ政権の中でも特にカスティエーリャの外務省は強硬姿勢で二国間協定交渉において米国と対峙し、日米安保条約のような安全保障関係を目指したのである。カスティエーリャ外相は、ロタ基地への原子力潜水艦停泊によりソ連からの攻撃目標となる危険性を提示し、パロマレス事件で示された放射能汚染事故の危険性を持ちだして、米国に対しフランコ政権は最新兵器および一層高額な補助金を要請すべきだとした。米国にとっては、一〇億ドルの軍事援助に加え、大統領権限で決定できる単なる行政協定を議会の承認が必要な相互安全保障防衛条約へ格上げするという彼の要求は法外であった。議会が過剰な海外へのコミットメントによる軍事費の増大に敏感な状況にあったためである。

確かに当時は米国にとってスペインの基地使用権の維持は、中東などNATO域外への軍事展開のため、戦略的にも、投資の観点からも不可欠であった。実際、当時二国間協定の交渉を行っていたニッツェ(Paul Nitze)国防次官は、ロタ基地から米国へのポラリス搭載潜水艦の帰還は可能であるが、スペインにおける空軍施設と領空通過権は戦略的に重要であるため維持すべしと述べている。

協定の期限切れ三日前の九月二三日、カスティエーリャ外相はワシントンにおいて最後の詰めの交渉を行っていた。スペインの要求額六億五千万ドルに対し、米国は五年で一億ドルを提示しており、この要求に妥協するか、協定延長の破棄まで六カ月の猶予期間を設定するかが争点であった。彼はマドリッドにおいて外相代理を務めるフラガ情報観光相に対し、「スペイン側は、スペイン軍部が何を欲しているのか、何を要求すべきなのか、どこまでが妥協の最小ラインかという明確な考えを得るのに時間がかかる」「一方で米国は、協定改定において最低のコストで延長を得るべきとの国益を明確に把握し交渉している」と嘆いている。彼は地中海においてソ連のプレゼンス増大、仏のNATO軍事機構撤退といった状況下、ロタ基地およびスペインの制空権は米国にとり重要であるのだから、西欧の安全保障に対するスペインの貢献が評価されてしかるべき、と考えていた。そのため交渉に有利な立場にあるスペインが、劣勢な立場に置かれているかのように交渉していると嘆息したのである[★25]。

外相としては協定の六カ月の猶予に賛成であった。単なる五年毎の自動更新ではない点を米側に明示するためである(Oreja 2011:75)。また時間稼ぎにより「米国の優越的、厳格、強欲な態度は、一層理解のある寛大な態度となる可能性がある」ため、スペインは一層有利な立場に立てると見ていたのである。彼の主張によれば、猶予期間を設けることで国際的にもスペインの政治的独立の立場が明白になり、欧州に対しても共通安全保障の中でスペイン領土の重要性が強調されるとする。また、投資・借款など経済的観点から鑑みてもスペインに有利なのは、猶予策の方であった[★26]。しかしながら軍部、副首相とも猶予には賛成であったものの、それ以上に米国との交渉での対立回避を最重要視していた(Viñas 2003:389-390)。

さらにカスティエーリャ外相はスペインがたとえ提示額より低額で譲歩するにしても、無条件の譲歩ではなくトレホン基地からの駐留米軍の撤退、米軍の設備縮小などの何らかの補償があるべきとした。柔軟性に欠ける軍部の態度を非難し、「(安い)レンズ豆のスープでスペイン制空権を売るべきではない」と現実的な交渉を考えていたのである。閣議は九月二四日に予定されており、フランコは二五、二六日とマドリッドを離れる予定であった。こうした悠長なマドリッドの態度に焦った外相は、フラガ外相代理に対してフランコとの緊急連絡が確実に取れるよう要請している[★27]。

さらにオレッハ外務省官房長を緊急帰国させ、フランコへ交渉状況を直接説明させた。しかしカスティエーリャ外相の懸念をよそに、フランコはオレッハに対し「アルジェリアなどの北アフリカからの攻撃という危険にさらされているスペインは、米国との協調が必要である」と述べた(Oreja 2011:72-77)。フランコの最終決定は、外相との交渉の余地を挟まぬ不動のものであったのである。

米国は、スペインにおける最終決定は軍部、すなわちフランコによって行われると明確に認識していた。軍部の交渉者の一人、ディエス＝アレグリーア(Manuel Díez-Alegría)陸軍中佐は、ジブラルタル問題の解決は難航している上に、地中海中立化は非現実的であるとして協定の改定を支持した。陸軍は米国のカウンターパートとの協力が必須であり、スペインは最終的には米国の要求を無条件に飲まねばならぬと考えていたのである。

結局、協定は六カ月の猶予期間を経て、一九七〇年九月二六日を期限として延長された。実際問題、米国としてはヴェトナム戦争の長期化に伴い、スペインに投入する軍事費増額やＮＡＴＯ加盟国並みの軍事援助は不可能であり、「独裁者」フランコに対する援助は米国世論の支持を得ることも不可能であった。また、米国は大統領選挙の時期を迎えており、一一月ニクソン(Richard M.Nixon)率いる共和党が勝利した。カスティエーリャ側は以後の交渉を楽観視するが、米側の非妥協的態度は継続された(Oreja 2011:76-77)。

今回米国側はスペイン軍部と直接交渉することで、締結を可能とした。しかしモロッコ独立、未解決の西サハラ問題の他、一九六八年の赤道ギニア独立などで、軍部の不満も鬱積していたであろう。また協定改定交渉に見られたように、スペインが次第に自主独立外交を希求し、その標榜する親アラブ政策により、中東紛争時、基地の使用許可が下りぬ危険性が現実のものになりつつあることに、米国のNSCも次第に危機感を募らせていった[★28]。

✤キューバの事例にみる政権の団結[★29]

ここでフランコ政権内部が米国に対して団結した事例——米国に対抗し高まる愛国心——を見たい。一九六二年提出したEEC加盟申請が受理されず、スペインは経済的には欧州諸国とは通商関係を維持したものの、引き続き欧州内では政治的に孤立していた。米国に対しては、従属的な関係を余儀なくされており、政権内では派閥争いが生じた。こうした中、思想も異なるキューバ・カストロ(Fidel Castro)政権に対する政策は、フランコ政権内で意見の一致を見た。米国に対抗する特例であり、スペイン人一般に強く見られる名誉の感情の存在がここに表れている。

一九五九年一月一日、キューバ革命によってバティスタ(Fulgencio Batista)政権が倒された。スペインは早々にカストロ革命政権を承認し、スペイン人聖職者の追放、没収財産の保障問題、スペイン人の政治犯釈放問題、駐キューバ・スペイン大使の追放、スペイン人外交官のCIAスパイ容疑といった問題が一九六〇年代に続けて起こり、さらに米国からの圧力が存在するも、両国は外交関係を維持し貿易を継続していた。フランコ政権は、当時政治情勢の不安定な中南米に向けては、スペイン精神《イスパニダー》を掲げつつ、国家としてすでに承認されていれば、新政府を承認する行為は内政干渉となるので不要とし、外交関係の継続のみを考慮する方針、いわゆる「エストラーダ主義」を取った。従って政治的立場を異にするカストロ政権の成立に際しても、革命政権の承認はフランコ政権の立場と矛盾しなかったのである。

米国に過度に依存したキューバの産業は、革命後、製糖業を中心に打撃を受けており、キューバとしてもスペインとの貿易関係強化が課題であった。スペイン・キューバ両国は、一九五九年一〇月、すでに一九五三年に締結されていた貿易差額支払い暫定協定を延長したのである。

一九六二年二月、米国は対キューバ全面禁輸措置を開始した。一〇月のミサイル危機後、米国務長官は、ガリーゲス駐米スペイン大使に対し、キューバとの国交を断絶するよう圧力をかけた（Garrigues 1978:103）。また米国はスペインに対し、国営イベリア航空によるマドリッド・ハバナ便の運航を停止するよう要請した[★30]。同社は当時週一回キューバへの直行便を有する欧州で唯一の航空会社であったが、要請を受け同年ハバナ便の運航を一時停止したのである。ただし、翌年には不定期ながら運航を再開し、次第に便数を増加させた[★31]。また、スペインは一九六二年初めには、キューバとの貿易協定を延長し、翌年にはトラック輸出も開始し、造船輸出の交渉も開始していたのである。欧州市場から締め出され、米国製と比すと品質の劣るスペインの重工業製品の輸出先として、また経済成長期の輸出拡大のためにも、キューバ市場は不可欠であった。

一九六三年一二月に米国で成立した対外援助法修正条項を盾に、第三国にも対キューバ禁輸を強要する米国に対し、カスティエーリャ外相は勿論、商務相、工業相も含めたフランコ政権は不満を抱いていた。しかし米西協定に基づき、スペインのロタ基地は間もなく米国の原子力潜水艦の停泊地となる予定であった。米国は、スペインに例外が適用されることで予想される米国世論や第三国への影響と、戦略的に重要なスペインへの援助の必要性との間で板挟みとなっていたのである[★32]。

更に一九六四年、一九六五年と、キューバ向け食料品・日用品を輸送中のスペイン船籍船がキューバ沖、プエルトリコでそれぞれ反カストロ派に武力攻撃を受けると、外務省は勿論、フラガ情報観光相も、背後にＣＩＡが関与しているとして、米国を非難した。両事件以外にも、機会あるごとにスペインは米国に対し、自国とキューバの特別な関係を主張した。また一九六四年にはキューバ側からの依頼、一九六七年にはスペイン側のイニシアティブにより、スペインは米国とキューバの間の仲介者的役割を担おうと試みた。

ミサイル危機を経て、米国は対キューバ制裁を厳格にし、他国にもこれに同調するよう要請した。スペインも当初は米国に追随しないことによる米西協定・援助の打ち切りを懸念していた。しかし、カスティエーリャ外相期のスペイン外務省公文書では、米国や冷戦二極から独立した外交が再三強調されている。一九六三〜一九六九年にかけては、米国が対キューバ禁輸措置を敷き、第三国にそれを強要したにもかかわらず、スペインとキューバは貿易関係を維持し、貿易額は増加した。経済発展を遂げ、自国の地政学的位置を米国が重視することを知ったスペインは米国に与《くみ》せず、スペイン人移民とその接収財産補償問題、重工業産品輸出を見込んだ貿易、将来の中南米への政治・経済的影響力拡大の足場構築という観点からも、対キューバ貿易を継続しようとしたのである。対キューバ政策に関しては、スペイン外務省・軍部とも米国に大幅に譲歩する姿勢は見せなかったのである。

フランコ、カレーロ゠ブランコを中心とする軍部は、米国に追従したといった印象が強いが、はたしてそれは真実であろうか。確かに、協定交渉では「最後には米国側の要求をのむべし」というフランコからの通達があった。しかし、フランコは米側に異を唱える際は、明確に主張している。フランコ自身、イデオロギーの相違にもかかわらず、祖国の独立のために戦う、毛沢東、ホー・チ・ミン(Ho Chi Minh)のようなナショナリストを尊敬していた。また一方で、ド・ゴール(Charles de Gaulle)将軍が冷戦期に模索したような独自外交政策に興味を示していた。そのため、ジョンソン大統領に対し書簡において、スペイン・中南米間の結びつきの重要性を強調し、ホー・チ・ミンの愛国心および独立のための闘争に関して親近感を示した。自らもアフリカで戦った経験から、現地のゲリラ対抗戦への困難さを根拠として、ヴェトナム戦争の泥沼化を遠回しに批判したのである[★33]。

スペインは、第二次世界大戦後、米西協定を通じて経済・軍事的に米国に過度に依存していた。その意味では、スペインもヴェトナムと同様ある意味では依存からの「独立」のために戦ったと言えるのかもしれない。また第一章で述べたようにフランコは、キューバのカストロとは面識がないにもかかわらず、お互いある種の尊敬の念を抱いていた。このように、第二次世界大戦後経済・安全保障の観点から米国に頼らざるを得なかった当時のフランコ政権でも、愛国心だけは失わず、誇りある外交政策を模索し続けたのである。

3 亡命スペイン人ネットワーク

第二次世界大戦終了前、米国内にも反ファシズム・反フランコの機運が強まっていた時期、共産党に対抗しうる組織として地域ナショナリズムの強いバスク、カタルーニャ地方の労働組合や社会労働党、アナーキストまで支援する勢力が米国に存在した。彼らは米国政府がフランコ支援を決定する以前から、こうした反フランコ勢力への支援を開始していたのである。

冷戦期を迎えると米国が外交政策を策定する際、軍事的・イデオロギー的にソ連と対峙することが第一義となった。また同時期の米国外交においては、労働組合もアクターとして重要な位置を占めていた。本項では、内戦後の労働組合を中心とした米国の対西関係について概観し、米国政府外のチャネルによる米西関係を考察する。

✣スペインの労働組合運動

職種別の垂直組合が形成されたフランコ政権下ではファランヘ系の人々が労働組合関係において相対的に強い影響力を有したが、スペインは一九五六年、ＩＬＯに加盟することを許される。その手前、フランコ政権は一九五八年には団体労働契約法を制定し、労働条件の交渉は労使協議、団体交渉で行うようにした。さらに一九五〇年代末にIMF、世界銀行に加盟したスペインは、国際経済システムに取り込まれていく。そのため、経済関係大臣ポストをオプス・デイが占めるようになる。彼らが経済政策の中心となると、フランコ体制のファランへのイデオロギー色は薄まることとなった。また「国民運動」の一部となったファランへは欧米民主主義国の労働組合とも付き合わねばならず、イデオロギーをプラグマティックに運用せざるを得なくなっていく。

またスペイン社会においても、一九五九年経済安定化計画の導入、一九六〇年代の劇的な経済発展により、産業構造は変化し、都市中間層が増加する。一方で国外からの観光客、直接投資および欧州への移民も増加する。こうした移民は、独仏といった民主主義国での労働組合運動・民主主義を経験し帰国する。一九六二年にはアストゥリアス地方で炭鉱労働者による長期にわたるストライキが勃発した。

こうした中、スペイン国内では垂直組合に代表を送る非合法の共産党系のCCOOが、これに参加しないUGTを抑えて勢力を拡大する。また六月には、欧州統合を目指す組織、ヨーロッパ運動の開催するミュンヘン大会に、亡命中の共和国側知識人マダリアガ、元フランコ政権閣僚のリドゥルエッホ(Dionisio Ridruejo)らを中心として共産党を除く反フランコ勢力のスペイン人が結集した。その後、フランコ政権は、スペイン人参加者をカナリア諸島へ追放することなどを決定し厳重に処罰した。

一方、スペイン内戦後フランスへ亡命した社会労働党系の亡命UGTは、共産党や左派の間の競争という亡命前の個人的な経験によって、労働者の利益擁護のためではなくUGT組織自体の生き残りを主要目標とするようになっていた。しかし国内で非合法活動を行う社会主義者たちは、フランコ政権打倒のみならず、スペインでの社会主義創設を目指していた(Mateos 2008:37-40)。すなわちUGTは国内外で二つの勢力に分裂していたのである。

亡命中のPSOE書記長リョピス(Rodolfo Llopis)は一九五五年よりUGTの会長も兼ねていた[★34]。一九七〇年には、国内PSOEで執行部にいたゴンサレスは、リョピス書記長について「新しいヨーロッパがすでに欲していないものすべてを体現」し、「我々の欧州社会党同志が忘れたがっているものを思い起こさせる」と述べている(Palomares 2005:94-95)。つまり国外からスペインを傍観するリョピスは国内情勢に疎く、現実離れした、特定の時代のイデオロギー(つまり内戦時のイデオロギー闘争)に固執しすぎて時代遅れであると批判したのである。

✣米国のオールド・レフト

共和党(一九五三〜一九六一年)は、一九六一年にケネディ(John F. Kennedy)率いる民主党に政権の座を明け渡した。ただし政権交代後も、親フランコ路線は継続された。一九六〇年代地中海でソ連の勢力が拡大し、スペインの戦略的重要性を認識した米国政府は、米西協定の改定(一九六三、一九六八年)を最大の目標とし親フランコ政策を取っており、反体制派との接触は行わなかったのである。

一方ICFTUはスペインへミッションを派遣し、「マドリッドの米国大使館には労働アタッシェを常駐させ、労働運動に関しては垂直組合からの公の情報を得るにとどまり、大使館は体制派として非難されている」と結論した[★35]。

またCIAは、世界中で反共産主義・反ファシストの中道・左派グループを支援することで、共産主義と対抗することを目指していた。そのために、各国において一見特定のグループに属しないと見られる個人を通じて同政策を達成しようと目論んだのである。しかし対スペイン政策の場合は、CIAや「オールド・レフト」の人々には、「ファシスト」スペインを支援する米国政府とは異なった政策を取ることとなる(McDermott 2006:960-961)。

一九五九および一九六一年には、後に民主党ジョンソン大統領下で副大統領（一九六五〜一九六九年）を務めるハンフリー（Hubert Humphrey）議員によって、政治家ローウェンスタイン（Allard Lowenstein）［★36］率いるミッションがスペインに派遣された。ローウェンスタインがCIAのエージェントであったか否かについては賛否両論の説がある（Cummings 1985）［★37］。彼は王室、英米独と繋がりを有する左派貴族、サヤス（Carlos Zayas: Morodo 2001:413, 495-6）と接触した。サヤスは反フランコ体制派（カトリックのカタルーニャ人、社会主義者、バスク人）との会合をアレンジした［★38］。サヤスは、のち一九六八年二月、大学教授で後にPSP（Partido Socialista Popular）を創設するティエルノ（Enrique Tierno Galván）の代弁者としてモロド（Raul Morodo）とともにバルセロナ伯と会見するのである（Suárez 2005:878）。その意味では、ローウェンスタインは、ポスト・フランコ政権を見据え、王族とのパイプも有する有力な活動家とコンタクトを有していたといえる。またカタルーニャの団体は、ローウェンスタインに対して代弁者となるよう依頼した［★39］。

当時の米国の「オールド・レフト」にとってスペイン内戦は、中心的な関心事項であり、リベラルなCIAのメンタリティーの中では、ロマンティックな憧れのシンボルであった。つまりソ連に失望した人々――ラヴストーン、ローウェンスタインら――にとってはフランコの存在は未解決の問題であり、個人的な大義であった（Cummings 1985:164-165）。

米国政府は対スペイン政策に関してはAFL－CIOとの連携も行わなかった。反共という共通の目標があったイタリアにおける場合とは対照的に、AFL－CIOは反フランコであり、スペインではフランコ政権が共産党を非合法化し反共政策を明確に打ち出していた。そのため、イタリアほどの喫緊の必要性は存在しなかったためである。

AFL－CIOにおいては、ミーニー会長、およびラヴストーン（一九六三年以降、AFLの国際関係局長）は反共、反フランコ主義を標榜していた。彼らは共産主義の独裁者のみならず、フランコのような右派の「独裁者」も敵視していた(Robinson 1981:16)。そのため、ニン、マウリンによって創設されたPOUM元党員への支援——記事によるフランコ政権の残虐さのアピール、活動資金の提供——がおこなわれた。具体的にはニューヨークで米国、中南米の亡命スペイン人の読者対象に「エスパーニャ・リブレ」(España Libre)誌を刊行するゴンサレス＝マロ(Jesús González Malo)、後に著名なスペイン研究者となるペインと交遊のある一九四七年より米国に亡命したマウリン、フランスでは、パリにおいて文化自由会議を主宰するゴルキン(Morodo 2001:375)、後にASO[★40]を形成するパリャック(Josep Pallach)[★41]やクイト(Amadeu Cuito)らに対し行われた。

一九六二年ヨーロッパ運動は、AFL-CIOおよびILOの支援を得てミュンヘン大会を開催した。ラヴストーンおよびアーヴィング・ブラウン(Irving Brown)の友人であるリドゥルエッホ及びゴルキンが、オプス・デイと共産党に対抗するため資金援助を要請していた[★42]。勿論、これの中心人物マダリアガもラヴストーンと交流し、一九六一年AFL-CIO、ハンフリー議員を訪ねるなどしていた[★43]。

また、AFL-CIOは、ICFTUの基金通じて国内外で活動を行うUGT支援を行うが、フランコ政権を「承認しない」という意味でICFTUがスペインへ派遣するミッションには反対し不参加であった。また、ファランヘ党出身のソリス(José Solís)国民運動事務局長による訪米中の会見を受諾しない[★44]など、フランコ政権を敵視していたのである[★45]。すなわち、当時米国には反フランコの米国人がおり、スペイン国内外で反フランコ体制派に接触と支援を行っていたのである。

❖スペイン労働組合の乱立

スペイン国内では党派抗争の経験のない世代が労働組合の中心となり、AS[★46]、ASOといった労働団体が乱立し、TUCなど他国の機関は支援先の決定に混乱した[★47]。一方こうした状況により、従来までのスペインの非合法労働組合活動の唯一の援助受け入れ窓口となっていたUGTと、欧州の労働組合との関係が危うくなった(Mateos 2008:124)。例えばドイツ労働総同盟(DGB)はUGTを支援するも、DGBに加盟するドイツ金属労働組合(IG Metall)はASOを支援する。ICFTUは、将来のスペインにおける民主的労働運動統合のベースとして、ASを支援した(Ortuño 2002: 508-509)。

そしてついには、亡命UGTがスペイン国内の他の団体に英米からの義援金の適切な分配を実施していないという疑惑が持ち上がった。そのためAFL-CIOは、UGTを介さず国内の非合法労働組合活動(ASOなど)を直接支援するに踏み切る。ASOには、元POUMのクイトらがいたためである。その際、ラヴストーンに近い前述の「エスパーニャ・リブレ」誌は、UGTのトマス(Pascual Tomás)によるASO批判を、「スペインの現実を知らない」として非難している[★48]。こうした混乱は、IG Metallの支持を失ったASOが一九六八年消滅し、トマスが病気で引退する一九六九年頃まで続く。

ウェスタッドは、「その後のソ連の第三世界への介入を理解するためにも、スペイン内戦は非常に重要」とする。それは、「冷戦期の多くの指導者が対外介入を計画したり実行したりする際に参照することになる個人的経験をもたらした」ためとするが(ウェスタッド、二〇一〇年、六〇頁)、スペインの労働運動を支援する際も、英米とも労働組合リーダーの個人的な内戦時の体験が背景にあったのである。

column…1

米国と対照的な英国

ここでは、米国との比較のために英国の労働組合・労働党の対スペイン政策について簡単に言及し、スペイン労働組合が乱立・分裂して欧米諸国の労働組合が支援に混乱する様を述べる。

英国では一九六〇年代、保守党(一九五一~一九六四年)から労働党(一九六四~一九七〇年)へと政権交代が行われる。両党ともフランコ政権との関係は維持するが、積極的に政権を支持するわけでもなかった。カスティエーリャ西外相がジブラルタル政策に関して強硬策を取り、地中海中立案などを提示しており、スペインとの関係は良好とはいえなかった。一方労働党は、スペインへの武器輸出に反対していた。

英国の労働アタッシェは、一九五九年までスペインに常駐していた。しかし英国は、予算上の問題から任期満了後同ポストへ後任を派遣しなかった。その後は駐仏アタッシェを年一回派遣するにとどめたが、派遣されたアタッシェは、フランス駐在ながらも駐西する米国の労働アタッシェと同等の情報を得ていると考えていた［★49］。

AFL－CIO（特に「反共産主義」アプローチをとったAFL）と異なり、TUCなど欧州の労働組合は、共産党系の参加に寛容であり、スペインにおいて統一された労働組合の形成を企図していた（「社会民主主義」あるいは「自由主義」アプローチ（中北、二〇〇八年、九頁および、Nakakita 2008:199-200））。労働党政権はTUCと連携し、PSOE・UGTを中心に支援を行っていた。これは、ジョーンズ（Jack Jones）およびマレー（Len Murray 一九七三〜一九八四年、TUC事務局長）といった労組界の重鎮が、スペイン内戦時義勇軍として共和国側に従軍し負傷した経験を有していたためである。

TUCは、基本的にはICFTU通じた労働者支援を重視しており、スペインへのミッション派遣、逮捕者家族への義援金によりUGTを支援していた。またAFL－CIOと異なり、フランコ政権のソリス事務局長訪問を受け入れ、この訪問は成功と見ている［★50］。ILO副事務局長もマドリッドで彼に会見し、ストライキ権を含む自由化プログラムの説明に好意的な印象を持った［★51］。

4 まとめ

一九六〇年代には、中東紛争と地中海におけるソ連のプレゼンス増加、加えてソ連との軍縮交渉における核兵器の役割が、米国が対スペイン政策を考慮する際、重視された。とくに、NATO域外国への介入の際の兵站基地としてスペインは重要であった。

一九六〇年代当時、米国との基地協定交渉は、スペイン軍部（特に当時首相府相をつとめ、後に副首相となるカレーロ＝ブランコ海軍大将）が中心となり行われていた。最新武器を得るべく特に海軍及び空軍は、米国に追従せざるを得なかった。しかし、ここでカスティエーリャ外相を中心とする外務省という強力な軍部に対抗するアクターが登場する。

スペインは、NATO加盟国によるスペイン基地の一方的使用などにより欧州の安全保障に貢献していたが、それは認知されず、欧州の政治的諸機関への加盟の道は閉ざされたままであった。ただしスペインは従順に米国に従っていたわけではなく、カスティエーリャ外相時代はフランコ体制ではなくスペインの国益を第一義に、対米政策の見直しを目指すのである（Henríquez 2008:93-94）。特に外相は、ジブラルタル問題、駐留米軍の問題は、スペインの主権侵害の問題だとアピールした。また、キューバ革命後のカストロ政権に対する政策も、米国に従属するのではなく、自主独立外交を模索した。キューバに関しては、軍部・外務省とも一体となって米国の対キューバ政策に反発した。

フランコ政権は、カスティエーリャ・ドクトリンを国内のマスメディアで用い、世論に反米感情を植え付けた。米国に対しては、国内からの圧力の存在を理由にして、交渉で有利な立場に立とうとした。フラガ情報観光相、カスティエーリャ外相共に、政権内では進歩派であったが、彼らの言動は自然なナショナリズムの発露であり、それがマスメディアに取り上げられたのである。フラガ情報観光相も、米国の反キューバ政策に反対し、英国に挑発的な外相のジブラルタル政策を支援した。

カスティエーリャ外相は地中海の中立化を唱え、ジブラルタル返還要求問題では英国との交渉で強硬案を主張し、米西協定では交渉決裂もやむなしと主張した。そのため彼の行き過ぎた「自主独立外交」は、親米政策を取るカレーロ＝ブランコ副首相の思惑と対立した。

一九六九年、国家（特にテクノクラート派閥）と民間企業の癒着・汚職事件に伴う内閣改造を契機に、同事件とは無関係ではあるが対米強硬論を主張する外相とフラガ情報観光相は更迭された。すなわち、カレーロ＝ブランコ首相とオプス・デイ（テクノクラート）の派閥に対抗するフラガ、カスティエーリャ、ソリスらが左遷されたのである。フラガの左遷の理由は、テクノクラートを批判するスキャンダル報道に対し、情報観光省は報道規制が可能であったにもかかわらず、情報を流したためだとされる（Cañellas 2011:262-263）。

また、カスティエーリャが外務省を去ると、彼の協力者だった外交官も左遷されるのである（Powell 1996:245）。しかし彼の外交政策、対外的な姿勢は後輩に受け継がれる。フランコ政権最後のコルティナ（Pedro Cortina Mauri）外相[★52]、民主化後のアレイルサ外相（José María de Areilza）、オレッハ外相、モラン外相（Fernando Morán）ともカスティエーリャ派であった。オレッハは、カスティエーリャと同様ＡＣＮＰに属していた。彼らは、カスティエーリャと同様、スペインが欧州諸国との関係を正常化し、結びつきを強化して、米国と対等な関係になること、国際社会においてあるべき地位に収まることを熱望したのである[★53]。

一九五七年、カスティエーリャが着任した際は、フランコ政権内の派閥の均衡をとることが求められていたのだが、この内閣改造ではソリスなどイデオロギー色の強いファランヘ系閣僚は一掃され、オプス・デイ出身のテクノクラートが権力を掌握する。後任のロペス＝ブラボ（Gregorio López-Bravo）は、オプス・デイのテクノクラート出身、前職は工業省であり、東方政策《オストポリティーク》のメンタリティーを有し、親米というよりはより親欧派であった。カスティエーリャ外相の敗北は、フランコの衰弱と、スペイン社会のあらゆる分野での緊張関係の始まりと重なり、二国間関係もこれに伴い変化していくことになる（Viñas 2003: 397）。

確かに米国に対しては一枚岩となれなかったスペイン国内であるが、国内の派閥争いから検閲下でも反米感情が世論の中に醸成されていく過程が見られる。カスティエーリャおよびフラガ両閣僚は、スペインが米国に従属的な外交政策を取ることを望まず、独立国としてのプライド・主権を回復して、国際社会の中で一層重要な役割を果たすことを望んだのである。

こうして両閣僚によって支持されたスペイン・ナショナリズムは、米国への一種の圧力となっていく。カスティエーリャ外相の自主独立外交を目指す姿勢は、直ちには結実しなかった。しかし一二年にわたる任期中に親米依存政策に疑問を投じ世論を喚起し、次世代の外交官、民主化期の外相を育成したという点では評価できる。

民族自決の動きが世界的に高揚する同時期に、米国への従属的な立場からの離脱を試みたスペインであったが、一方では、自らも植民地・領土問題を抱えていた。スペインはスペイン領モロッコに関しては、一九六九年のイフニ返還までは統治権を主張した。西サハラからの撤退は一九七六年を待たねばならなかった。ジブラルタルの統治権に関しては、二一世紀の現在でも未解決である。一九六〇年代のフランコ政権は民族自決の潮流を二方向に解釈しなければならなかったのである。また、フランコ反乱軍に敗れた共和国側の亡命スペイン人は、国外の支援を得て着実に地場を固めつつあった。

註

★1——ただし、現在スペインは石油の輸入先を多様化し、中東への依存度を低下させている。地域別にみると、中東は、アフリカ、中南米に次ぐ第三位を占めるにとどまっている。第一位はメキシコ（一三・三%）、次にロシア（一二・七%）、ナイジェリア（一二・三%）、リビア（一一・八%）、サウジアラビア（一一・二%）、ヴェネズエラ（九・三%）、イラン（五%）、カメルーン（三・一%）、イラク（二・五%）と続く。スペインは現在石油の九九・五%を輸入に頼っており、一次エネルギー供給源の中では最大の五二・二%を占める。以下石炭一五・三%、原子力一三%、天然ガス一二・八%と続く。Cerrillo, Antonio. 'Un país con el depósito casi vacío'. *La Vanguardia*, 14/2/2003, p.34.

★2—詳細は以下を参照。Sória, Josep Maria. 'El ultimo discurso de Franco'. *La Vanguardia*, 1/10/2000, p.29; (Preston 2002: 837); (Suárez 2005:1071).

★3—一九一二年生まれの外交官。一九五三年、米西協定の締結後、参事官として在米大勤務。一九六二年からは本省の外交政策局北米課長、のちに北米局長。一九六五〜一九七〇年エジプト大使を務め、イエメン大使の後一九七二年二月より駐米大使（"Fallecido don Ángel Sagáz, embajador de España en Estados Unidos", La Vanguardia, 7/5/1974, p.7）。

★4—AMAE, Embajada española en Washington, Telegrama al MAE, 21/12/1967, Reg.12041-18,19, AMAE.

★5—DoS. 'Memorandum of Conversation'. FRUS, 1964-1968, Vol.XIX, Arab-Israeli Crisis and War, 1967. http://history.state.gov/historicaldocuments/frus1964-68v19/d394, アクセス 1/9/2010.

★6—Embajador en Washington, Telegrama al MAE, 16/11/1967, no.20435, FNFF.

★7—USEM, Telegram to SoS, 19/12/1973, NSC Files, HAK office files, HAK Trip files, Box 43, NPMP; Memorandum of Conversation, 18/12/1973, NSC Files, Country File-Europe, Box 706, NPMP.

★8—サガス大使は、駐米大使の任期中病に倒れ、療養中のスペインで一九七四年五月病没する（'Nuestro embajador en Washington, traslado a una clínica de Madrid'. *La Vanguardia*, 19/4/1974, p.9.）。

★9—フランスは一方的にモロッコの独立を承認、スペインはこの既成事実を認めざるを得なかった。一九五七年、モロッコの独立派によってイフニ戦争が勃発した。しかしこれはフランスの協力で鎮定された。一九六一年先王の逝去で、皇太子がハッサン二世（Hassan II）（現モロッコ国王ムハンマド六世（Mohammed VI）の父）として即位した。

★10—詳細は（Hosoda 2011a）参照。

★11—一九四三年の独立以降、内乱を繰り返していた。一九五八年五月、民族主義の台頭に、米国がソ連の勢力拡大を阻止しようと出兵した。

★12—独立直後の一九六〇年、反白人暴動鎮圧のためにベルギー軍が介入して以来、ソ連の進出を恐れた米国、国連軍などが介入した。

★13—DoD, Memorandum for the Joint Chiefs of Staff, 25/7/1958, DDRS, アクセス 16/3/2010.

★14—(Wells 1965:305-306); WH, Memorandum for the President, 12/9/1968, DDRS, アクセス 7/1/2010.

★15—詳細に関しては、(Moran 2009); (Stiles 2006) を参照。

★16—FBIS (Foreign Broadcast Information Service) in London, Telegram to USEM, 5/2/1966, DUKE.

★17—Embajador en Washington, Telegrama al MAE, 16/11/1967, no.20435, FNFF.

★18—その後パロマレスは長らく「忘れられた土地」であったが、二一世紀に入ると不動産バブルが起こる。地中海岸はリタイアした英国人などの注目を浴び、汚染の再調査が実施された。二〇〇六年、在西米国大使館がそれまでの経緯を調査したところ、米国は最終的な洗浄に関し、少なくともペーパー上はコミットしなかったことが明らかになった。スペイン側は最終洗浄への支援を要請したが、国務省側はそれを無視した。米国としてはこれが前例となり、世界各地から汚染物質の処理に関し同様のクレームが持ち込まれることを懸念したのである。米国側が起こした事故に対する最終的な洗浄協力を拒否したとして、スペイン政府および世論からの米国への非難が強まるだろうと在西米国大使館は分析している。(USEM, Telegram to SoS, 7/11/2006; 30/4/2009, 'Palomares: 50.000 metros contaminados con plutonio'. *El País*, 10/12/2010)。

★19—スペイン王位継承戦争の講和条約であるユトレヒト条約(一七一三年)によりジブラルタルを英国に割譲して以来、現在に至るまで、スペインはその主権を主張し続けている。一九六七年英国がジブラルタル住民投票を強行したが、英領への賛成票が圧倒的であった。これに反発し一九六九年にスペインは国境を閉鎖した。

★20—Message from General Lemnitzer, US Commander in Chief Europe to Secreatry of State Rusk, 12/3/1967, DUKE.

★21—スペイン最古の大学サラマンカ大学のビトリアを中心に、非ヨーロッパ地域の人々をも含めた新たな共同体について考察した学派。詳細は(松森、二〇〇九年)参照。

★22—Castiella, 'Address delivered in Washington on October 8th, 193 by His Excellency the Minister for Foreign Affairs of Spain, don Fernando María Castiella, upon presenting a bust of Francisco de Vitoria to the Organization of American States (O.A.S.) at the Panamerican Union building'. October 8, 1963, JKL, http://www.jfklibrary.org/Asset-Viewer/Archives/JFKPOF-124-007.aspx, アクセス 31/11/2011.

★23—外相が入室しても大統領は机の上に足を乗せたまま一五分も電話を続け、その後「何の御用ですか?」と述べた(Marquina 1986: 811)。

★24—フィッツパトリックはまた、ロペス=ブラボ工業省の後任を懸念した。ロペス=ブラボの前任がINI(国家産業公社)指向の大臣でスペイン企業向きであったために、同様の大臣がロペス=ブラボの後任に任命されると、米国企業の対スペイン投資に大いに影響があると述べた。Fitzpatrick, Memorandum of Conversation with Carrero Blanco, 19/2/1968, DUKE.

★25—Castiella, Carta a Fraga, 23/9/1968, no.20323, FNFF.

★26—Ibid.

★27—Ibid.

★28—NSC, Memorandum, 31/12/1969, DNSA.

★29—詳細は(Hosoda 2010);(細田、二〇一〇年)参照。

★30—DoS, Telegram to USEM, 26/11/1962, DNSA, アクセス 1/9/2009.

★31—DoS, Report to The Acting Secretary, 8/5/1964, DDRS, アクセス 19/1/2010.

★32—DoS, Memorandum for Mr. McGeorge Bundy, 19/2/1964, DDRS, アクセス 10/7/2009.

★33—'Letter from General Franco to President Johnson', n.d., FRUS 1964-1968, Vol.XII, Western Europe. http://history.state.gov/historicaldocuments/frus1964-68v12/d184, アクセス 19/12/2009.

★34—一八七九年マルクス主義を標榜するPSOE、一八八八年労働組合のUGTが共にパブロ・イグレシアス(Pablo Iglesias)によって創設されたため、PSOEとその支持母体UGTとは密接な関係を有していた。

★35—ICFTU, Mission to Spain- Preliminary Report, 10/12/1957, Spain, 1955-1960, Collection RG18-001, Series 1, File 006/02, GMMA.

★36—ローウェンスタインは、一九七六年にはイベリアの自由のための米国委員会(American Committee for Iberian Freedom)という団体を、スペイン難民救済会(Spanish Refegee Aid)の代表者、マクドナルド(Nancy Macdonald)とともに設立する(American Committee for Iberian Freedom, Letter, 1976, UNC)。

★37—ローウェンスタインとCIAの繋がりを肯定する書物もあるが、Yale Universityの史料によると、彼とCIAの繋がりは否定される(Documentation Concerning Serious Factual Errors in Book by Richard Cummings Purportedly

About Allard K. Lowenstein, Box 1, Folder 1, YUL; CIA)。

★38—CIA, Report, 17/12/1962, DDRS; CIA, Report, 14/9/1961, NARA.

★39—Consell de Forces Democratiques de catalunya, Letter to Stevenson, 6/8/1962, UNC.

★40—Alianza Sindical Obrera. 労働組合同盟。

★41—Jay Lovestone, Letter to Amadeo Cuito, 7/7/1966, Jay Lovestone papers, Box 361, HI.

★42—Dionisio Ridruejo and Julián Gorkin, Letter to David Dubinsky, 12/10/1962, Spain, 1962 - 1964, Collection RG18-003, Series 1, File 60/14, GMMA.

★43—(Morgan 1999:257-258); Harry W. Flannery, Letter to Windsor Booth, 8/5/1961 and Secy-Treas. Schnitzier luncheon for ICFTU/IFCTU/Spanish mission to U.S., 17/5/1961, Spain, 1961-1964, Collection RG18-001, Series 1, File 006/03, GMMA.

★44—Jay Lovestone, Letter to Josep Pallach, 29/10/1965, Spain, 1965, Collection RG18-003, Series 1, File 60/15; Spanish Embassy Washington, Letter to Jay Lovestone, 8/10/1965, Spain, 1965-1968, Collection RG18-001, Series 1, File 006/04, GMMA.

★45—ただし、CIOのルーサー会長はスペインへのミッション派遣にも賛成であり、一九六四年にはソリスとローマにおいて会談している(American Embassy in Rome, Letter to Clifford Finch, 21/12/1964, 60/15, GMMA)。

★46—Alianza Sindical. 組合同盟。前述のASOとは異なる組織。

★47—Extract from minute I.C.B Dated 13/6/1962, 292B/946/5, MRC; (Mateos 2008:120, 124, 130-135); (Herrerín López 2004: 262-263); (Ortuño 2002: 509)

★48—España Libre, Letter to Pascual Tomás, 27/4/1964; Pascual Tomás, Letter to España Libre, 21/4/1964; González Malo, Letter to José Barreiro, 14/12/1963, Box 1774, IISH.

★49—FO, Labour Coverage of Spain, 5/12/1969; Department of Employment, Brief, December 1971, LAB 13/2020, TNA.

★50—UKEM, Telegram, 17/11/1965, LAB 13/1955, TNA.

★51—Amadeo Cuito, Letter to Lovestone, 19/5/1965, Lovestone papers, Box 361, HI.

★52—カスティエーリャは教授時代にコルティナと知り合い、入省を希望するコルティナに対して、まず教授職についてそれから「上層部」から外務省に入ることを推奨した。自分が外相に就任したら彼を事務次官として任命すると述べ、一九五七年外相就任の際この約束を果たした(Oreja 2011:40)。

★53——この点に関してはウエルバ大学のエンカルナシオン・レムス先生より貴重なコメントをいただいた。

第3章 反共の砦として 一九七〇年代前半

一九六〇年代、強気の姿勢を取るスペイン外務省の頭越しに、米国はスペイン軍部と協定改定交渉を行った。同国が特に中東地域というNATO域外への兵站基地として重要であり、基地の使用権・領空通過を引き続き確保するためである。冷戦期のNATOにとっては、共同防衛が主であり領域外の関心は従であったが、一九六〇年代のヴェトナム戦争や中東危機以降、NATOは領域外の危機、危険に関心を払うようになっていた(佐瀬、一九九九年、一四四-一四五頁)。続く一九七〇年代の米西関係を分析するには、冷戦期の中東・地中海情勢がいかに両国にとって重要なものであり、いかなる駆け引きが行われていたかを考察する必要がある。

中東危機以後、米国は欧州諸国との同盟関係に危機感を抱いていた。こうした危機時に、欧州諸国がNATO域外における米国の一方的な行動に対し基地の使用を躊躇したためである。経済危機や外交政策の違いにより同盟国間に不和が生じてきた中で、米国にとっては中東紛争支援のための欧州の基地の維持が不可欠であった。一九七三年には大西洋に浮かぶポルトガル領アソーレス諸島ラジェス基地が使用されたが、同国との基地協定は改定交渉の時期にあり、ポルトガルは米国に対し近代兵器などの基地の使用のための高い代償を要求した。

このように、基地のホスト国が次第に要求度を上げ交渉に臨む一方で、米国側はその代償物を供給する能力が低下していた。また、米国とホスト国の政策の間に差異が存在する場合には、米国はホスト国の内政－反対派勢力まで考慮に入れ交渉せねばならなかった。さらに制空権の必要性のみならず、海軍の寄航のための軍港も必要であった。当時は海洋法条約の交渉中であり、その結果はジブラルタル海峡を航行する船舶へも影響を与える。その上、米国はポルトガルやスペインとは議会の承認を必要としない行政協定を締結していたものの、米国内では次第にこれらを条約にし、議会の縛りをかけようとする圧力が高まっていた[★1]。ポルトガルやスペインとの基地協定の交渉は、次第に複雑化・難化したのである。

米国は潜水艦発射弾道ミサイル（SLBM）のポラリスから、一九七二年よりさらに高性能のポセイドンへと配置換えを行っていた。一九七〇年代に入ると、米国にとってのスペインは中東との仲介者、中東への兵站基地である他、南欧における共産主義の防波堤として重要視された。しかし一九六〇年代末、米国の一部はポスト・フランコ時代の安定政権を懸念し始めるものの、一九六九年フランコの後継者として指名されたファン・カルロス皇太子が、ようやく米国内でポスト・フランコ時代の立役者として期待されるようになるのは、フランコの死期の近づく一九七五年であった。

すなわち米国はスペインの戦略的重要性に固執し、米西協定の改定のみを念頭に置いていた。そのためスペインの民主化あるいはポスト・フランコ政権に関しては何ら策を講じなかった。一方、一九七〇年代に入るとスペイン国内では民主化の動きが芽生えてくるのである。そのために、反米・反駐留米軍を標榜する左派勢力の隆盛を前に、ポスト・フランコ時代を危惧するようになる。

本章では、そうした米国側の態度の変化、皇太子を積極的に支援しようとする要因、またそれらは一九七〇年代前半の地中海の政治的争乱期といかなる相互関係があったかを明らかにし、欧州の中で反共の砦としてのスペインの持つ意味合いを考察する。

1 地中海沿岸国スペイン

❖ニクソンとスペイン

ニクソン(一九一三～一九九四年)は、個人的には一九五〇年代よりスペイン(フランコ政権)に親近感を抱いており、一九五六年および一九六三年に非公式訪問を行っていた。一九五六年の訪問時には当時のマルティン＝アルタッホ外相とマヨルカ島において会見した[★2]。さらに、一九六三年、ケネディとの大統領選に敗れた前副大統領として訪問した折、フランコが時間を割いてくれたことも、スペインに親近感を持った理由の一つであろう。フランコの対応に感銘を受けたニクソンは、一九五九年のアイゼンハワー大統領訪西の際のスペイン人の歓迎振りに言及、帰国前に滞在先のマドリッドのホテルよりフランコの居住するパルド宮(マドリッド)へ御礼の書簡を送付している[★3]。また一九七〇年大統領として訪西時には、アイゼンハワー大統領の訪問時同様の仰々しいパレード、国民の歓迎などを受け、翌年フアン・カルロス皇太子の訪米の折、「私(ニクソン)は、スペインの友人である」[★4]と発言するまでに至った。米国のマスメディアはフランコのことを極めて厳格で不快な独裁者としていたが、ニクソンは、フランコを非常に鋭敏・プラグマティックで、スペインの進歩のために必要な、国内の安定を主目的に掲げているリーダーと見做したのである(Nixon 1978:248)。

ただしニクソン政権下(一九六九～一九七四年)の対スペイン政策を考慮する際、米国の内政の変化を考慮する必要がある。第一に第二次世界大戦後より継続していた大統領の権力拡大にブレーキがかかったことである。ヴェトナム戦争で、行政府に対立する世論と立法府の発言が活発化したが、ニクソン政権では上下院とも野党民主党が多数党となったためである。第二に、ニクソン大統領およびキッシンジャー(Henry A.Kissinger)大統領補佐官(一九七三年より国務長官も兼務)共に官僚に不信感を抱いていた点である。第三に、一九七二年六月、ウォーターゲート事件が起こり、真相の追及につれ、外交政策策定の中心は次第にキッシンジャー国務長官へ移行していった点である。

こうした不安定な内政の下での米国の対スペイン政策は、新たな政策を実施しないという意味ではいわば惰性で行われていた。一九七〇年代に入ると、アジアでヴェトナム戦争が佳境を迎え、戦略的辺境(チリ、ポルトガル、キプロス等)でソ連とのバランス・オブ・パワーが脅かされ、ニクソン・ショック、石油危機による経済悪化等によって欧州との関係が悪化していた。こうした状況下、ニクソン政権にとっては、対スペイン政策の中での最大の懸案は、フランコ政権の民主化移行ではなく同国との米西協定延長交渉であった。米国にとっては、スペインの政治形態ではなく、米国の国益(スペインの場合は基地使用の継続)の維持が最重要課題であった。

ニクソン大統領期は、ソ連と比した米国軍事力の衰退期に重なる。一九六九年七月二三日ニクソンが発表したいわゆる「ニクソン・ドクトリン」では、自国の防衛は第一義的には当事国が責任を負うべきであり、自国で調達した兵力に軍事・経済援助を要請時に与えるとした(Nixon 1978:395; Dougherty and Pfaltzgraff 1986:241)。特に米国は「統一ヨーロッパ」に脅威を感じ、米国がコミットメントを守る一方、欧州の同盟国は自国防衛の責任および経済コスト負担が望まれたのである。一九七〇年代に入ると、欧州ではECが英国・アイルランド・デンマークを取り込み経済統合が深化し、アジアでは日本が経済成長を遂げる傍ら、ヴェトナム戦争に疲弊した米国の国際社会への影響力は弱体化していた。

また同時代には、立法府及び世論は米国の対外的な軍事的コミットメントのみならず軍事政策自体も疑問視し始め、従来のような大統領府主導の政策施行は難航していた。スペイン基地の場合は、スペイン側が支援額の引き上げを要求するのに対し、米国内ではそもそも現在の支出額でもそれに相当する価値をこれらの基地が有するかが疑問視された。しかしながら、ニクソン政権はスペインでの既得権を死守しようとする。国務省は、米国が地中海を重視するのはNATOの安全保障およびイスラエル支援のほかにも米国の同盟国である西欧にとっての石油供給源であるためとし[★5]、基地へのアクセス権を対地中海・アフリカ・中東政策のためにも重視していたのである[★6]。それではなぜスペインは米国の中東・地中海政策にそれほど必要とされたのか。

第一に中東との仲介者としてのスペインである。前述のように米国はUARとの停戦のためにスペインに仲介を要請していた上、ユダヤ人救出のためにもスペインは不可欠であった。UARと国交を有しない米国は、利益代表部をカイロのスペイン大使館の中に設置していたのである。さらに西サハラ問題[★7]はいまだ未解決の状態であった。スペインは中東からの輸入に石油を依存しており、そうした状況下、外交関係のないイスラエル寄りの態度を示し、外交政策の重点地域の一つであるアラブ地域を敵に回すことは不可能であった。

第二に中東への兵站基地としてスペインは必要であった。前述のように、一九五八年のレバノン紛争では、ロタ海軍基地と他のスペインの基地使用を希望する米国に対し、フランコ政権は直ちに肯定的な回答を寄せた。しかし一九六〇年代の経済成長後、基地が米国にとって不可欠であると認識したスペインは、米国に対し強硬姿勢で基地協定改定交渉に臨んでいた。

第三に、共産主義勢力の防波堤としてのスペインである。マルタ、モロッコ、リビア基地からの撤退・縮小に加え、さらにポルトガル革命およびキプロス紛争により、ポルトガル・ギリシャにおいて親米的な政権が倒された。共産化が南欧全体へ波及する「ドミノ理論」を危惧する米国内では、地中海において反共政策をとる親米政権の同盟国として、スペインの戦略的重要性は更に高まった。つまり米国にとっては、地中海でのソ連と覇権争いのため、スペインの領空通過権を得て基地を自由な使用の確保が不可欠であり、キッシンジャー国務長官下、特にニクソン時代の対スペイン政策は、一九七〇年の米西協定改定交渉が中心であった。

一方欧州においてはフランコ・スペインを敵視する国が多く、スペインは米国の後ろ盾なしには国際的に再孤立が懸念された。そのためスペインにとっては、米国はスペインの外交・安全保障政策の要であり続けた。また欧州の多国間機構へ漸次参加するためにも、米国の支援は不可欠であった(Viñas 2003:514-515)。

一九七〇年には米西協定に代わり米西友好協力協定が結ばれ、一九五三年の秘密条項は廃止され、基地・パイプラインはスペインの管理下に入ることが決定されていた。しかし米国による一方的な基地使用は継続され、内実に変化はなかった。また、同協定には核兵器に関する記述はほとんど見られなかった。例えば第一条五項では米国によるスペイン国内への化学兵器・生物細菌兵器を持ち込まない、貯蔵しないことは約されたが、核兵器に関する規定はなかった。また第八条五項ではスペイン領海、港への原子力船の出入港は、共同委員会を通じてスペイン政府が許可する手筈となっていた。しかしながら、核兵器搭載機の飛行や核兵器を搭載した通常の戦艦・潜水艦の出入りに関する規定は付帯条項にも規定されなかった(Viñas 2003:403-406)。

スペイン国内では、反フランコ体制派はもちろん、政権自体も大国間の紛争への巻き添えで被りうる危険に対し敏感になっていた。実際米国は一九七〇年まで原子力潜水艦の自由な停泊が可能であったし、第四次中東戦争時のように核搭載機がスペイン基地を一方的に使用することが可能であった。一方、スペインが地中海南側から攻撃を受けた場合でも、米国による安全保障は期待できなかった。そのためスペイン側は基地における米軍の権利を漸次制限しようと試み、NATOとスペインとのリンケージを強調し、他の加盟国からスペインの西欧における安全保障への貢献に対する認知を得ようとした。こうした状況下、米国は二国間交渉で少額の援助により自由な基地使用の権利を得るという、交渉に有利な立場にあったのである。

米国が内政（ウォーターゲート事件とそれに伴うニクソンの失脚）および外交（ヴェトナム戦争の泥沼化、中東紛争など）に忙殺されている間、前述のように南欧では政治的混乱が続き、仏・伊共産党中心にユーロコミュニズムの動きが拡大しつつあった。しかしフォード（Gerald R.Ford）政権期（一九七四年八月〜一九七七年一月）には、米国政府はポスト・フランコ時代への懸念を抱きつつも、対スペイン政策での最大の関心事は、スペインにおける民主的な政権の樹立ではなく、基地の使用権を継続して維持することであった。そのためNATOへのスペイン組み入れを企図したのである。同政権下、外交政策において主導権を握ったキッシンジャー国務長官は、当時スペインで組織力のあった非合法の社会労働党や共産党を中心とした民主化への援助に消極的であった。こうした左派勢力は、軍事・経済援助を与えてフランコ政権の存続を可能にした米国を敵視し、反米・反駐留米軍・反NATO感情を有していたためである。

❖海洋法会議とジブラルタル海峡

一方、EEC、欧州議会、NATOなど欧州の国際機関に加盟不可能であったスペインは、他の国際機関で積極的に活動することで、国際政治の場での自国の影響力の拡大を試みていた。

新しい海洋秩序の形成を目指し、一九七三年国連総会に第三次国連海洋法会議が招集され、最終的に一九八二年、海洋法条約が採択された。その交渉過程では、国際海峡に関しても協議が重ねられた。それまでは、米国はジブラルタル海峡において航行の自由、上空飛行の自由を得ていた。また、潜水艦はスペインの許可を得ずに潜水状態のまま通行していた。この協議の過程において、海軍力が増大したソ連および米国など先進海洋国は国際海峡においても原子力潜水艦の浮上や航空飛行の自由の制限（無害通航権）に反対した。

一方でスペインはジブラルタル海峡を念頭に無害通航権を主張し、中南米諸国やアラブ諸国といった発展途上国の支持を得ていた。

米国は同問題を重視し、ニクソン大統領は一九七一年一〇月一九日、フランコの書簡に返信している。フランコは、ジブラルタル海峡を無害通航権としなければ、西欧諸国のみならずソ連や中国といった大国にも同様に国際海峡における自由な行動を容認せねばならなくなり、スペインの安全保障が脅かされると見ているのである。彼の主張では、米西二国間協定によって米軍の航行の自由は保障されているために、国際法上での法的枠組みは無用であるとした。

これに対しニクソン大統領は、国際海峡における自由航行、上空飛行の自由が米国ひいては西欧の安全保障に重要であるため、スペインの主張する無害通航権では不十分であるとし、スペイン側の理解を再度要請している。ニクソン大統領はスペイン政府が西欧の安全保障の一部であることを強調し、スペインの反対に「個人的にも深く懸念する」と述べている[★8]。

最終的には英国の妥協案で通過通航権という制度が設けられ、ジブラルタル海峡においては、船舶および航空機は沿岸国から妨げられることなく、継続的かつ迅速に航行・上空飛行することが可能となった。

八月、NSCはNATO加盟国が西欧の安全保障におけるスペインの貢献を承認しないと、特に地中海においてスペインが一層自主独立的な外交政策を取る可能性があると警戒している。しかしここで再びフランコ政権内で意見の対立が生じる。一九七三年夏、カスティエーリャ、ロペス゠ブラボの後任であるロペス゠ロド外相がジブラルタル問題と協定改定をリンケージさせて交渉しようとしたのに対し、カレーロ゠ブランコ首相は米との協定改定交渉決裂を恐れ、あくまで二つは別物だと米側に強調したのである。

❖第四次中東戦争とカレーロ゠ブランコ首相の暗殺

こうした状況下、一〇月には第四次中東戦争が勃発し、米国はスペインへ事前協議なしにスペインの施設を利用し給油機によりF4へ給油した。スペイン側はこれを故意に黙認していたのである。イスラム教徒が実権を握る非同盟諸国は、スペインがパレスチナの大義に賛同するよう圧力をかけていた（Suárez 2011:905）。スペインは、イスラエルを支援していないというアラブ諸国への説明によって友好関係を維持することは無論、米国との友好関係維持も同様に欠かせぬものであるため、直接対峙を回避する必要があった。さらに世論へ逆効果を与えぬよう、基地の使用に関してスペインのマスメディアの憶測を抑制するよう行動しなければならなかった［★9］。すなわちスペイン政府は苦渋の対応を迫られていたのである。スペイン軍部も、すべてのスペイン人、スペイン人の統合を念頭に置く皇太子が実質上の最高司令官であったために世論を無視出来なかったのであろう。

一方でフランコ政権はNATO非加盟国のスペイン領空を米軍が意図的に通過する必要性を疑問視し、米国に対しジブラルタル問題解決のための支援を求め、一九七〇年代の米軍機の事故四件（うち一件は民間人も巻き添えになった）にも言及し、空中給油機のトレホン基地からの撤退を迫った。バラハス民間空港に隣接するトレホン基地ではなく、サラゴサ基地への移動も提案した［★10］。しかし設備の整うトレホン基地から欧州の他の基地はもちろんスペイン国内の移動も、米国にとっては費用の面で賛同できなかった［★11］。

更にフランコ政権は、スペインの国内世論でも反米・反駐留米軍の機運が高まっていると主張し、有利に交渉を進めようとした。つまりスペイン側は、駐留米軍反対を盛り立てる世論を盾に、米軍縮小をも主張するに至る［★12］。すなわち世論をおさえるため、NATOとスペインの何らかの連携強化、スペイン軍の近代化、駐留米軍の削減といった目に見える「新しいコミットメント」が必要と要求したのである［★13］。スペインは、NATO加盟国からスペインが欧州の安全保障に対して貢献していると認知が得られなければ、駐留米軍をトレホン基地から撤退させる可能性も持ち出した。

すなわち当時のスペインは、駐留米軍およびジブラルタル問題（英国のプレゼンス）を掲げ、政権末期、再度外部の「敵」で国内世論を一致させ、スペイン・ナショナリズムの高揚を企図したのである。しかし米国にとっては、基地の使用権存続が不可欠であり、スペイン世論での反米感情沸騰、反米・反駐留米軍を掲げる左派の勢力拡大は回避したかった。こうして次回協定改定の際には、親アラブ政策をとるスペインが、基地の使用制限を課す可能性も次第に米国は懸念するようになる[★14]。

キッシンジャー国務長官は、中東訪問後の一九七三年一二月一八日の午後五時スペインに到着、滞在時間二四時間未満という電光石火のスペイン訪問を行った。ファン・カルロス皇太子との会談には、ロペス＝ロド外相も同席したが、会話の半分以上は中東問題に関するものであった。また原則宣言に関しては、何ら軍事的、法的なコミットメントはない点を強調した。皇太子はキッシンジャー国務長官に対し、皇太子として一番述べたいのは「われわれスペイン人は、貴国の友人」であり、「友人には忠実である」こととし、またスペインは安定していると述べた。キッシンジャー国務長官は、混乱した所（中東）を訪問直後なので、スペインの安定性をうれしく思うと返答している。会話終了の際彼は、スペインは信頼できる国の一つであり、存在する若干の些細な問題も解決できると述べ、一方の皇太子は、これらは単に技術的問題であると返答した。

リベーロ（Horacio Rivero）駐スペイン大使は、同会見を「友好的な雰囲気」と評価したが、それは直前に行われたフランコとの会談と比すと一層明確である。そこではキッシンジャー国務長官は、ソ連の脅威、石油危機といった一般的な話題をかわすにとどまり、スペインに関する個別具体的なテーマには言及がなかった。リベーロ大使は、同じワシントンへの報告電の中で、フランコは若干の単語で返答したのみで老衰が顕著であると述べている。すなわち、フランコとの会談は内容の殆どないものであったが、皇太子との会談では、彼が近い将来米国と協力可能な人物であることが確認され意義があった。

カレーロ＝ブランコ首相、ロペス＝ロド外相間の会談では、安全保障問題、ＮＡＴＯ加盟問題、そして米西条約の代替物としての原則宣言が主なテーマであった。キッシンジャー国務長官との会見中、スペイン側は再度米国による欧州諸国の説得を要請するのである。すなわち加盟国全てからスペインの加盟に賛成の保証を得られてはじめて、スペインは加盟を申請すると述べた。スペイン側は、「他の欧米諸国と同等に」扱われ、同等の安全保障条約を得たいと切望していたのである。結果的には、米国は他の加盟国からスペインの加盟への賛同を得られる保障がいまだになく、条約に関しても米国軍の滞在を延長する協定交渉の終結を望んでいるが、目下のねじれ議会の状況下では非民主的スペインと二国間の軍事「条約」も、上院による批准の可能性が見込めず難しいとした。そして「条約と単なる延長の中間のもの」であり、交渉のさきがけとしての「二国間の原則宣言」を結ぶことで合意した[★15]。同時期、米国は「欧州の年」を銘打って冷却した欧米間の信頼関係を再構築しようとしＮＡＴＯ共同宣言が構想されていたため、スペインも条約が無理ならば同様の原則宣言をと検討したと思われる。

またカレーロ＝ブランコ首相にとっては、ＮＡＴＯ加盟国が独裁政権下のポルトガルの加盟は承認したのに対し、スペインの加盟には反対する態度が、ダブル・スタンダードとして解せないものであった。スペインが「政治」問題のため「軍事」機構に加盟できずにいるとして、「単なる軍事機構であるはずのＮＡＴＯが政治問題を軍事問題と混同している」と述べた。しかしキッシンジャー国務長官は、両者は不可分の問題であると返答した。

さらに「超保守派、非妥協的、時代錯誤的な」カレーロ＝ブランコ首相は、米側のキッシンジャー国務長官、ハートマン(Arthur Hartman)欧州担当国務次官補、ソネンフェルド(Helmut Sonnenfeldt)国務長官補佐官らがユダヤ系であるのに、内戦終了直後からフランコ政権が主張してきた反共、反フリーメイソン、反ユダヤ主義のうち「ユダヤ・フリーメイソンの陰謀」を強調した。また「核戦争(la guerra nuclear)」「通常戦(la guerra convencional)」「局地戦争(las guerras limitadas)」「破壊的戦争(la guerra subversiva)」という四つの戦争に言及し、最後の「米国が全く未知である破壊的戦争」の中でテロリズムを予見していた。キッシンジャー国務長官はこの発言を無視し返答しなかった(Perinat 1996:142-148)。奇しくも翌日、国務長官の訪西で厳重な警備体制の敷かれた米国大使館付近で、毎週習慣としていたミサへ出席後カレーロ＝ブランコ首相はバスク地方独立を切望するテロリスト(ETA「祖国バスクと自由」)によって仕掛けられた爆破装置によって爆殺された。

二〇日、カレーロ＝ブランコ首相の暗殺の報に接すると、ニクソン大統領は当時副大統領のフォードに翌二一日の葬儀に出席するよう命じた。ハートマン(Robert Hartmann)副大統領首席補佐官は、ハイレベルの者の葬儀への出席によってスペインに共感を示し、NATO加盟国がスペインを排除している現在、地中海・大西洋の戦略的同盟国として支援を表明すべきとした。スペイン内戦の負の遺産によって引き起こされる新たな暴動を懸念したのである(Hartmann 1980:97-98)。

同訪問中、フォード副大統領はフランコ及び皇太子と会談した。ロペス＝ロド外相の指揮下、北米・極東担当局長のペリナット(Luis Guillermo Perinat)がフォード副大統領担当であった。局長の見解では、フランコとの会見が単なる弔意表明であったのに対し皇太子との会見は実りあるものであるとし、局長は皇太子の果たした役目を評価した。一方局長は、フォード副大統領は「素朴でオープンな人物」と評し、良い意味でも悪い意味でも、「普通のアメリカ人」であると評した(Perinat 1996:150-151)。

この葬儀には、フォード副大統領の他には、外国からのハイレベルの弔問客の出席は皆無であった。米国は、「ナチスと協力した独裁者・独裁政権」を排除する欧州の政策には加担せず、むしろフランコ政権との関係を維持し、基地の使用権を継続することを重視したのである。

一方で米国のマスメディアは、この暗殺事件を第一面に写真入りで掲載し、数日連続で葬儀・犯人に関する記事を掲載した。ニューヨーク・タイムズ紙は、この機に乗じて、米国の対スペイン外交政策の見直しを主張した。この暗殺で「ファアン・カルロスにとっては、欧州諸国に受け入れられるような自由な組閣、政策実行への操作の余地が拡大した」とした[★16]。また社説では、「スペインの基地は有用だが、米国人にも欧米の安全保障にも必須ではない」と非難した。「スペインは、最近の紛争においてイスラエルへの米国の空輸のための使用を公式に禁じ」、更に「ポスト・フランコ時代に大きな影響力を有するであろうスペインの民主主義勢力は、駐留米軍に反対している」ためである。これは、二国間関係を長期的に鑑みると一層重要であった。この暗殺により、フランコが平和的移行及び政治的継続のために準備した周到な計画が文字通り吹き飛ばされたのである[★17]。

フランコ政権内部では、一九六〇〜七〇年の間、特に一九六九年の組閣後、ファランへ、軍部に代わり文民――テクノクラート――が実権を掌握していた。カレーロ＝ブランコ首相の暗殺後は、一時期ファランへ系が勢力を盛り返し、対米外交では首相亡き後外務省の地位が相対的に上昇した。ロペス＝ロドなどテクノクラートのカレーロ＝ブランコ派は一掃され、代わって外相となったコルティィナ前駐仏大使は、外務省出身のキャリア外交官であり、一九六三年の米西協定交渉に携わっていた。外交に消極的なアリアス＝ナバーロ(Carlos Arias Navarro)新首相に代わり、対米交渉では彼はタフ・ネゴシエーターとなる。

キッシンジャー国務長官は、中東への中継地点としてトレホン基地への寄航の際度々コルティィナ外相と会談するが、彼のユーモア・皮肉の感覚は、生真面目な法学者コルティィナ外相には通じなかった。相互理解が不可能な両者の間には、会談のごとに緊迫した空気が張り詰めることとなる[★18]。

❖ポルトガル革命と西独との協力

サラザール(António de Oliveira Salazar)独裁政権下のポルトガルとフランコ政権下のスペインは、一九四二年相互防衛協定の「イベリア・ブロック協定」を締結していた。サラザールの後任として首相に就任したカエタノ（Marcelo José das Neves Alves Caetano）と同じく法学者であったロペス＝ロド外相との友好関係により、両国間の政治関係は良好であった（Cañellas 2011:303）。

ポルトガルでは植民地戦争に疲弊し不満が鬱積していた軍部が中心になり、一九七四年四月革命で独裁政権を打倒した。その後軍部・共産党中心の政権が樹立した。NATO加盟国であるポルトガルで親米的な政権が倒れ、共産党が組閣する政府が核計画グループに参加することで、ソ連への情報漏えいを懸念した米国であったが、ポルトガルは自主的に不参加とした。親米的なスピノラ（António de Spínola）将軍らが亡命すると、スペインの外交情報局は、コミュニケにおいて「他国の内政不干渉主義」を強調した[★19]。両国の微妙な関係のために、スペインはポルトガル情勢に関して関与すべきでないと判断したのである[★20]。

一方のキッシンジャー国務長官は、一九七三年のチリ・クーデター前後での教訓から、ポルトガル共産党が迅速な行動を起こすことを恐れ、スペインに協力を要請している。彼は、ポルトガルについては無知だがそれでも現地大使館からの情報よりはましであるとして、単なる自分のドグマティズムと前置きしつつ「ポルトガルでは、共産党のみが効果的に組織された唯一の政治的組織」とし、それに対抗するのは軍部しかないという見解をコルティナ外相に披露している[★21]。

明らかにポルトガルの大使ポスト、在ポルトガル大使館からの情報を軽視した発言である。また国務長官は、ポルトガルの左派は社会党も共産党も同類であると考えていた（Stabler 1991）。後に大統領となるソアレス（Mário Soares）ポルトガル社会党書記長に対しては、「口数が多い割には何もできない、ハーバード大学の同僚を思わせる」と評価し、彼はポルトガル史上重要な人物とはならないとコルティナ外相に述べていた程である[★22]。こうしたポルトガル社会党への不信感は、英国とは対照的である。英国は、ポルトガル社会党（ソアレス）からスペイン共産党（PCE）の情報まで得ていたのである。

また夏にはギリシャ系とトルコ系住民間のキプロス紛争が米国の支援するギリシャの独裁政権が瓦解し、

ギリシャはNATO軍事機構より撤退する。こうして反共産主義、親米政権の同盟国として南欧での基地の自由な使用が可能なのは、政情不安定なポルトガルを除くとスペインのみとなった。

キッシンジャー国務長官は、一九七〇年代南欧を軽視しており、ポルトガル、ギリシャ、スペインいずれも政治任命の大使を派遣していた。ポルトガル大使職は、米国にとって革命勃発まで重要度の低いポストであった[★23]。確かに同国のアソーレス諸島の基地は、中東戦争の際明確になったように米国にとって不可欠であった。しかしスタブラー大使の認識通り、ポルトガルがNATO加盟国である限り、アソーレス諸島の基地もその傘下に入るため（Stabler 1991）、米国はスペインの基地使用権の様に軍事政権崩壊後の将来を懸念する必要はなかった。さらに革命後の数カ月にわたって権力を掌握したスピノラ将軍が親米派だったため、ポルトガルの事態を楽観視していた。将軍は、米国とのアソーレス諸島の基地協定の改定及びアンゴラ紛争では欧米寄りの解決に賛同しており、彼が実権を握る限り米国の利益は保証されていたためである。

しかしながら一九七四年九月にスピノラ将軍が辞職すると、大統領府内ではポルトガルの将来に対する懸念――特に、キッシンジャーの悲観主義――が増大した。将軍辞任後、非植民地化政策に賛同する政府が成立すれば、アンゴラ情勢が先鋭化する危険性があった。アンゴラでは独立を求めて内戦状態となっており、米国、南アフリカ、ソ連、キューバなどが介入していた。スペインはそうした植民地を有していなかったが、米国はスペインの性急な民主化移行を望まなかったのである。

ポルトガルとスペインでは、それぞれ軍隊・教会の革命への姿勢は異なり、経済成長が成し遂げられたスペインには中産階級層が形成されていた。社会・経済情勢まで両国の状況は完全に異なるものであった。それでも、米国は欧州――隣国のポスト・フランコ時代のスペイン――にもポルトガルと同様な混乱状態の発生を懸念するようになった。

それまでポルトガルを軽視し、ポルトガル語を解さぬ政治任命の大使を派遣していた米国は衝撃を受け、以降ポルトガル語に堪能で、後にレーガン(Ronald W. Reagan)政権の国防長官となるカルーチ(Frank Carlucci)大使が派遣された。またスペイン国内ではCIAの活動が増加した。結局、キッシンジャー国務長官はイタリア政府に共産党が参加すると、フランス、ポルトガル、スペインでも同様な状況が起こる可能性「ドミノ理論」があり、ひいては米軍の欧州撤退によるNATOの崩壊を懸念していたのである(Stoessinger 1976:152)。

一方西独は、特に社会民主党系のフリードリヒ・エーベルト財団などの財団を通じてポルトガルを支援した。スペインでは、コンラート・アデナウアー財団は、UCD(民主中道同盟)に対して特に政治的教育を行い、エーベルト財団は、PSOEと、そのパブロ・イグレシアス財団(Fundación Pablo Iglesias)およびフランシスコ・ラルゴ=カバリェロ財団(Fundación Francisco Largo Caballero)と協力関係にあった[★24]。

米国としては、経済危機に苦しむ英国、共産党が勢力を伸ばす伊・仏以外で、欧州軍備の経済負担を分担可能な「同盟」国が必要であった。また、シュミット(Helmut Schmidt)大統領とフォード大統領、ドイツ系のキッシンジャー、補佐官のソネンフェルドの間のスムーズな関係にも注目すべきである。キッシンジャーとソネンフェルドは、共にナチス・ドイツから逃れて渡米していた。当時のゲンシャー(Hans-Dietrich Genscher)外相は、当初からキッシンジャーが自分と「個人的尊敬と信頼に基づいた関係の樹立・維持を望み、私的に接触もおこなっていった」としている(Genscher 1997:53-59)。ポルトガルでの米・西独の協力経験が「非常に有益で」あったため、米国はスペインにおいてもこれを活かした米独協力が可能と考えるようになった。対スペイン政策に関し、両国は意見を異にしていたが、緊密な連絡・意見交換は欠かさなかった[★25]。米国は、フランコ死後スペインの左派が「基地から米軍追放のため必死になる」と考え、新政府と安定的な関係の構築を望んでいたのである。

当時ロタ基地の重要性は低下していた。一九七四年九月、国家安全保障決定覚書268では「米国は、現協定下使用可能なすべてのファシリティの使用権を維持すべき」としていたが[★26]、他方ロタ基地からの原子力潜水艦退去は、米・ソ連の間のSALTⅡ交渉の一つの駒であった。一九七三〜一九七五年に国務省の情報分析局次官補であったハイランド(William G. Hyland)によれば、スペインにおける米軍の基地使用を許可する協定交渉が行われている一方で、米国はソ連に対して、原子力潜水艦を同基地から撤退させるという見せかけの譲歩を行おうとしていたのである。

射程距離がさらに長いポセイドン・トライデント搭載原子力潜水艦はスペインへ停泊不必要となり、米国としては中東支援のためには海軍基地以上に空軍基地が重視されるようになったためである[★27]。つまり、いずれにせよ潜水艦はスペインの基地から撤退の予定であったのだが、米国はSALTⅡ交渉中ソ連に対して「欧州基地の縮小の一環」としてオファーしていた。一九七四年一一月のウラジオストック会談で、フォードはグロムイコ(Andrei Gromyko)外相に対し、一九八四年《ママ》ロタ海軍基地を放棄することを提案したのである[★28]。

ただしスペイン基地の代替地として可能性のあるポルトガルは政情不安定であり、依然として米国にとってスペインの戦略的重要性は不変であった。いかなる場合でもスペインの基地の自由な使用を確保すべく、スペインを二国間から多国間、NATOのフレームワークに組み入れる必要性がようやく考慮されるようになった。

❖原則宣言

一九七四年七月、フランコは重態に陥り、一時的に首長としての権限が皇太子に委譲された。以前スペイン側は米西原則宣言の署名のためにアリアス＝ナバーロ首相の訪米の可能性まで言及していたが、フランコ政権への継続支援を内外に強調したくない米国政府は、その時期を見計らったかのようにこの時期原則宣言の署名の手はずを整える。こうして米国においてはニクソン大統領、スペインにおいてはフランコやアリアス＝ナバーロ首相ではなく皇太子によって原則宣言が署名されたのである。

同宣言では、スペインが大西洋および地中海における役割、ＮＡＴＯ加盟国と同等のステータスを有することが強調された。一九七三年より欧米で構想されていたＮＡＴＯ共同宣言が、この一カ月前の六月にＮＡＴＯ首脳会議において署名されている。スペイン側は明らかにこれと同等のものを米国との二国間で欲したのである。しかしながら軍事的観点からすると、この宣言は何ら法的拘束のないものであった。

コルティナ外相は、さらに、二国間に軍事的な協調関係があること、ＮＡＴＯ加盟国がスペインの軍事的貢献を認めることを明文化させようとした。また、加盟国からスペインの欧州安保への貢献が認められないのであれば、スペインは米国の基地使用を制限する用意もあると迫った。キッシンジャー国務長官は「脅かさないでください！」とコルティナ外相に対し返答した［★29］。同外相がスペインの世論までも引き合いにして、新しい協定、ＮＡＴＯとの緊密な関係に加え、近代兵器の購入や駐留米軍の縮小に関する要求まで持ち出したためである。

もちろん米国としてはＮＡＴＯ加盟国からスペインの貢献に関する承認を得て、同国の加盟へのステップを形成したかったのであるが、スペインがＮＡＴＯ加盟問題と二国間協定締結をリンケージさせた交渉には反対であった。二国間協定交渉のためには、国務省はいかなる「些細な」二国間での摩擦も懸念していた［★30］。コルティナ外相にとっては、「重要なのは、まず原則がセットされること。詳細はそのあとで可能」であった。スタブラー大使の言葉によれば彼のこの態度は「（スペインが欧州に）承認されること」をより重視するものであった［★31］。すなわち実質的なもの以前に名目（スペインの名誉回復）を重視したのである。

しかし一九七五年夏、スペインでは雑誌の押収・発禁が続き、テロリスト取締令が出された。九月には、教皇の減刑要請にもかかわらず、ＥＴＡ、ＦＲＡＰ（「反ファシズム愛国革命戦線」）の五名が処刑された。この死刑執行により、欧州の大部分の国が大使を召還するなど国際的な非難が高まってスペインは国際社会で再度孤立すると、米西交渉の立場は逆転しスペインは米国の要求を受け入れざるを得なくなるのである。西独など欧州は、この時期に権威主義体制のスペインとの協定を米国が改定するのは欧州の反米感情を高めるとして反対したが、一〇月四日、米西両国は協定のフレームワークを作成した。

結局ニクソン大統領の時代は、米国はポスト・フランコ時代の重要人物として皇太子を考慮に入れ始めたものの、彼の継続性への確信はなかった。皇太子自身は、対外的に自らの意見を完全に表明できず、実はスペイン内政問題に関する発言には非常に慎重な姿勢を取っていたのであった。

2　ファン・カルロス皇太子とスタブラー大使

❖皇太子ファン・カルロスと米国

一九六九年、フランコは、後継者としてファン・カルロス皇太子を指名する。また一九七三年には元首の地位を維持しつつも、首相ポストを創設した。自分の死後に、皇太子が国家元首および三軍の総司令官となって、軍人の任官・昇進の権限を把握するべく準備していたのである。このために、民主化プロセスにおいては軍の権力が比較的制限されることになった（ステパン、一九八九年、一五九－一六〇頁）。

皇太子は、フランコ死後の一九七五年一一月、ファン・カルロス一世として即位した。その際、自らを「全てのスペイン人の国王」と宣言した。こうしてスペインの民主化が開始される。一九七七年には総選挙が開催され、翌年には国民投票で憲法が承認され立憲君主国となり、国王は調停者かつオブザーバーとしての役割を与えられた。それでは、憲法発布前の法的縛りの存在しない民主化期、彼がいかに米西関係に関与し、貢献したか。

スペイン内戦を経て、フランコは独裁的地位を確立していた。一九四七年に国家元首継承法が国民投票にかけられ、フランコは終身国家元首となり、後継者の指名権も得た。一九六〇年代に入るとフランコの狩猟中の事故やパーキンソン病の症状悪化から、体制内でもフランコの後継者、ポスト・フランコ時代への準備が進むようになる。一九六二年には新たに副首相職が設けられた。また、一九六七年国家組織法が公布され、フランコは一九六九年、元首後継者としてファン・カルロス皇太子を指名する。

前述のように一九四五年二月のヤルタ会談において、トルーマン大統領は共産主義に対抗するには、スペインにおいてバルセロナ伯を擁立した「弱い王政」の成立よりは、フランコという「強い独裁者」の統治を望んだ。さらに一九五三年には、米西協定を結んだフランコ政権との絆を強固にしていた。そのため一九六九年以前は、米国政府はファン・カルロス皇太子及びその父バルセロナ伯いずれの王族に対しても公式の支持は行わなかった。ファン・カルロス皇太子が一九六九年以前に米国を訪問した際、政党とは無関係に大統領はそれぞれ異なる待遇を処した。米国は、ファン・カルロス皇太子がフランコの後継者として公式に指名されると、後継者としての彼を意識し始めるものの、具体策が公式にとられるのは一九七五年前半のスタブラー大使の赴任以降となる。結局米国は、共産主義の拡大を懸念し、第二次世界大戦後はスペインの安定化のために独裁者を選び、後にはスペインの安定化のために王政を支持するという日和見主義的な政策をとったのである。

ファン・カルロス皇太子は、一九三一年、第二次共和制樹立の際亡命したアルフォンソ一三世の孫であり、一九三八年父母の亡命先であるローマで誕生した。一九四六年一家はポルトガルへ移住した。父バルセロナ伯はフランコに王政復古を要請していたが[★32]、一九四八年フランコとの取り決めにより、皇太子は一〇歳にして親元を離れスペインでフランコのもと教育されることとなる。皇太子はスペイン陸・海・空軍のアカデミーにおいて学び、一九六一年にはギリシャ王国のソフィア(Sofía de Grecia)王女と結婚した。

ファン・カルロス国王は、皇太子時代に何度か訪米している。最初の訪問は一九五九年であり、バルセロナ伯も同時期訪米している。当時の駐米大使は、後にフランコ政権と袂を分かち、バルセロナ伯の秘書官を務め、民主化後初の外相を務めたアレイルサであった。アレイルサは両者をアイゼンハワー大統領（任期一九五三〜一九六一年）と引き合わせようとするが、米国側は二人の「皇太子」の訪問をいかに扱うべきか方針が未決定であり、結局大統領は二人とも接遇せず、ファン・カルロス皇太子、バルセロナ伯共に「スペインの皇太子方」として同等に扱った[★33]。ただしこの機会に皇太子は、当時上院議員であったケネディや副大統領のニクソンと会見の機会を得た[★34]。これは本人の意思か、大使の計らいかは不明であるが、いずれにせよファン・カルロス皇太子が積極的に米国の幅広い層との接触を試みていたことは事実である。

続いて一九六二年に新婚旅行の途中に米国に立ち寄ったファン・カルロス皇太子夫妻は、同年代のケネディ大統領と親交を深めた（Urbano 1996:285; Calvo Serer 1978:56）。ここで重要なのは、皇太子と米国間の橋渡し役を務めた当時駐米大使のガリーゲス[★35]である。彼は民主化後初の法務大臣となる。当時のカスティエーリャ外相が皇太子夫妻の米国での取り扱いについて「沈黙」を守ったため、大使は自らの判断でつてを用い、米側に打診したのである[★36]。当時、皇太子は「フランコの後継者」に任命される前であったが、国務省は大統領府に対し、皇太子が将来国王になる可能性は明確として、会見を薦めたのである[★37]。

逆に一九六七年の非公式訪問時は、皇太子はジョンソン大統領と会見がかなわず、大統領夫人にホワイトハウスでのお茶会に招待されたのみであり、ホワイトハウスで出会った際の大統領の冷淡な態度に皇太子としては不満が残った。しかし、閣僚、軍人、国防総省、国務省、上下院議員、ジャーナリスト、その他の有名人等幅広い米国の著名人と接触する機会を持つことが可能となった。皇太子は米国の政界・官僚らと接触する機会を得て、有意義だったと当時の駐米スペイン大使は評価している[★38]。ファン・カルロス皇太子は、ポスト・フランコ時代の米西関係を視野に入れ、米政権に冷遇されていた皇太子時代から野党議員も含め各界の人々と接触していたのである。

❖フランコの後継者としてのファン・カルロス

一九六九年一月ニクソン大統領就任以降も、米国政府の対スペイン政策に大きな変化は見られなかった。すなわち米国の最大の関心事項は、スペインの基地の使用権と領空通過確保であり、民主化への関心は薄かったのである[★39]。前述のようにニクソン大統領はフランコ政権に対して一種の親近感を有していたこともあり、当時米国は、「両国関係は特に重要な懸案事項もなく最高である」と考えていた。一方では欧州諸国とは、石油危機、経済危機などから、「緊張」関係にあるとしていた。

一九七〇年一〇月二、三日、ニクソン大統領が訪西した際、フランコ、カレーロ＝ブランコ首相、ロペス＝ブラボ外相、皇太子夫妻と会談する機会があった。キッシンジャーは既にファン・カルロスがフランコの実質的「跡継ぎ」になると考えており、ニクソンに「皇太子は親米派」とし、「若さ(当時三二歳)にもかかわらず民主化の際の安定装置になるだろう」と進言、そのためニクソンに彼との良好な関係構築を進言している[★40]。

一九六九年七月の後継者指名以降も、米国政府内部では、ポスト・フランコ時代の政治的支援というよりは、スペインで反米的な左派政権が樹立する前にNATOへ駆け込み加盟させ、基地へのアクセスを確実に獲得しようとする考えの方が支配的であった[★41]。もちろん欧米諸国は、フランコ政権の非民主性を理由に、EC加盟のみならずNATO加盟に関しても根強く反発していた。米国は、カレーロ＝ブランコ首相とファン・カルロス皇太子がポスト・フランコ時代に重要な役割を果たすと考えていた。キッシンジャー国務長官は、フランコの後継者の最有力候補はカレーロ＝ブランコ首相と見ていた。彼が基地協定交渉に主要な役割を果たしたためである[★42]。

一方、一九七〇年代前半の国務省は「ヘミングウェイの小説から出てきたような」社会・経済的に立ち遅れているスペイン、との偏見を有していた(Ortí 2005:195-198)。また米国の駐スペイン大使は、職業外交官ではなく外交経験のない政治任命による起用がほとんど(一九五一年以来、一〇名の駐スペイン大使のうち職業外交官はわずか二名)であった。

こうした状況下、フランコ政権と懇意にする在スペイン米国大使館が反フランコ派を含めた幅広い層から情報を得ようとする必然性も存在せず、スペインからワシントンへは、フランコ政権内からの「公式」情報が送られた。こうした表層的な情報のみを受け取っていたニクソン政権下ロジャーズ(William Rogers)国務長官在任時(一九六九～一九七三年)の国務省は、一九七一年の訪米時皇太子がロペス＝ブラボ外相に遮られ内容のある発言をほとんど行わなかったこともあり、皇太子の能力を軽視していたのである[★43]。

しかしながらこれは当時のスペイン国内に検閲が存在し、フランコ政権の外相を前に、皇太子には自由な意見表明が不可能であったためである。また、米国はロペス＝ブラボ外相が皇太子にライバル心を抱いていた可能性も見ている。前工業大臣、オプス・デイ出身の彼は、前任のカスティエーリャ外相とは異なり、プラグマティズムを持ってスペイン版東方政策《オストポリティーク》を展開し、東欧諸国との貿易・領事関係も強化したのである。

確かに同訪米の際、会見の中で外相が皇太子の発言を妨げ、皇太子も自分の意見を明確に伝達不可能であった。しかし、皇太子はここから学び、後にキッシンジャー国務長官の時代は、彼との非公式会談の機会を設定するようになる。

またフアン・カルロスは、世界とスペイン国内に対し自らの地位を宣伝・強調し、米国人に対して自らが民主化移行への良い後継者たりうるとのイメージを与えたという点では、成功だったと言える[★44]。米国のマスメディア対策は、ヨーロッパ・プレスのアルメロ(José Mario Armero)によって行われた。この折に、ニクソン大統領は皇太子に対して「まずは秩序、次に政治体制が重要、一層リベラルで開放派に見えるか否かには細心する必要はなく、単に若く親近感を持てるイメージを重視」するように述べ、大統領の関心事項は「安定と政治的継続性」であった(López Rodó 1992: 146-147)。

ニクソン大統領とファン・カルロスとの会談は従来スペイン現代史専門家の間では重視されていなかったが、実は両者は内政、国際情勢に関し意味のある会話が交わされていた[★45]。一九七〇年末の軍事法廷、ブルゴス裁判[★46]の結果、オプス・デイ率いる文民派と軍部の対立が明らかになったため、皇太子の長期続投は難しいだろうが、内政安定のために重要な役割を果たせると米国は考えた。すなわち、フランコ死後のスペインの安全弁として皇太子に賭けようとしたのである。また、国務省と大統領府の意見の違いも注視すべきである。国務省は皇太子が実質的な会話が不可能としたが、大統領府は逆の意見であった。当時の米国の外交は、外交に関しては「素人」の、ニクソン大統領友人ロジャーズ国務長官下の国務省中心ではなかった。大統領府には、キッシンジャー大統領補佐官がおり(一九六九~一九七五年同職、一九七三~一九七七年国務長官)、通常の外交ルート経由ではなく、大統領府の権限によりウォルターズ(Vernon Walters)将軍[★47](一九七二~一九七六年CIA副長官)をフランコのもとに派遣し、別ルートからスペイン国内の情報を入手していたのである。キッシンジャー国務長官は、別筋からの情報を加味しつつ、皇太子の無口な理由を分析、大統領のブリーフィング用ペーパーを充実させ、大統領も機会があれば皇太子と実質的な会話を行うべきと薦めていた[★48]。

前述のようにフランコ政権に親近感を抱き、官僚に不信感を抱くニクソンは、ウォルターズからスペインに関する情報を独自に得ていた。ウォルターズは、後に一九八六年にも当時のゴンサレス首相のもとに特使として派遣される(第六章参照)。スペインの軍部とコネを有し、一九七〇年一〇月にニクソンが同国を訪問の際、カレーロ=ブランコ副首相との対談の通訳を務めた彼は、会話録に独自情報を付加し、「ロペス=ブラボ(外相)は仏、欧州寄りのスタンスで、米西関係が手薄になる恐れがあるため、このやり方にスペイン人全てが満足なわけではない」と分析した。そして、ポスト・フランコ時代のロペス＝ブラボの影響力縮小を予想した［★49］。

一九七一年二月には、さすがのニクソン大統領もポスト・フランコ時代のスペインを憂慮し始め、ウォルターズを特使としてスペインへ派遣した。その前の月の一月に米国を訪問した皇太子の好印象のためか、スペインへの内政干渉・助言の意図はないとしつつもニクソン大統領はウォルターズに、ポスト・フランコ時代は皇太子を希望していると述べていた（Walters 1978:511, 555-556）。ウォルターズの、ポスト・フランコ時代に関する単刀直入な質問に対し、フランコは、安定した継承のためすでに機関も整え、しかと教育した皇太子に実権を譲る旨述べ、ニクソン大統領を安堵させるのである。さらにウォルターズは軍部とも接触、軍部がフランコの後継者としての皇太子を支持していることを確信したのである。

❖スペイン大使ポストを巡る対立

当時キッシンジャー国務長官とキプロス紛争に関して共に交渉に当たり、信頼を得ていたスタブラー次官補代理は、キッシンジャーの推薦で一九七五年二月、駐スペイン大使として着任した。中南米育ちのスタブラーはスペイン語に堪能であり、二度にわたる在イタリア大使館勤務、国務省の欧州関連部署勤務といった経験から、欧州政治にも精通した職業外交官であった。また、国務長官のキッシンジャー国務長官および直属の上司であった次官補とスムーズな人間関係が構築されており、更に米西協定交渉担当マックロスキー（Robert McCloskey）大使とも知己であった。ニクソンと共に、民主党色の強い国務省の官僚に不信感を抱くキッシンジャー国務長官に対しても、在外公館からでもスムーズな意見具申が可能であった点も重要である。

さらに同任命に先立って、ニクソン前大統領の知人フラナガン（Peter M. Flanigan）の駐スペイン大使任命が議会により覆されていた点も重要である。米国史上、大使のポストは大統領選など政治的貢献者への報償という意味もあり、特にスペインは政治任用が多かった。そのため政治任用された大使は、国務省ではなく大統領府の意向を重視して職務を遂行していたことも少なからずあったため(Halperin 1974: 266-267)、国務省や任国との間で軋轢を起こす大使も少なくなかった。特にスペインにおいては、前述のように一九六五年以降は四名政治任用の大使が続き、スペイン語も業務遂行上、不十分な場合もあったと考えられる。一九六〇～一九七〇年代、スペインからワシントンの本省へは、政治任用によるスペイン語・交渉力不足などから、従来のフランコ政権の人脈を維持し、検閲の存在もあるマスメディアの情報を使い、政権の意見を鵜呑みにしていたことになる。

一方で、プエルトリコ出身のリベーロ大使(任期一九七二～一九七四年)は、海軍大将出身で、前職はNATOの南欧連合軍司令長官であったこともあり、スペイン軍部との接触も多かった。一九七〇年代初頭は、スペインはその地政学的観点から米国には軍事的な重要性を有し、NATO加盟が急がれたので、彼の存在も意味があった。実際、当時のイートン(Samuel D. Eaton)駐スペイン公使によれば、リベーロ大使時代以降次第に大使館のスペイン人人脈が拡大したという。前任者の交友関係は限られていたが、リベーロ大使はポスト・フランコ時代をにらみ、スペイン人との幅広い接触を持つべきと考えたのである。実際リベーロ大使はフランコとも接触があり、スペイン政府高官及び皇太子とも親交があった(Eaton 1990)が、左派との接触はなかった。

最終的には、米西協定の改定交渉に関するワシントンとの摩擦で、ニクソンが辞任した同日一九七四年八月九日、リベーロ大使は辞表を提出した。軍事技術の向上によりスペインの基地は、海軍基地以上に空軍基地が重視されるようになっていたが、イートン公使によれば、海軍出身のリベーロ大使は「米国は、トレホン空軍基地から撤退すべき」と主張し空軍と軋轢を起こし、フランコ側と接触してもワシントンへの報告を怠ったため、大使が何も活動していないかのような印象をワシントン側へ与えてしまったのだ。公使は、この交代時期が一層リベラルな大使を送るのに適切なタイミングであったと考えていた(Eaton 1981: 118-120; 1990)。

フォード新政権がリベーロ大使の後任として、財界で影響力のあるフラナガンを大使候補として議会に提出したのは、懸命ではなかった。この一件で、フォード新政権のスペインの状況に対する無神経・無関心さが如実に現れた。彼の父は、ニューヨークの銀行を経営し、フランコの最初の最良の友人の一人として知られていた。フランコに対して、すなわち反乱軍側のフランコがモロッコに上陸して僅か何カ月かですでに資金貸与を開始していたからである。一方一九六〇年代の米国大統領選では、フラナガンはニクソンに政治資金提供者を紹介、ニクソンが大統領に就任すると、政治・経済問題関係の特別顧問に就任した。すなわち、大統領府と経済界の架け橋であった。またフラナガンは、選挙への貢献者への報酬として大使任命の操作も可能であった[★50]。

スタブラー大使は、おそらくニクソンは選挙戦に貢献したフラナガンに対する報酬として、彼をスペイン大使に任命するようフォード大統領に依頼したのではないかと推測した。当時の大統領府と立法府(野党の民主党が多数)の関係は、フォードによるニクソン大統領の恩赦後、緊張関係にあった。なぜ今ニクソンに近く、金銭にかかわる疑惑があり、しかもフランコ政権に十分近い人物であり、スペインからは「フランコ政権に対する更なる援助」と受け取られる——民主主義の萌芽を擁護するのとは正反対の態度——フラナガンを任命するのか、立法府には全く理解不可能であった。フラナガンがスペイン大使として推薦されると、上院の外交委員会は、前述の調査結果が明らかになる一〇月九日まで、任命の可否決定を引き延ばした。

一一月大統領府は、上院の外交委員会に再び彼を候補者として提出した場合承認される可能性を探ったものの、結果は否定的だった[★51]。最終的にフラナガン自身が一六日付書簡でフォード大統領に対し、「現在の政治情勢に鑑み、自分の再推薦の辞退」を要請した。大統領は、直ちにこれを承諾、当日返答している[★52]。スペインにとっては幸いにも民主化移行の重要な時代、親フランコ派の大使受け入れを回避できたのである。

スペインの米国大使館では、大使の任命までイートン公使が執務を指揮していた。彼もキャリア外交官であり、夫人はボリビア人であった。スペイン駐在前はラテンアメリカ部門で勤務し、このスペインのポストに自ら志願して赴任した。当時のリベーロ大使は、五年勤務していた子飼いの政務参事官を公使ポストに昇格させることを望んでいたのだが、国務省は、最終的にリベーロ大使に対しイートンを受諾するように説得した。結局は、イートン公使が赴任して三、四カ月で前述のようにリベーロ大使は米西協定改定交渉においてワシントンとの間に軋轢が生じ、帰国することになった(Eaton 1990)。新大使着任までの大使不在の間、イートンは臨時代理大使を務めた。リベーロは一九七四年一一月二六日に大使を辞職したが、ワシントンでは新大使スタブラーを任命するのに翌年二月まで時間を要した。これは当初は執行部の推薦するフラナガンを立法府が許可しなかったためである。

この空白期間、イートン公使はリベーロ大使の政策を基本的に受け継ぎ、多くのスペイン人との人脈を拡大していった。そして政務及び経済担当参事官とともに、組織的に人々を接待した。こうして米国大使館はスペイン人脈を拡大、彼らの考え方も理解するようになった。彼は反フランコ体制派の人々に対しても非常に丁寧で、民主化後外務省の次官となった人物は、イートン公使に対して、「同意できぬ点もあったが、自分が反体制派であったときでもコンタクトを維持してくれたのには、感謝している」と述べるほどであった(Eaton 1981 28; 1990)。また当時北米・太平洋局長であったデュラン＝ロリーガ(Juan Durán-Loriga)局長も、イートンの「親切で実力のある」点を評価していた(Durán-Loriga 1999:225)。

✣スタブラー大使の着任：米国の対スペイン政策転換

ウェールズ・スタブラーは一九一九年一〇月三一日、米国東海岸のマサチューセッツ州ボストンに生まれた。父親は、パリ和平会議の代表団員など外交団の経験も有したが、ウェールズ誕生当時はアルゼンチンにおいて民間企業に勤務していた。その後、ウェールズは幼少時をエクアドル、チリで過ごした。父は一九二七年に国務省を退職すると、石油会社に転職し九年ほどカラカスに拠点を移した。しかしウェールズは米国に戻り、私立の共学エリート校ブルックス・スクールを卒業後ハーバード大学に入学。一九四一年、優等で卒業する。

ウェールズは一九四一年一〇月、国務省に入省した。当時、米国はルーズベルト大統領率いる民主党政権の時代であった。エルサレム、パレスチナ、イタリア、パリなどの在外公館にて勤務した。イタリアには二度勤務、一九五三〜一九五七年には政務、一九六九〜一九七三年に勤務時は次席であった。一九四九年米国がヨルダンを承認すると、アンマンに大使館を開設、その臨時代理大使となる。欧州勤務の合間にも、一九六六〜一九六九年には本省のイタリア・オーストリア・スイス担当課長を勤めた。本人も認めるように、欧州のキリスト教民主同盟系の動きに精通しており、スペイン大使着任後は、米西友好協力協定の改定交渉にも積極的に活躍、同交渉担当大使マックロスキーが不在の場合でもスペイン側と交渉を行っていたのである(Stabler 1991)。マックロスキー大使自身はスペイン語を解さなかったが、スタブラー大使がそれを補完した(McCloskey 1990:18)。もしこれがスペイン語を解さぬ、財界人出身の大使ならば交渉は明らかに難航していたであろう。

当時ポルトガル大使であったカルーチとともに、スタブラー大使はこれらの地中海諸国の民主化プロセスに重要で有益な役割を果たしたと言える(Tovias 1991:184)。この点に関しては、当時の米西両国の主要外交関係者全ての意見が一致している。まず、スペインにおいて彼の培った優良な人脈は、国王から反体制派まで広がる。例えばスアレス首相の任命は、スペイン人にさえ青天の霹靂であったが、スタブラー大使にはあらかじめスペインの某筋より通知されていた(Stabler 1991; Eaton 1981:26; Morán 1979:29)。また、スペインに駐在する欧州諸国の同僚大使たち——特に西独大使——との横の連絡も密であった。さらに、最難関のワシントンとの良好な関係は特記に値する。特に共和党政府下の政治任命でない大使、それも民主党寄りである大使がキッシンジャー国務長官に対し意見することは至難の技であったためである。

スペイン大使に任命される直前一九七四年、スタブラーは次官補代理であった。通常、キッシンジャー国務長官の部屋に入室可能なのは次官補レベルであった。しかし、当時のハートマン欧州担当国務次官補が東ドイツ問題に忙殺されていたため、次官補代理のスタブラーは、国務長官の懸念の種であったキプロス紛争を共に対処、日に何度も会合し、共に出張し、信頼を得たのである。通常はキッシンジャー国務長官が外国のカウンターパートと直に対応し、国務次官補には報告がない場合が多かったが、スタブラーとキッシンジャー国務長官の間の連絡は緊密で、彼は国務長官の動きを把握し、各国リーダーとの対処方針は彼が作成したのである(Stabler 1991)。キッシンジャー国務長官は彼の仕事ぶりを評価し、フラナガンのスペイン大使任命が議会によって異議を唱えられると、スタブラーを推薦した[★53]。

キッシンジャー国務長官と駐スペイン大使の連絡がスムーズであること、国務長官が大使の意見を傾聴した点がスペインの将来を左右したと言っても良い。さらにスタブラーの上司であったハートマン次官補は、スタブラーがスペイン大使着任後もスペインを管轄する欧州局の同職におり、両者の関係はスムーズであった。その上、スタブラーは、キッシンジャー国務長官の執務室に出入りしていた際に、米西協定交渉担当大使となるマックロスキーとも知己となった(Stabler 1991)。すなわち、スタブラー大使は、米西関係のワシントン側のキーパーソンたちと良好な関係を維持していたのである。

スタブラー大使は、国務省から対スペイン政策の具体的な支持を得ぬまま、スペインに着任した。しかし彼はそれまでの欧州政治の知識から、スペインのスムーズな民主化移行を望んでいた。そのため国際訪問プログラムにより、ジャーナリストのみならず、ＰＳＯＥの若手党員や労働組合関係者の米国招聘を計画し、フランコ政権内の人脈作り以外にも、ＰＳＯＥやＰＣＥも含めた反体制派の人脈をも構築したのである。スタブラー大使の内政報告、具体的な政策提言は、スムーズなスペインの民主化に質したという点で評価できる。

スタブラー大使の評判は行政府内にとどまらなかった。野党民主党が多数を占める上院の外交委員会においても、スタブラーは好意的に迎えられた。同委員会における大使任命の審議では、敵対的な議員はおらず、外交委員会のユダヤ系、ジャビッツ(Jacob Javits)共和党議員とはエルサレム勤務時以来知り合いであったし、唯一内容のある質問をしたのは、以前から親交のあった民主党のハンフリー元副大統領であったが、友好的な雰囲気の下、審議は終了した(Stabler 1991)。民主党の上院議員で、外交委員会のメンバーであったペル(Claiborne Pell)議員は、一九七六年スペインを訪問後スタブラーの仕事を非常に評価している。議会担当および米西協定交渉担当マックロスキー大使は、スタブラーの形成した国王及びスペイン要人との緊密な関係は「現代においておそらく前例がないほど」と絶賛している[★54]。

スタブラー大使は部下からの評価も高い。イートン公使は、大使を評して「非常にプロフェッショナル」であると述べた(Eaton 1990)。さらにスペイン側からも評価されている。アレイルサ外相は、大使を「洗練された専門家外交官」であり、「偉大な共和国」アメリカが、民主主義の大義と初期の王政支持のために送った外交官であると述べた。民主化移行期の初期の王政に非常に忠実に協力したと評価された (Areilza 1985:110)。当時、北米・太平洋局長であったデュラン＝ロリーガは、スタブラー大使に関し「一見そっけないが、非常に紳士的で有能な外交官」と評している。そして、彼が本省へ宛てたスペイン情勢に関する詳細な電報が、通常は困難な上下院共同セッションにおける国王の演説を可能にしたと評価している(Durán-Loriga 1999:213, 224)。

スタブラー大使は、前任のリベーロ大使およびイートン臨時代理大使の敷いた路線をなぞり、スペイン人人脈を拡大していった。スタブラーは政務担当参事官を支援し、社会党員たちと接触し、イートン公使は、政務・経済担当参事官を助け、将来のリーダーとなりうる若者たちと接触した。この作戦は功を奏し、民主化後の第三次閣僚までの多くが公使に招待された客であった(Eaton 1981:26 ;1990)。単にワシントンからの指示待ち大使館では、こうした情報収集はありえなかったであろう。

3 まとめ

中東紛争後、米国にとりNATO域外への中継地点としてのスペインの重要性は一層高まった。とりわけ高度化する軍備のため、海軍基地以上に空軍基地が求められることになった。一方で一九七〇年代前半には、南欧の同盟国側政府内において共産党が勢力を掌握した。そのために米国が対スペイン政策を考慮する際に重視するのは、反共の砦としてのスペインであった。それ故に左派勢力による民主化は回避しなければならなかった。反共政策を標榜するフランコ政権を過大評価し、ポスト・フランコ時代の民主化に関しては目をそらしていた米国政府は、共産党系勢力はもちろん、反米、反駐留米軍である社会党系の非合法勢力への支援は回避したかった。こうした態度は、社会労働党、UGTを支援した独、英国とは対照的である。

スタブラー大使のスペインへの赴任により、米西関係は新たな展開を迎える。大使はイタリア勤務時代、亡命中のコンスタンティン(Constantine II)前ギリシャ国王(ファアン・カルロス皇太子の義弟)とは知己であり、スペインでもファアン・カルロス皇太子と幾度か会見するに至った。十分に組織された右派保守派勢力は存在しない状況で、欧州の政治情勢に詳しいスタブラー大使の着任と前後して、フランコの後継者として未知数であったファン・カルロス皇太子の存在がクローズアップされるようになる。

皇太子自身も特使を米国に派遣し、外相抜きの私的会見の設定に専心するなど米国との絆の構築に腐心した。フォード大統領・キッシンジャー国務長官は、一九七五年の訪西後から彼との信頼関係を醸成していく。皇太子からの信頼を得た大使は、フランコの容態もふくめスペイン内政・外交に関する詳細な情報を国務省へ逐次報告しており、こうした情報は国務省でも評価されていた[★55]。また大使は、一九七六年六月訪米の際の国王スピーチを添削した(Stabler1991)。

この時期は、イベリア半島の左派に不信感を抱くキッシンジャー国務長官を巡る人間関係が米西関係へ大いに影響力を与えていたが、フランコ政権を支援していた米国が、民主化後もスペインと良好な関係を保てたのは、こうした在西大使館の尽力によると言える。

冷戦期に、米西関係、欧州・西関係のためのキーパーソンたちが、スペイン内戦の個人的経験から対スペイン政策を実施したのであれば、一九七〇年代は内戦後育った若い世代が徐々に台頭し、米・欧州・西関係の中心においても世代交代が始まるのである。

註

★1――DoS,Circular letter, 2/1/1974, FOIA, アクセス 1/9/2010.
★2――Office of the Vice President, Carta al Ministro de Asuntos Exteriores, 19/7/1956, no.3490, FNFF.
★3――Nixon, Carta a Franco, 29/6/1963, no.3835, FNFF.
★4――Encuentro del Príncipe con Nixon, del Embajador ante los EE.UU. Argüelles, 26/1/1971, Leg.25685, Caja 6, AMAE.
★5――DoS, Research Memorandum, 30/1/1970, DNSA, アクセス 1/9/2010.
★6――NSC, NSC Review Group Meeting, 16/1/1970, DNSA, アクセス 1/9/2010.

★7——一九六六年には国連は西サハラをモロッコ領ではないとし、スペインに対しては住民投票を行うようにとの決議を出した。スペインは民族自決原則の適用に賛同しており、翌年には国連決議を受け入れ、民族自決権を認めてオブザーバーを派遣しようとした(Oreja 2011: 87)。

★8——Talking Points for HAK, 9/7/1974, Box 50, NPMP.

★9——DoS, Briefing paper, n.d., Fol. "Vice Presidential Events, 20-21/12/73-Spain", Box 66, Gerald R. Ford Vice Presidential Papers, GFL.

★10——USEM, Telegram to SoS, 20/10/1973, AAD, アクセス 1/9/2010.

★11——USEM, Telegram to SoS, 18/10/1973, AAD, アクセス 1/9/2010.

★12——SoS, Telegram to USDEL Secretary, 3/7/1975, AAD, アクセス 1/9/2010.

★13——USEM, Telegram to DoS, 26/5/1975, GFL.

★14——NSC, National Security Study memorandum (NSSM) 221, 17/4/1975, DDRS, アクセス 1/9/2010.

★15——ロペス＝ロド外相との会談の議題は以下の七点。

①最近の事象に関する西側安全保障システムの検討
②西側の安全保障におけるスペインの役割
③大西洋宣言
④ジブラルタル
⑤中近東とエルサレム
⑥石油危機と欧州におけるその政治的影響
⑦イベロアメリカ(メキシコ、キューバ)

①から③が主なテーマであり、④と⑦に関してはロペス＝ロド外相からの発言のみであった。⑤、⑥については時間不足であったため、すでにフランコ、カレーロ＝ブランコ首相との会談で分析されたとして言及されなかった。更に詳細は、以下を参照。

Ministerio de Asuntos Exteriores, Informe sobre la visita oficial a España del secretario de Estado norteamericano, señor Kissinger, durante los días 18 y 19 de 1973, 8/1/1974, Entrevista con el Secretario norteamericano de Estado, Dr. Kissinger, 19/12/1975, Leg. 25685, Caja 11, AMAE; (Perinat 1996: 143-148).

★16—Ginger, Henry. 'Premier of Spain Killed in Bomb Blast'. *New York Times*: 21/12/1973, p.15.

★17—'Assassination in Spain'. *New York Times*, 21/12/1973, p.34.

★18—キッシンジャー国務長官は、コルティナ外相が最もハード・ネゴシエーターだというハッサン国王の見解に同意すると述べている(WH, Memorandum of Conversation, 9/11/1974, RG 59, Records of HAK 1973-1977, E. 5403, Box 21, NACP)。また、ルクセンブルグの首相に対して「コルティナ外相は、自分より知的なので、彼のことが理解できない」、「非常に複雑な説明をする」と述べていた(DOS, Memorandum of Conversation, 1/8/1975, DNSA, アクセス 8/2/2010)。

★19—Cola Alberich, Julio. 'Diario de acontecimientos referentes a España'. *Revista de Política Internacional* vol.138 marzo-abril (1975): 219-220.

★20—SoS, Telegram to USEM, 26/3/1975, Fol. "Spain-State Department Telegrams to SECSTATE – NODIS(1)", Box 12, NSA. PCF-EC, GFL.

★21—WH, Memorandum of Conversation, 9/10/1974, RG 59, Records of HAK 1973-1977, E. 5403, Box 5, WH, Memorandum of Conversation, 9/11/1974, RG 59, Records of HAK 1973-1977, E. 5403, Box 21, NACP.

★22—Ibid.

★23—ポルトガルと米国の関係に関しては、(Szulc 1975-1976); (Tovias 1991)を参照。

★24—エーベルト財団はスペインに対し、一九七六年から一九八〇年にかけて約二七〇万マルクを支援した(Sarasqueta 1985:32-33)。

★25—スタブラー大使は、国務省に対し、スペイン政策に関しては西独と協力すべきと勧めている。一九七五年四月、当時のゲンシャー外相はマドリッドを訪問、フランコ政権のみならず、アレイルサを含むフランコ体制内の「リベラルな限定小グループ」とも幅広い接触を行った。スタブラー駐スペイン大使は、同僚の西独大使と会話、その内容を国務省に報告している。西独は、フランコ・スペインのNATO加盟の可能性は完全に否定していた。一方西独大使は、訪西中のゲンシャーが「リベラル派を鼓舞し、スペインがNATOの軍事計画と一層緊密なリンケージを有する方法を探し支援する準備がある」との主張をスペイン側に述べて欲しいと考えていた。西独大使との議論後、スタブラー大使には「欧米軍備機構とスペインとのリンケージにゲンシャーは最適」というアイディアが浮かんだのである。すなわちスタブラー大使は対スペイン政策に関し、米・西独は協力関係にあるべきと主張している。

USEM, Telegram to SoS, 2/4/1975, Fol. "Spain-State Department Telegrams to SECSTATE – NODIS (1)", Box 12, NSA. PCF-EC, GFL.

★26—HAK, National Security Decision Memorandum 268 to Secretary of Defense, Subsecretary of State, 10/9/1974, Fol. "National Security Decision memoranda 268: renegotiation of Bases Agreement with Spain", Box 1, NSA. National Security Study Memoranda and decision Memoranda, 1974-1977, GFL.

★27—フォード大統領が撤退の期限として示した年は、キッシンジャーによると、「一九八三年後は停泊しない」とし、国務省のハイランドによればフォードのオファーは一九八五年であったがグロムイコが「一九八五年ではなく、一九八四年内」と答え一年早めようとしたとする(Hyland 1987:86-87, 93; Kissinger 1999 :295)。

★28—DoS, Memorandum of Conversation, 23/11/1974, Fol. "USSR-November 23-24, 1974-Vladivostok Summit (1)", Box A1, National Security Adviser. Temporary Parallel File of Documents from Otherwise Unprocessed Parts of the Collection, GFL.

★29—WH, Memorandum of Conversation, 28/5/1975, RG 59, Records of Henry Kissinger, 1973-1977, E. 5403, Box 14, NACP.

★30—例えば、当時米国は、米系企業が第三国に置く子会社経由でキューバと取引を行うことを承認しなかった。米系企業のクライスラー・スペインが、キューバで活動するスペイン企業と車両の販売契約を結び、スペイン政府の輸出信用も得たが、米国はこれに制限を加えようとした。駐スペイン大使は、スペイン政府側からの抗議を受け、「本件のような些細な問題がマスメディアにリークされ、スペイン世論の反米感情を高め、先行き不安なフランコ政権が米西協定改定交渉を有利に進める材料として利用することを懸念」しており、そのため本件には米国は「例外を適用すべき」と国務省に進言している。最終的に八月、フォード大統領は、米系企業が第三国に置く子会社経由での対キューバ取引を承認した(細田、二〇一〇年)。その他、駐モロッコ米国大使も、米西協定交渉中のため米国がモロッコ側に与していると思われぬようにすべきであるが、またモロッコも中東問題、二国間関係において重要であるので、米国は西サハラ問題が沈静化するまで慎重に行動する必要があるとしている。US Embassy in Rabat, Telegram to SoS, 19/5/1975, Fol. "Morocco-State Department Telegrams, to SECSTATE-EXDIS", Box 4, NSA. PCF-A, GFL.

★31—WH, Memorandum of Conversation, May 23, 1975, Ford Library project File of Documents Declassified through RAC program, Fol. "Documents from the National Security Adviser": NSC Europe, Canada, & Ocean Affairs Staff Files (11/2008 opening), GFL.

★32――一九七〇年代には、彼に近しい王党派が、共産党を中心に結成された民主評議会へ参加している。

★33――事前にアレイルサ大使は、バルセロナ伯と皇太子の会見を申し込んだ。一方、スペイン政府は、バルセロナ伯がホワイトハウスに招待されることを望まなかった。最終的に会見は実施されず、大統領府は、「スペイン皇太子殿下(複数)」宛てに翌日花を贈るにとどめた。バルセロナ伯はアイゼンハワー大統領に対し、息子(ファン・カルロス)を紹介できなかったことを残念に思う旨の書簡を発出した。

Memorandum for Mr. Thomas E. Stephens, 2/5/1958, Fol. "OF217 Spain(2) Case file, letter from Don Juan", Box 887, WHCF Oficial File, DEL; USEM, Telegram to SoS, 5 p.m., y 8 p.m., 7/5/1958, E. 5295, Box 6, RG59, Lot Files, Europe Records relating to Spain, 1956-1966 (1956-62 Files); Don Juan, Letter to the President, 17/5/1958, Fol. "Spain(2)", Box 48, Ann Whitman File. International series, DEL; Información de los EE.UU., 27/5/1958, no.959, FNFF; (Areilza 1984: 120-121).

★34――Schedules and Diaries, 8/5/1958, The Evelyn Lincoln Collection, Fol. "National Diary", Box 1, JKL; Stuart Symington, Invitation to John F. Kennedy, The Papers of President Kennedy pre-presidential Papers, Senate Files, Invitations 1953-1958 (Invitations accepted 1958 April-December), Box 611, JKL; (Calvo Serer 1978:57).

★35――フランコ政権内では非主流派であったが、ＩＴＴ勤務の米国人の娘を妻に持ち、ケネディ大統領の兄ジョセフとマドリッドで知己だったという背景を買われた。内戦終了後に開設した弁護士事務所は、米国がスペインへの最初の融資を行う際の基盤となった。一九五〇年からはマドリッドのチェース・マンハッタン銀行の副会長となった。米国勤務の後、駐バチカン大使となる(Puig 2003 :112; Meer 2007:23-25)。

★36――以下も参照。SoS, Telegram to USEM, 30/6/1962; USEM, Incoming Telegram to SoS, 1/8/1962; William H. Brubeck, Memorandum to McGeorge Bundy, n.d., RG59, Lot Files, Europa Records relating to Spain, 1956-1966 (1956-62 Files), E. 5295, Box 6, NACP; (Garrigues 1978:94-96); (Urbano 1996:153).

★37――Biographic Data His Royal Highness Prince Juan Carlos and Her Royal Highness The Princess Sophia, 28/8/1962, Papers of President Kennedy President's office Files, Countries-Spain 1961-1963, folder 9, Box 124, JKL; Memorandum, de William H. Brubeck a McGeorge Bundy, s/f, RG59, Lot Files, Europa Records relating to Spain, 1956-1966 (1956-62 Files), E. 5295, Box 6, NACP.

★38—Consulado General de España en Nueva York, Carta al Ministro de Asuntos Exteriores, 17/1/1967, no.10039, FNFF; Memorandum for the President, 5/1/1967, Fol. "Spain, Vol.1", Box 204, National Security File. Country File, y Daily Diary, Fol. "January 13, 1967", Box 52, The President's Appointment File, LJL.

★39—NSC, Memorandum, 27/1/1970, DNSA, アクセス 1/9/2009.

★40—HAK, Memorandum to President, n.d., NSC Files, President's Trip Files, Box 468, NPMS, NACP.

★41—DoS, Memorandum, 30/8/1973, DNSA, アクセス 1/9/2009.

★42—HAK, Memorandum to President, n.d., NSC Files, President's Trip Files, Box 468, NPMS, NACP.

★43—DoS, Memorandum of Conversation, 26/1/1971, RG59, Executive Secretariat Conference files, 1966-1972, Box 538, NACP.

★44—SoS, Memorandum to the President, 22/1/1971, NSC Files, VIP Visits, Box 938, NPMS, NACP; 'Behind the Visit of Spain's Future King'. *U.S. News and World Report*, 8/2/1971, p.86.

★45—SoS, Memorandum to the President, 22/1/1971, NSC Files, VIP Visits, Box 938, NPMS, NACP.

★46—反体制派運動が軍事法廷で裁かれており、ＥＴＡ活動家も死刑判決が出されたが、教皇の減刑要求など国内外の反発を受けて死刑は執行されなかった。

★47—スペイン語に堪能なウォルターズは、一九五九年のアイゼンハワー大統領、一九七〇年のニクソン大統領の訪西の際も通訳を務め、ニクソン・フォード政権期には大統領府の命により、スペインやモロッコなどで任務を遂行していた(Walters 2001:126-135)。

★48—HAK, Memorandum to Presidente, 25/1/1971, NSC Files, VIP Visits, Box 938, NPMS, NACP; Exective Secretary, Memorandum for Mr. Henry A. Kissinger, January 12, 1971, NSC Files, VIP Visits, Box 938, NPMS, NACP, Encuentro del Príncipe con Nixon, del Embajador ante los EE.UU. Argüelles, 26/1/1971, Leg. 25685, Caja 6, AMAE, DoS, Memorandum of Conversation, 26/1/1971, RG59, Executive Secretariat Conference Files 1966-1972, Box 538, NACP.

★49—Vernon A. Walters, Letter to Kissinger, 7/10/1970, NSC Files, Country File-Europe, Box 705, NPMS, NACP.

★50—例えば、一九七二年の大統領選挙へ資金援助したファルーカス(Ruth Farkas)に対しコスタリカ大使の職をオファーした。しかしそれに不満な彼女は五万ドル献金を追加したため、フラナガンはルクセンブルグ大使を提供した。本件の他にも、フラナガンは経済界においてその影響力を行使し様々な「操作」をしたとし訴えられていた。

フラナガンに関しては以下を参照。

United States, Senate. (1974). *Congressional Record* vol.120, part 24, 25, and 27. Washington, D.C., U.S.G.P.O, pp.32519-32522, p.33981, and pp.35888-35889; (Mollenhoff 1976:123-136).

★51—Memorandum for William E. Timmons, de Patrick E. O'Donnell, 15/11/1974, Fol. "Flanigan, Peter M.", Box 5, Patrick O'Donnell+Joseph Jenkins Files, GFL.

★52—Flanigan, Letter to the President; President, Letter to Flanigan, 16/11/1974, Fol. "FO2/CO 139/A: Diplomatic-Consular Relations/ Spain/ Appointments", Box 8, WHCF, GFL.

★53—フォード大統領は再度フラナガンの名を提出しようと試みる。大統領がそれを断念後も、ラムズフェルド首席補佐官がスタブラー選出に異議を唱え、他の外交官(Gene McAuliffe)を推薦した。結局キッシンジャー国務長官は、両者を知るイーグルバーガー(Lawrence Eagleburger)補佐官に決断をゆだね、スタブラーが選出される運びとなった(Stabler 1991)。

★54—United States. Senate. Committee on Foreign Relations. (1976). *Spanish Base Treaty: Hearings, 94th Congress 2nd Session, the Treaty of Friendship and Cooperation between the United States of America and Spain. March 3, 12 and 24, 1976.* Washington, D.C., U.S.G.P.O.; p.21, 23.

★55—(Stabler 1991); SoS, Telegram to USEM, 11/11/1975, Fol. "Spain. From Sec-Ex", Box 12, NSA, PCF-EC, GFL.

第4章 王室外交の進展 一九七〇年代後半

欧州諸国は、条約条文で「民主主義、個人の自由、法の支配」の原則を順守する国を加盟国と規定するNATOに、トルコとポルトガルの加盟を許可する一方で、「ファシスト」政権とするフランコ・スペインの加盟は否定するというダブル・スタンダードを用いていた。しかし一方で彼らはスペインとの貿易は継続していた。フランコ政権末期から民主化プロセス初期にかけて、基地維持を懸念する米国と民主主義を主張する欧州諸国との対スペイン政策の相違はどのようなものであろうか。欧米は対スペイン政策に関していかに協調関係を築き、スペインはいかに欧米諸国との和解、国内の和解を遂げていくのかを本章では論じる。

1 欧米との絆、地中海との対峙

✣NATO加盟問題

フランコ政権末期、米国はスペインのNATO早期加盟を引き続き主張するも、特に北欧、ベネルクスは非民主的なフランコ政権の加盟に反発した。前任のニクソン大統領時代に軋轢が生じていた米欧関係を修復し、NATO加盟国の中でリーダーシップを発揮することが望まれたフォード大統領であったが、一九七五年五月末のNATO首脳会議では、欧州安全保障におけるスペインの貢献を認知させることも、最終宣言にその文言を追加することも不可能であった。にもかかわらずその直後、硬直状態である米西協定改定交渉の有利な展開のため、大統領は訪西する必要があった。

スペインおよび米国の世論は、それぞれ異なる側面から同訪問の意義を疑問視していた。スペイン側は、大統領がスペインの「貢献」を欧州諸国に承認させられぬままの、手ぶらの訪西を批判した。米国のプレスは、同訪問が「瀕死のフランコ政権に対する米国の支援」を意味するとして否定的な報道を行った。一方、スタブラー大使は体制内の非主流派と大統領との会見設定を試みるも、同提案はフランコ政権に却下された。こうして米国は、スペインの将来の政権を担う可能性のある人々との良好な関係構築の好機を逸したのである[★1]。

一九七三年一二月のディエス＝アレグリーア中佐の発言に見られるように、スペイン側は「現状では、不十分な補償と引き換えに国土を譲渡している」と考えていた。そのため物質支給ではなく武器獲得のためのクレジット、技術支援（とくに訓練・ロジスティックス支援）を要請した[★2]。

米国はこうしたスペインの要求に慎重な態度を取った。フォード大統領の訪西の際、フランコやアリアス＝ナバーロ首相から軍の近代化への支援要請があった場合も、基地交渉が進展するまで国務省は確約を回避しようとした。また近代化援助の代償として、「相互合意のある軍事活動」に関してはスペインの基地施設の使用を約させることを条件として考えていた[★3]。

スペインにとっては死活問題の同テーマは、ハイレベル会合でスペイン側から再三提案されている。一九七五年八月一日のCSCEのヘルシンキ首脳会議は、欧州から政治的に疎外されていたスペインが欧州の一国として同等の主権国家として出席可能な限られた場であった。ヘルシンキ最終議定書では、人的交流、情報の自由、人権に関する協力が表明された。

アリアス＝ナバーロ首相はフォード大統領との会談において、ポルトガルの共産党の権力掌握による同国の情勢悪化および、スペインは、その地理的位置ゆえに欧州の監視者であるため、近代的軍備を配備する必要性などを強く訴えた。スペイン側は米国議会の反対のため米西協定を条約にする困難を承知するとしつつも、以下の問題提起を行った。

① スペインの軍備と西欧の軍備とのリンケージ、安全保障の確保の要請。

② 既存の軍事関係の改善、例えば共同司令部の設置。ただし、スペイン側はこれも米国議会の反対で難航することは想定していた。

③ 米国が使用するスペインの基地の数と質の見直しの必要性。米国は全ての基地の維持を主張している点を問題視。

④ 米の提示する援助額は、スペイン側が必要と考える一五〜二〇億にはるかに及ばない五億ドルであり、かつ五年での供与としており、九％の利子率では市場調達の方が安価なためスペインは不服。つまり、二国間関係から利益を得ていないどころか欧州にはスペインの貢献は認知されず、武器供与も得ていない。

この交渉でもコルティナ外相は非難めいて米側に詰め寄り、キッシンジャー国務長官は冗談で応戦、結局近日中に外相同士が会見して再度交渉することとなった。最後にアリアス＝ナバーロ首相は、ロタ基地、トレホン基地が核爆弾のターゲットとなることを懸念する世論に考慮する必要性、ポルトガル情勢の悪化のため武器が従来以上に必要なこと、そして基地協定が間もなく期限切れであることを念押しした[★4]。

スタブラー大使としては、従来スペイン海軍が果たした役割および西サハラ問題に鑑みると、米国側はスペイン側のこうした要求を無視するのは不可能と考えていた[★5]。一九七五年九月までは、スペインは米西協定改定に非常に有利な立場にあったことも大使は認めていた。実際、中東情勢の悪化および一九七五年四月サイゴンの陥落で一九七六年度の米国の対外援助予算が再考され、その配分先には交渉進展の「誠意を示すため」のスペインへの増額も国防省から提案された[★6]。

しかしながら、九月のテロリストの死刑執行、フランコの病等でスペインはこの好機を生かせなかった。死刑執行後、大部分の欧州諸国は大使を召還し、スペインは国際的非難を浴びて再度孤立するのである。こうしてスペインは最後の欧米との絆である米国に対し、交渉中の米西協定に関しても大幅な妥協を余儀なくされたのであった。

コルティナ外相は、前述のように軍の近代化に加え、西欧の安全保障システム中のスペインの貢献をNATO加盟国に認めさせるよう主張し続けてきた。スペインにとっては自国の安全保障の他、欧州への接近・欧州からの認知の獲得という目標があったのである。そしてNATO加盟が不可能ならば、他の加盟国と同様のステータス獲得を目指したのである。前職の欧州担当国務次官補代理時(一九七四年)のスタブラーをして、「スペイン人にとっての最重要事項はNATOと同様の宣言が存在するという事実」と思わせたほど、スペインの思い入れは強固であった[★7]。

✣モロッコの緑の行進

スペイン政府は二大国間の紛争に巻き込まれる危険性以上に、むしろ北アフリカからの攻撃を懸念していた。そして西サハラ問題は、常にスペイン・モロッコ両国の懸案事項であった。スペイン対岸にはセウタ、メリーリャというスペインの飛び領土[★8]があり、近年ではモロッコ沖のスペイン領カナリア諸島と漁業権、マグレブからの移民、ペレヒル(Perejil)島[★9]の領土問題も両国の懸案事項となっている。

図4　西サハラ周辺地図

一九六〇年代当時の米西関係を分析する際にも、西サハラ問題は避けて通れない。そもそも西サハラは、一八九八年の米西戦争に敗北後のスペインが、帝国復活をかけて戦ったところであり、二〇世紀初頭のモロッコ戦争で支配拡大を企図した最後の植民地であった。

さらにフランコ自身にとってもアフリカの植民地は重要な意味を有していた。アフリカから反乱を起こしたフランコが内戦に勝利した後、モロッコは軍人が戦功をあげる場所として維持されていたのである。ここで戦功をあげた軍人たちはアフリカ派とよばれた。仏と共にモロッコを植民地として支配下においていたスペインは、フランコ時代も西サハラをめぐってモロッコと緊張関係にあった。西サハラでは漁業と一九六〇年代に発見されたリン鉱床により、経済的な収益が得られた。当時フランコ政権は、米国を含む外資企業に投資を許可し、特に西サハラにおける石油及び鉱物の開発投資を促した。

一方、この地域は海上・航空交通をコントロールするため、戦略的にも重要であった他、政治的に見ると西サハラの問題は、モロッコ・西サハラ西岸沖のカナリア諸島の「アフリカ性」(africanidad)[★10]とも、モロッコによるセウタおよびメリーリャの返還要求とも関連する複雑な領土問題であった。

フランコは、ハッサン二世(Hassan II)がリンの豊富な西サハラに対し領有権を主張することを懸念した。そのため一九六七年二月上旬、ジョンソン大統領に対し、米国によるモロッコへの米国の武器輸出に懸念を表明した。米西協定改定が懸案事項であった米国は、スペインとの関係を悪化せぬようフランコの主張を傾聴する姿勢は取りつつも、米国からの武器獲得は最小限の防衛のためとするハッサン二世の意志を伝え、フランコには本件の「国連憲章にのっとった地域・平和的解決」を支持すると述べた[★11]。

モロッコの中東諸国と密接な関係、戦略的重要性から、一九七〇年代米国にとって同国は不可欠な同盟国であった。一方米国は米西協定改定のため、スペインとも良好な関係を維持する必要があった。そのため、西サハラの領土問題に関しては両国と密にコンタクトを取り、それぞれこの二国間との関係を大切にしながら、解決を目指してきたのである。しかし米国は、公式には大国の干渉のない平和的・地域的解決を切望するとしつつも、実際はモロッコ寄りの立場であった。すなわち、社会主義やアルジェリアの影響下に独立した西サハラ[★12]よりも、モロッコ支配下の西サハラの方を望んだのである。ただしキッシンジャー国務長官の国際政治家としての個人的見解では、ギニアビサウやオートボルタと同様、スペイン領サハラの将来は明るくなく、「世界はスペイン領サハラなしでも生き延びられる、大した貢献が可能な国ではない」と評していた[★13]。

モロッコは国際司法裁判所に対し、かねてから係争中のスペイン領西サハラを自らの領土として提訴していた。一九七五年一一月フランコ死去の直前、西サハラへ向かう非武装デモ「緑の行進」が実施された。こうした危機的状況の際、皇太子は特使として友人のプラド(Manuel de Prado)を米国および仏へ派遣した。米国においては、彼はスコウクロフト（Brent Scowcroft）大統領補佐官と会談した［★14］。キッシンジャー国務長官から皇太子へのメッセージは、スペイン軍を指揮下に置くこと、リスクは伴うが合法性の得られる国民投票の即時実施、共産党の非合法化継続、社会党ではなく中道派による政権樹立であった［★15］。

スペインは、米国がモロッコ支援にまわることを懸念した。前述のように死刑執行後欧州諸国は大使を召還し、スペインは再度国際的に孤立するという状況下、二〇世紀初頭と同様巻き返しを図りたいスペインにとって北アフリカの保持は戦略的、心理的に一層重要となった。スペイン側は、テレビ放映で「緑の行進」の中に星条旗を持った行進者を認めたため、米国のモロッコ支援を疑っていた。一一月二日コルティナ外相はスタブラー大使に対し、「緑の行進」は軍事衝突になりうると懸念を表明、早速キッシンジャー国務長官は駐モロッコ大使に連絡し、国連を通じた解決を呼びかけた［★16］。

スペイン軍の駐屯するモロッコ沖のスペイン領内カナリア諸島の訪問を主張する側近を退け、皇太子は直接西サハラのアイウン現地へ向かい、自らが直接軍に対し「名誉ある撤退」を呼び掛けた。皇太子は軍のプライドを熟知していた上に、皇太子の軍の指揮者としての行動を北アフリカ人が評価することも知っていたのである（Vilallonga 1993:225）。皇太子の予想通り、間もなくハッサン二世自身から皇太子に対し「緑の行進を停止する」との電話があった。翌年ファン・カルロス国王は過去五年間直面した最大の危機は西サハラ問題であると述べている［★17］。これを機に皇太子はフランコ亡き後の新しいリーダーとして軍部のみならずスペイン世論の支持も得ることとなるのである。また皇太子は、全てのスペイン人のリーダーとしてスペインのみならず世界の注目を集めるようになる。

七日、カーロ（Antonio Carro）首相府相はモロッコを訪問し、ハッサン二世に謁見した。国王自身もモロッコ国内では支持率が危機的状況にあったので、モロッコは「緑の行進」を撤退させることを約し、モーリタニアとともにスペイン、モロッコの三カ国国協議を行うことが約された（Carro 1976:28-29）。

こうした一連の交渉外に置かれたアリアス＝ナバーロ首相は辞表を提出するも、皇太子の説得で職にとどまった。結局一四日、西サハラやアルジェリア抜きに、スペイン、モロッコ、モーリタニア三カ国は合意に到達した。スペインは、西サハラの領有権を放棄し、一九七六年二月二八日までのスペイン軍撤退に同意したのである。こうして同地の住民の多くがアルジェリア、カナリア諸島に逃亡・潜伏した。一方アルジェリアは西サハラの独立を望み、独立を求める武装組織ポリサリオ戦線を支援した。ポリサリオはアルジェリア領内に潜伏し、武器供与を受けた。

米国は長期プログラムの下、モロッコ・アルジェリアの均衡を崩すには至らないとしてモロッコへの武器供与を継続していたが、米国はこの点を一九七六年六月フアン・カルロス国王の訪米時も、同年一〇月の第一回米西諮問会議においても繰り返し強調した[★18]。

最終的に米国は、スペイン・モロッコの間の地域紛争の仲介者の役割を果たすことになる。米国はスペインに対し、モロッコへの武器売却の詳細を提示し、公式には中立の立場を表明した。しかし、内実は中東和平やマグレブ諸国の安全保障に重要な役割を果たすモロッコ支持のスタンスであった。キッシンジャー国務長官は特使として次官補をハッサン二世に向けて派遣する。一次官補が国王と謁見できるというのは国王が本件を重視していた現れである[★19]。つまり米国は新モロッコの立場を再三否定するものの、キッシンジャー国務長官が特使を派遣、両国と折衝し平和的解決の説得を行っていたのである。また本件によって、スペインの外相は当時交渉外に置かれ、機能していなかったことも明白になった。

2 フランコからフアン・カルロス一世へ

✤スタブラー大使のイニシアティブ

一九七四年八月発足当時のフォード政権は、民主主義移行期のスペインに対する具体的な政策を有せず、一九七五年のスタブラー大使の着任時にも、具体的な訓令を提示しなかった(Stabaler 1991)。しかしながら、彼はスペインの将来に対するビジョンを明確に持ち合わせた外交官だった。イタリア大使館勤務及び欧州局での経験から、欧州の民主キリスト教派の動きに精通しており、スペインの状況を適切に分析していたのである。

フランコ時代には中産階級が形成され国民の生活水準も向上したため、彼はスペイン国民が革命・内戦などによる急激な変化は回避するだろうと分析した。またファン・カルロス皇太子の指導力を買っており、軍人も彼の統制の下、行動を起こさないと考えた。さらにスペインの反フランコ派——社会党、民主キリスト教派——に対しては、全てを破壊してゼロからのスタートは非常にリスクを伴うとして、説得を試みた(Stabler 1991)。

前述の一九七五年の大統領訪西で米国が獲得したものがあるとすれば、皇太子と米国政府の間の協調関係の構築である。今までの経験からフランコ政権の外相が同席すれば、ポスト・フランコ時代について語ることが不可能であると実感していた皇太子は、スペインの現状と変革に関する意見を表明すべく、公式会見の他、スタブラー大使を通じスペイン側の首相・外相・通訳の同席しない英語による大統領との非公式会談設定を要請していた。最終的に米国大使館は、フォード大統領と皇太子二者非公式会談の場を設定した。大統領は皇太子に好印象を抱き、大統領・キッシンジャー国務長官は、それまでの皇太子に対する「好人物だがトップとしては頼りない」という偏見を改め始めるのである[★20]。皇太子は、フランコ政権の首相、外相が不在の場で、ポスト・フランコ時代に関して米国との議論を試みたのであろう。

さらにスタブラー大使は、民主化を推進する皇太子への米国の支援を一層アピールするため、フォード大統領の訪西直後に皇太子の米国公式訪問を迅速に実現すべきとし、当初アポロ宇宙船の打ち上げ（ソユーズとのドッキング計画）に合わせた七月の訪米を具体的に提言したのである。しかし米西協定の延長交渉の行き詰まり、フランコの病状悪化・死去といった理由により、訪米は一九七六年の米国建国二百周年記念式典まで延期された[★21]。

一九七五年一〇月一四日アリアス＝ナバーロ首相はスタブラー大使と会談した。大使は九月の死刑執行に言及、首相の翌年の所信表明演説「二月一二日精神」に鑑みると、遅々とした改革のペースに懸念を表明した。民主化の進展なしには、欧州諸国に対し米国はスペインの欧州諸機関加盟を説得できないからである。大使は体制内でもフラガおよび民主キリスト教派(カスティエーリャ、オレッハと同様ACNPに所属)のシルバ＝ムニョス(Federico Silva Muñoz)の将来的な政府参画の可能性を質したが、アリアス＝ナバーロ首相は彼らを当てにする予定はないと答え、大使館の最良策はスペイン政府の行動を尊重することだと念を押した[★22]。米国からの内政干渉を懸念したのである。

米国はスペインの民主化の成功の鍵がフアン・カルロス皇太子のリーダーシップにあると考え、ポスト・フランコ時代の三シナリオを想定した。
①「若干の閣僚を異動しつつ現政権を維持し、前年と同様の非常に限定的な自由化政策を行う」
②「現政府の総辞職により、既存の制度の即時・完全な変革を約するような新官僚を任命する」
③「現政府に、制限的だが、段階的な組織改革を推進するリベラル派を加える」
このうち最も可能性があるのは第三の選択肢で、より大きな影響力を有するタカ派右派との闘争がない限り、現在非合法な政党も含めた改革派の参加が鍵とした[★23]。この見方は、非合法PSOEなどは含まれない組閣となったがこの見方は結果的に大方的確であった。

スタブラー大使の赴任によって、後に国王となるフアン・カルロス皇太子・大統領府間のパイプが形成された。それでは前述のように有能なスタブラー大使のスペイン民主化支援の具体策は何であったのか。第一に、労働組合関係者との絆を強化したことである。同大使の下、労働アタッシェを通じ米政府とＡＦＬ－ＣＩＯの関係緊密化が進んだ。両者の間では、友好的な労使関係を構築するには皇太子を擁立した民主化が必要であるとの認識が共有されたのである。

一九七一年、アリオン公(Duque de Arión)とＩＬＯ関係者の計らいで、訪米中の皇太子はミーニー会長と会見する(Apezarena 1997:100)。一九七五年春、皇太子は再度会長との会見を画策するもかなわず、翌年六月に国王として訪米した際に会見し、民主的な労働運動創設への支援を依頼する。駐西米大の分析では、国王の側近たちは、ＰＣＥの合法化は受け入れられないが共産党系の労働運動、ＣＣＯＯの活動をある程度許容し、労働紛争の平和的解決を「買いあげ」ようとしていた。キッシンジャー国務長官からも国王支援に関しては、ミーニー会長に国王支援を行うよう念押ししている[★24]。つまり、企業家たち——一九六〇年代の高度経済成長により安定したフランコ体制の中核の一部——は、権威主義体制から民主主義体制への移行の中での生き残り策を模索し始めたのである。

ミーニー会長はＡＦＬ－ＣＩＯからスペインに人員派遣を約した。その結果、ＩＬＯ総会後、ボッグズ(Michael D. Boggs)ＡＦＬの国際関係局次長は、未だ非合法のＥＬＡの総会に出席し、マドリッドの米国大使館に立ち寄った[★25]。その時期は丁度フランコ時代から続投したアリアス＝ナバーロ首相が辞任する政権交代期であり、多忙を極めるスタブラー大使との意見交換はかなわなかったが、ボッグズは大使館の労働アタッシェ、グゥイン(John B. Gwynn)と意見交換を行っている。一方ミーニー会長は、一一月に政治改革法がスペイン国会で承認されると、国王に対して祝辞を送った[★26]。

また、大使館は積極的に〝労働関係ジャーナリスト・プロジェクト(Labor Journalist Project)などの招聘プログラムを活用し、スペインの労働運動関係者を訪米させている。その中には、グゥインの推薦する、社会党系でいまだ非合法の労働組合ＵＧＴの国際関係渉外担当カステリャーノ（Pablo Castellano）、ＰＳＯＥ書記長ゴンサレスの右腕、バリェ（Manuel del Valle）、カタルーニャの社会主義政党[★27]のゲーラ（Rodolfo Guerra）といった若手が含まれていた[★28]。彼らは一九七五年九月に訪米し、国務省、労働省、国連、労働・外交委員会関係者、スペイン史学者ペインなどを訪問した[★29]。

すなわち大使館は、ＡＦＬ－ＣＩＯに対して社会労働党系の人々を紹介したのである。三名のスペイン人は、米国の労働組合組織がイデオロギーに基づくのではなく自ら・組織の利益、日々の糧を得るためという考えに準拠したプラグマティックさに感銘を受けた。また彼らはその影響力、民主的・実践的な伝統によって、米国の組織が西欧で一層活躍することを希求していた。

グウィンは、将来的には更なるＵＧＴ関係者、キリスト教系のＵＳＯ関係者を招聘しようと画策していた[★30]。大使館としてはさらに反共政策をとる無政府組合主義のＣＮＴまで招聘しようとした。彼らもまた、スペイン社会の再構築と同様、パンとバターという「生計の糧のための戦い」にも興味を有していたためである[★31]。社会党系の人々にさえ疑念を抱く、キッシンジャー国務長官の描く政策に従うのみの大使であったら、こうした活動は不可能であったろう。

第二に、欧州との関係改善である。一九七三年は「欧州の年」であるとして米欧関係の修復を目論んだキッシンジャー国務長官であったが、同年秋の第四次中東戦争、その後の経済危機から、対中東政策で意見の相違が見られた両者の関係は改善が見られなかった。スタブラー大使は、スペインに駐在する欧州各国大使と意見交換を行い、スペインの民主化に対する共同歩調を調整していく。その中でも特に西独大使とウィギン（Charles Wiggin）英国大使との関係が重要であった[★32]。英国はポルトガルを通じスペイン情報を得ていたが、労働党は、ポルトガル革命時の前例から学ぶべき[★33]として、米国に対し反フランコ体制派との接触も示唆した。これはウィギン大使からスタブラー大使に伝えられ、反体制派との接触の必要性が確認された。

こうして米国もスペインに対する幅広い影響力行使の必要性を認識するようになり、皇太子(穏健改革派政府)の樹立支援へようやく稼働するのである[★34]。

一九七五年一一月上旬、フランコの死の直前になって、ワシントンはようやく対スペイン政策を修正した。国務省は、スタブラー大使宛にスペインの移行期に取るべき米国の姿勢についての訓令を送った。米国の主目的は、スペインをNATOへ一層リンケージさせて、二国間の政治・安全保障関係を強化することだった。また改革移行のペースが重要である旨繰り返し、米国は安定化・補助的な役回りとして、スペイン国内の急激な民主化圧力を抑制する支援が可能であると述べた[★35]。つまり、明らかに共産党からの圧力を懸念していたのである。

今回は国務省からスタブラーに対して、反フランコ体制派グループとコンタクトを慎重に取るよう、更に現在は非合法活動を行っているがある程度穏健なグループは含むようにとまで詳細な訓令が発出された。国務省は保守派による民主化推進を望み、スペインの激変は望まなかった。そのためスタブラー大使に対し、米国が特定政党を支持している印象を与えぬよう、また移行期の反対派勢力の行動を注意深く監視しつつ支援すべきである、と強調したのである[★36]。当時スペインには、PCEやPSOEに比肩しうる組織された右派政党は存在しなかった。そのためフアン・カルロス皇太子は、アレイルサ、フラガ、フェルナンデス=ミランダ(Torcuato Fernández-Miranda)といった大物治家たちの合意を取り付け、右派を組織しつつ左派との協力も取り付けようとした(López Rodó 1977:473)。

実は大使館による反フランコ体制派との接触は、この訓令以前にすでに行われていた。大使館は、穏健派のみならずPSOEも含む反体制派との接触が不可欠と認識しており、結果的にはスアレスを含む民主化後最初の三内閣の閣僚の多くが任命前に公使公邸で接待される結果となった。民主化後のキーパーソンを適切に予想できていたのである。スタブラー大使と政務担当参事官はPSOEと接触し、イートン公使は政務・

経済参事官らとともにその他の若手指導者と接触していた[★37]。フランコ死去の翌日付の報告電報では、スタブラー大使は、「過激派を除く全てのグループと接触してきた」と国務省へ報告している[★38]。

❖米国・欧州とスペイン

また国務省は、スペインの将来は欧州の将来の利益とも直接関係するため、欧州の政治家たちがスペインの民主化の速度に重要な役割を果たすだろうと考えていた。前述のようにスタブラー大使のもとで、すでに欧州諸国との関係改善は図られつつあったが、国務省は、大使に改めて駐スペインの欧州大使らと連絡を密にするように命じ、同様に議会民主主義の即時の制定を望むスペインの左派の制止・扇動を回避するよう説得すべしとの訓令を発出した。米国は欧州と協力する用意はあったものの、スペインにおける左派の影響力拡大を恐れたのである。将来のスペイン支援の具体策として、欧州諸国が過去に拘泥せずにフアン・カルロスの宣誓式及びフランコの葬儀に出席者を派遣することを国務省は希望し、その際欧州の指導者たちがいかなる公式声明を発出するかを重視した[★39]。スタブラー大使はこの訓令に従い、スペインの将来に関し欧州諸国の同僚らと意見交換し、若干のニュアンスは異なるものの、概ね欧州も米国と同様のラインを取るだろうとの結論に至った[★40]。

国家レベルの冠婚葬祭へ派遣する人物のランクで、その派遣国の対外政策の中に占める接受国の重要度が判断できる。スペインの場合はすでにフランコの死の一年以上前一九七四年七月二二日、国務省はフランコ葬儀の際の発言要領の材料および出席者リストの原案作成を大使館へ要請していた[★41]。これに対し当時のリベーロ駐スペイン大使は、二国間関係に対する影響――特に米西協定の改定交渉――を考慮し最もハイレベルの団長のミッション――第一にニクソン大統領、第二に大統領夫人、第三に副大統領――を推薦した。一九七三年末のカレーロ＝ブランコ首相の葬儀の際のフォード副大統領出席の事実がスペイン側に評価され、米西関係にも有益であったためである［★42］。

一九七五年一〇月末、フランコが臨終の秘跡を受けたとの情報を得た際、国務省は葬儀の代表団長として副大統領もしくは司法長官を挙げた。フランコの死後四八時間内に葬儀が開催される可能性があったため、構成員をあらかじめ考慮しておくべしとしている。リストには、ヘイグ将軍（Alexander Haig NATO欧州連合軍最高司令官）も含まれていた。しかし大統領府は、フランコの死の直前、スペイン政府の動向が不透明のうちは、葬儀の代表団構成員は未決定のままにした。ヘイグを選択することは、米国とNATOのどちらを代表するかが不鮮明であり、また欧州連合軍最高司令官がフランコの葬儀に出席するのは、過剰とみなしていた［★43］。

米国はフランコ政権擁護を意味するフランコの葬儀ではなく、大統領の戴冠式出席による新国王への支持表明を企図していた［★44］。フランコの死の七日前一一月一三日の時点では、国務省内のロックフェラー（Nelson Rockefeller）副大統領の葬儀および新国王の宣誓式出席提案に対し、フォード大統領自身が宣誓式出席の可能性も残っていた。そのためには大統領は専用機内泊というハードスケジュールをも辞さなかったのである。国務省と国家安全保障会議は閣僚の派遣にとどめることを勧めたが、最終的には大統領は葬儀および戴冠式への副大統領派遣を決定した［★45］。

キッシンジャー国務長官は、一一月二〇日（フランコの死去当日）ワシントン時間午後六時四五分（スペイン時間翌日早朝）、新国王と電話で会話、副大統領の訪西を通知した。そして、自分の親友である副大統領に時間を割いて欲しい旨述べ、キッシンジャー国務長官自身も可能であれば一二月一五日に訪西すると付け加えた。また、国王は米国のフル・サポートを期待してよいこと、新国王による訪米を期待することなどを伝えた［★46］。新国王は、大統領自身の訪問を考慮したことに感謝した。こうしてフランコの死後、米国はスペイン新政府、特にファアン・カルロス新国王に対する支援を明確に表明したのである。

副大統領を筆頭とする代表団のフランコの葬儀および国王の宣誓式への派遣は、「リーダーの死に哀悼の意を表明し、新しいリーダーシップとより緊密な関係の構築」というメッセージをスペイン側に与えるものであった。国務省は副大統領の出席が、米国がスペインと他の欧州諸国との間の架け橋という重要な役割を果たし移行期を成功させるために、「儀式以上の意味」があるとした。そのため副大統領に対しては、スペイン側が彼の宣言やコメントの中にフランコ、新国王に対する米国の態度・将来の意図を見出そうとするので留意すべしと示唆している[★47]。

注視すべきなのは、副大統領が各国指導者たちや王室からの出席者と二者会談の機会を得、葬儀と宣誓式両方に出席したという事実である。前者には、ロックフェラー副大統領以外は、チリのピノチェト(Augusto Pinochet)大統領、イメルダ・マルコス(Imelda Marcos)フィリピン大統領夫人程度がハイレベルの出席者であった。一方後者には、シェール(Walter Scheel)西独大統領、ジスカール＝デスタン(Valery Giscard d'Estaing)仏大統領、エジンバラ公(Duke of Edinburgh)、モロッコ皇太子などから幅広い出席者があった[★48]。すなわち、多くの民主主義国家がハイレベルの代表を戴冠式のみへ派遣したという事実は、フランコ時代と明確に決別し新国王の新スペインを支持する意図の表明と言える。

国務省は、欧州諸国が現実主義と敏感さ双方を持ち合わせて示して欲しいと考えていた。すなわち、新国王に対し性急に動くよう圧力をかけぬ「現実主義」と、スペインの恨みを買わぬよう民主主義の発展を支持するという「感受性《センシティビティー》」である。そのため国務省は、副大統領が欧州の指導者らと会談し、新国王の支持要請を行うべきと考えた[★49]。

しかし国王へは圧力をかけないものの、米国はフランコ死後民主化移行のペースを一層懸念するようになった。欧州以上に米国はスペインの民主化を急いだが、ただしそれはポルトガルのような急激なものであってはならなかった。具体的には、米国は安全保障の観点からスペインをＮＡＴＯに加盟させるべく、民主化圧力――ポスト・フランコ政権として、国王を中心とした穏健保守派政府の確立――をかけるようになったのである。

欧州は、米国のこうしたスペインのNATO加盟を後押しする態度は性急すぎると見た。これを懸念した英国は、「新政権には最低限のアプローチ」をすべしと考え、一九七五年一二月、フォード大統領宛ての書簡で、「非公式の場では国王に対し可能な限り早急な民主化を鼓舞すべきだが、国民の期待より遅くとも、公に非難するのは可能な限り回避したい」と述べた。また労働党が社会主義インターナショナルにおいて何年にもわたってPSOEと築いてきた特殊な関係にも言及した。英国政府は自国の政党にスペインの政治グループと幅広くコンタクトを取るよう、また労働組合や議員間のコンタクトも奨励していた[★50]。すなわち英国は民主化のため、共産党系の人々も含むスペインとのコンタクト先を幅広く持とうとしたのである。

新国王は、ロックフェラー副大統領との非公式会談を再度希望した。コルティナ外相はこれに加わろうとするも不可能だった。新国王と副大統領は約四五分間内容のある会談を行い、副大統領は彼に好印象を抱いた。機密保持のため一部の電報は非公開であり、いまだに内容の詳細は不明だが、スタブラーの電報を通じてこれが実のある重要なものであったと推測できる。米国の用意した発言要領には内政、ポルトガル問題などのテーマがあった。副大統領は、重要な決定の際は世論に問うべきと強調した。国王からは、大統領が式典参加を真摯に考慮したことに感謝の意を表明された。一方大使は、先がないフランコ政権の閣僚、コルティナ外相との協定交渉は回避した[★51]。

米国のマスメディアは一一月上旬からフランコの病状を報じてきた。ワシントン・ポスト紙は、フランコの死の前、スペインでは一人の人物を中心に政府が形成されてきたが、その後継者のフアン・カルロス皇太子についても同様かは不確実とし、変革の勢力は外部からではなく内部にあると分析していた[★52]。

フランコ死後は第一面に多くの写真が掲載され、記事の量も増加した。しかし新国王についての評価は期待しつつも慎重だった。クリスチャン・サイエンス・モニター紙は、社説でスペインおよびポルトガルの将来は不確実であり、国王は左派と右派――その中でもスペインの経済に貢献した人々は、ポルトガルの二の舞を回避したがった――の間でバランスを取るデリケートな任務を背負うとした［★53］。同紙はまた、共産党の将来の立場は不明瞭で国王の能力も未知数であるが、中産階級も増加したスペインはポルトガルとは異なるということをくり返している［★54］。

結局、米国大使館がスペインで行ってきた新国王および反フランコ体制派との接触によって、フランコ政権支持の米国がスペインの民主化への動きの中でスムーズな乗換えが可能であったと言える。一方、米国内ではプレスをはじめ新生民主主義国スペインに対する親近感も増加した。

✣第二次アリアス＝ナバーロ内閣に対する米国の評価

一九七五年一二月一一日発表されたアリアス新内閣メンバーについて、イートン公使は、フラガやアレイルサといった強い個性の人物が加わったと分析した。また、オリオル（Antonio María de Oriol）枢密院長の伝統派以外の様々な派閥からの代表が取り込まれており、任命には国王の意見が色濃く反映されているとする。イートンは閣僚の中でも、三つのグループが特に鍵になると見た。

第一は、元大使グループで、米、仏、英、伊、モロッコ等の主要国大使を務めた人々だ。アレイルサ外相は米および仏の大使を務め、前述のように一九五八年の皇太子訪米の際、大統領と謁見を実現させるべく尽力した。ガリーゲス法相は米及びヴァチカン市国大使を務め、一九六二年にはケネディ大統領と皇太子夫妻の謁見を実現させた。フラガ副首相は英国大使であったし、ロブレス＝ピケール（Carlos Robles Piquer）教育・科学大臣は、外交官出身でイタリア、マルタ、リビア、チャド大使、情報観光相のマルティン＝ガメーロ（Adolfo Martín-Gamero）はモロッコ大使の経験を有した。主要国の大使を務めた国際派が多かったのである。第二のグループは、国民運動関係者である。労働組合関連の国外での交渉や西サハラ紛争の解決に奔走した国民運動事務局長のソリス[★55]は労働相に、マルティン＝ビリャ（Rodolfo Martín Villa）は組合関係担当相となった。第三のグループは、シルバ＝ムニョス（彼自身は選出されず）らの民主キリスト教系グループ（Unión Democrática Española）のオソリオ（Alfonso Osorio）首相府相と農相のオニャーテ（Virgilio Oñate）挙げる。

さらにイートン公使は、国王とアリアス＝ナバーロ首相は陸海空軍省を一つに統合することを見据えて、三省の他国防担当副首相を別に設置し、難関克服の第一歩に挑戦したと分析した。また今回の組閣には、シルバ＝ムニョスのグループ以外の民主キリスト教派、社会民主系、ＰＳＯＥのような「過激」な反体制派は含まれなかった。しかし入閣したアレイルサ、フラガ、オソリオはこうした反体制派と非公式接触を行っていたため、新政策の詳細は未発表であるものの、新政府は「新しい、よりリベラルで、より開かれた方向へ」向かっていると評価したのである[★56]。

米国のマスメディアは、スペインの新政府に対しては慎重な評価を下した。ニューヨーク・タイムズ紙は、アリアス内閣の閣僚の大部分がフランコに仕えたが、フラガとアレイルサという二人の大物を指し、閣僚のほとんどがフランコ体制の人々だが、「慎重に政治的変革を望んだ人たち」と評した[★57]。ワシントン・ポスト紙は、フランコおよびその体制に忠実で、民主主義という言葉を用いずに「発展、進展、正義」を追及してきたアリアス＝ナバーロを悲観的に見、「変革に対して慎重なアプローチ」を行うとする[★58]。クリスチャン・サイエンス・モニター紙は、同政府を、「基本的に中道右派」で、「過去との急激な決裂を回避しつつ、自由化改革へ慎重に進むスローモーションの政府」とした。またフラガ、アレイルサ、ガリーゲスを注目すべき人物と言及した[★59]。

無論スペイン国内においても、フランコ体制のもとで教育を受けたファン・カルロス国王に対して疑念を抱くものも少なくなかった。そのためにも、新生スペインは、国民にも見える米国からの支援の証を欲したのである。

❖性急な改革への危惧

アレイルサは一九三七～一九三八年にビルバオの市長を務め、元外相のカスティエーリャと共著で一九四一年には「スペインの復権」を出版した。国際的に孤立したフランコ・スペインは、国連の排斥決議に反対するアルゼンチンと一九四六年通商協定を署名したが、当時同国の大使であったアレイルサ(任期一九四七～一九五〇年)はこれに尽力した。彼はその後米国大使(任期一九五四～一九六〇年)を務め、アイゼンハワー大統領の訪西準備にかかわった。のちに一九六〇年仏大使に任命され四年後辞職後、バルセロナ伯の私設評議会事務局長を勤めた。米国大使の経験から、ロビイスト、上下院議員の扱い方など米国内の動きに精通し、前任コルティナ外相とは異なり、キッシンジャー国務長官と冗談が言える仲であった(Areilza 1977; Areilza 1983; Areilza 1984, Areilza 1985, Areilza 1992)。

一九七五年一二月イートン公使は、アレイルサ外相について、スペインの国連加盟交渉などでの評価は高いが自由化支援に力を注いだため、フランコ政権と一線を画していたと評した[★60]。一方クリスチャン・サイエンス・モニター紙は、彼を「保守リベラル」「古い王党派」とし、最近は反体制派の左派と公にコンタクトを取っていることも指摘した[★61]。一九七六年五月、米国は彼を評し「首相への野心があり」「明快で外国のマスメディア受けする」としている[★62]。しかしアリアス＝ナバーロ首相と波長が合わなかった彼は、スペイン国内では不遇だった。彼は首相を評して、国際問題に無関心で無知であり、些細なことに拘泥している、とした(Areilza 1977:209, 216)。

しかし新国王は、自分のアイディアを吸収する柔軟性に欠けた自分より上の世代の首相を望まなかった。後にインタビューで国王は、アレイルサを評価しつつも無名のスアレスを選択した理由を述べた。「彼は若くて、爽やかである。フランコ体制出身だったので、一部には受け入れられぬような過激な改革を行う心配はなかった」(Vilallonga 1993: 99, 133-134)。首相への野心のありすぎるアレイルサは、この条件と対照的だったのである。さらに彼は前述のように国王の父バルセロナ伯(一九七七年ようやく王位請求権を放棄)と近しい関係があったためである。

民主化移行期初期には、米国の外交政策には三つの柱があった。第一に国王の民主化支援、第二に一九七六年の友好協力条約の下の建設的な軍事関係の維持、最後に政権政党にかかわらずあらゆるレベルにおける長期的視点からの二国間協力の基盤形成であった(Eaton 1981:116-118)。すなわち米国は長期的な対スペイン政策を念頭に、国内および欧州を考慮に入れつつ民主化のペースを推奨する必要があったのである。

一方のスペインにとっては、米西関係は外務省の懸案事項の一つだった。一二月コルティナ外相が後任のアレイルサ新外相に行ったブリーフィングでは、西サハラ問題、米国、ヴァチカン市国との関係が優先課題とされた(Areilza 1977: 18-19)。以後アレイルサ外相は、米国との条約署名に心血注ぐこととなった。

国王は宣誓後、米国による新生民主主義スペイン支持に感謝しつつも、更に踏み込んだものを望んだ。一九七五年一二月一六日、アレイルサ外相はパリでキッシンジャー国務長官に対し、こうした国王の見解を説明した。現実主義者の国王はスペイン国民に対して、追加的なジェスチャー(すなわち条約)を必要としているというのである(この点は後に詳しく言及する)。アレイルサはまた、フランコ時代の秘密外交と彼の政策の違いを強調した[★63]。

アレイルサ外相は具体的方策として、一九七六年一月の条約署名の際、キッシンジャー国務長官にテレビ出演し、スペイン国民に対して支持の言葉を述べて欲しいと考えていた。王政に大きな支えとなるためである。国務長官は、新スペイン政府の努力を米国は支持すること、基本的に「あなた方」の問題であるので米国は圧力をかけないこと、ただし、米国からの圧力をスペイン側が感じそれが国務省からならば通知するように、他の出所なら無視してよいと述べて外相との会話を締めくくった[★64]。

キッシンジャー国務長官はイタリアとポルトガルのケースと比較し、スペインが性急過ぎる改革を行えば、穏健派の勢力が弱体化しPCEが力をつけ、危険な状態に陥るシナリオを想定していたのである。穏健派政府が反フランコ体制派(特にPCE)から圧力を受けた場合や、国内の治安が悪化した場合は、ソ連に対して、共産党の行動は監視されている、と報じることで圧力をかけることまで考慮していた[★65]。後にアレイルサがこの会話を国王に解説すると、国王は移行期のペースに特に興味を示した。国王はキッシンジャー国務長官の態度を評価し、スタブラー大使に対して、「加速への圧力は、スペイン国内、特に共産党から来ている」と述べた[★66]。PCEからの圧力の懸念を国王と共有する米国は、国王の下の新生スペインへの支援の態度を明確にした。その意味ではフランコの死後でもむしろ両国のコンタクトは一層スムーズになったのである。

✣友好協力協定から条約へ

フランコの逝去後国王が即位すると、両国間の行政協定の条約への格上げは一層現実味を帯びてきた。米国では、条約は上院の承認を必要とするが、立法府ではスペインの情勢(PCEの合法化、人権尊重、NPT署名)に関し、鋭い意見交換がなされた。幾人かの上院議員は、スペイン民主化に対する米国の理解および支援を示すため、条約格上げに賛同の姿勢を明らかにした。議会にはすでに一九七〇年の改定の際の敵対的な雰囲気は存在しなかった。すなわち、上下院とも民主化途上の新生スペインとの条約批准に対して友好的であった。

スペイン側では特に国王がこのテーマに興味を示した。「片務協定」ではなく両国の対等な関係を意味する「条約」の批准は、米国の新政府に対する支援を国内外に提示できるためである。国王はキッシンジャー国務長官が一二月一五日マドリッド訪問を希望するのを説得し、新政府の組閣まで保留するよう要請した。

そのためキッシンジャー国務長官の提案により、次回のパリにおける南北会議の際に外相と会合を持つこととなった(Areilza 1977: 20)。

その一二月一六日のパリ会合において、アレイルサ外相は米国のスペインの新政府に対する支援として、三つの提案を行った。協定の条約への格上げ、米西評議会の付属文書で防衛システムとスペインの間のリンケージに言及すること、最後に当時六・七五億ドルであった米国の対スペイン援助を一〇億ドルに増額することである。

第一の点に関しては、アレイルサ外相は、キッシンジャー国務長官に対し協定が条約として上院に提出された場合、三分の二の賛成票獲得の可能性を尋ねた。国務長官の見方は、「かなり楽観的」であった。ただし、両国間の協定が基地協定以上のものとなると、他国との基地協定――具体的には東地中海での勢力均衡のため反共政策のため開始したギリシャとトルコとの協定が念頭にあった――全てが条約に格上げされる前例となるのを唯一懸念していた[★67]。国会担当次官補でもあったマックロスキー交渉担当大使は六月の米国議会の公聴会で、このギリシャ、トルコの協定が、スペインの場合と異なり条約に格上げされないとし、スペインの場合が前例とならないと明言している[★68]。いずれにせよキッシンジャー国務長官は、多くの上院議員と懇談し一月第一週に結果を通告する旨アレイルサ外相に述べたのである。

第二点目に関し、アレイルサ外相は、こうした言及が、「名誉ある撤退」を行う西サハラ問題で欲求不満状態の軍部にプラスの方向付けとなると説明した。前述の国王の懸念を反映しての発言であろう。キッシンジャー国務長官は、協定の枠組みの中の話なので、個人的には挿入は問題ないが、確認すると述べた[★69]。

第三の点に関しては、アレイルサ外相は純粋増額ではなく、すでに終了しているプログラムの額も含めた額でよく、要するにスペイン国民を圧倒するため一〇億ドルという数字が必要と説明した。キッシンジャー国務長官としては、逆に米国民に対して低い数字を必要とした[★70]。しかし現実にはこれらの額は、「軍の無償供与ベースでわずか二、三百万ドルのみ、残りは、妥当なレートではあるがスペインの支払いによる軍用品の販売」であった(Stabler 1991)。九月には、コルティナ前外相は一五億ドルを要求していた。そして今、アレイルサ外相は一〇億ドルを提示しつつ、すでに実施されたものも含めるとし、キッシンジャー国務長官もスペインの立場を汲んで双方が歩み寄った。これが真の交渉である。

一九七六年一月二四日、キッシンジャー国務長官は友好協力条約署名のため、モスクワにおける戦略兵器削減交渉、その結果のNATOにおけるブリーフィングからの帰路スペインに立ち寄った。国務長官は国王、アリアス＝ナバーロ首相、アレイルサ外相とも会合した。国王の間の会話のテーマとして、内政状況、二国間問題、基地協定交渉、国王の米国訪問が国務省により予定されていた。対アリアス＝ナバーロ首相とアレイルサ外相には、さらにスペインとNATO問題が含まれていた。アリアス＝ナバーロ首相との会合は、通訳も悪く内容もなかった。一方、国王との会談は全く異なった。通訳なしで英語によって実施され、「心のこもった、長い」もので、国王は、最新の話題に対して適切な質問を行った。キッシンジャー国務長官は会見後アレイルサ外相に、「国王はフランコほど権力を有するか、いつか立憲君主になるか、政府を超えて政策を実行可能か、軍隊の尊敬を得られるか、改革は性急か緩やかか」など矢継ぎ早に質した。そして国王を賞賛して親近感を示した(Areilza 1977: 61)。

米国はポルトガルの前例もあるために、急激な民主化は望ましくないとしつつも、スペインのNATO加盟のために民主化を急がねばならぬというジレンマに陥っていた。そのためにこの時期の米国の書類には、民主化ペースに関し慎重になりつつ加速を望むという曖昧な記述が散見される。スペイン国内情勢のテーマに関しては、国務省は「スペインのペースで長期目標に到達する際、鍵になるのは、国王、アリアス＝ナバーロ首相、主要閣僚が、冷静さを維持しうるか否か」とした[★71]。米国立法府はスペインの段階的な自由化、民主化自体を目標としたのに対し、前述の記者会見でキッシンジャー国務長官は「変革のペースは、われわれよりもスペイン政府が判断するべき」と述べていた[★72]。キッシンジャー率いる国務省はスペインの民主化プロセスの速度が速すぎて、それに不満を抱く層を取り込んだ共産党が政治力を持つなどして政局が不安定になるのではないかと、懐疑的だったのである(Viñas 2003:439)。

国務省による同訪問準備資料によると、穏健派に対し民主化プロセスの速度に忍耐するよう説得するため、在西大使館は共産党以外の反フランコ体制派との接触を維持すべきとされていた。その一方で、国王とアリアス＝ナバーロの政府と十分にコンタクトをとる重要性も強調した。国王は一月のキッシンジャー国務長官の訪問を、スペインの段階的な政治改革に対する米国の支援として歓迎しているためである。同資料内のスペイン国内情勢に関するテーマの一つは、「一時の大衆のスローガンに惑わされず、目標に向かう漸進的、着実な長期の働きかけが重要」であった[★73]。明らかにキッシンジャー国務長官も国王も、それぞれの政策実行のため協力関係の構築を目指していた。国王は最終的に米国の建国二百周年記念に合わせて招待されたのである。

前述のように米国はポルトガル革命後の経験から、共産党の圧力による急速なスペイン民主化移行を懸念しており、これは同訪問時の重要テーマの一つでもあった。そのためスタブラー大使、キッシンジャー国務長官からそれぞれアレイルサ外相に対し、変革のスケジュールは政府が決定すべき、威厳をもった強い国家であるべきとし、ポルトガルの例を教訓としてゆっくりと行動せよなどと述べている(Areilza 1977:14-15, 65-66)。

民主化移行のペースというテーマは、米国上院外交委員会でも取り扱われた。ハートマン欧州担当国務次官補は、米国と民主化プロセスに関するペル民主党上院議員の質問に、スペインに対して民主化のペースを米国が助言するのは難しいと返答している。しかし国王の宣誓式の出席者を見れば他国による民主化支持も明確で、とりわけ米国副大統領の出席はスペインの到達目標のためのいかなる助言より意味があったと述べた[★74]。米国はポルトガルの急激な共産化の状況と比較しつつ、民主化移行期のペースはスペイン人が決定すべきと繰り返したのである。

米国のマスメディアはスペインのマスメディアほど楽観的ではなかった。ニューヨーク・タイムズ紙もワシントン・ポスト紙も、一月二五日付の第一面でこの条約署名を扱い、スペインにおける強力な政治グループの出現までキッシンジャー国務長官が共産党を非合法に抑える意図を報じた[★75]。一方ニューヨーク・タイムズ紙は、スペインの記事を引用し、スペインが国内政治で困難な現実に直面する際に、「以前のような行政協定ではない条約への署名は、王政、変革実現努力への米国の支持とみなされている」とした[★76]。しかし懐疑的な社説は、この条約は以前のように議会を通さない大統領の一方的な行政協定ではないという点から容認するとしても、依然抑圧が続くスペインに対して結んだという点では、フォード政権は早まったとしている[★77]。クリスチャン・サイエンス・モニター紙は社説で「スペインを西欧の軍事同盟に加盟させるべく、米国はコマをさらに進めた」と分析し、それは他の地中海諸国が不安定な時期に米国がスペインを必要としたためであると報じたのである[★78]。

スペインの大部分の新聞は、国王の希望通り署名を好意的に受けとり、アレイルサ外相の思惑どおり、第一面に条約の経済的補償が「一二億ドル以上」という数字を報じた[★79]。ただし一二億ドルの詳細、つまりアレイルサ外相の懸念していた一〇億ドルの援助パッケージは、次の五年間で約七億七千万ドル、内六億以上が融資・借款で、残りは補助金である。加えて輸出入銀行より四億五千万ドルの融資が計画された。さらに、スペイン国土の既存の米国の施設全ては引き続き使用可能であるが、空中給油機の大部分を欧州の他の基地へ移動し、一九七九年七月一日までにロタ基地の弾道ミサイル搭載原子力潜水艦を引き上げることが決定された[★80]。

✣米国議会・議員によるスペイン民主化支援

ニクソンおよびフォード共和党政権時代は、野党民主党が議会の多数派を占めた。米国ではそれぞれの議案に対する投票は、党の方針ではなく各々の議員の意思が尊重されていたが、上下院の議長は多数党から選出される。第九三回議会（一九七三〜一九七四年）では、共和党対民主党の議員数は、上院、下院共に民主党が多数派であった。一九七四年選挙では民主党は更に議席数を伸ばし、第九四回議会（一九七五〜一九七六年）では議席数の差が拡大した。特にヴェトナム戦争以降、議会の発言権は強まり、NATO加盟国もまた外交問題における議会の権限拡張を懸念していた［★81］。

野党民主党を多数党とする米国議会は、スペインに対しいかなる態度を取っていたのであろうか。一九七二年には大統領選挙、一九七四年には議会選挙、加えてニクソン大統領弾劾など、議会には懸案事項が山積みであり、議事録によればスペインに関する質問・議論は数えるほどであった。民主化前は、議会はフランコ政権の暴挙、死刑執行等に非難決議を出していたが、フランコ死去後はスペインの脆弱な民主主義、民主化プロセスを擁護する場となった。

つまり次の三点から、民主化前後に米国議会が二国間関係に果たした役割は無視できない。第一に、民主主義擁護の場としての議会である。議会ではスペイン関係のテーマとしては「民主化プロセス」、「人権問題」、「暴力（テロリズム）」、そして「米西条約」に関し議論が交わされた。

第二に、議会は大使の人事権を握る。つまり大使の任命を承認（不承認）する場である。前述のようにニクソン大統領推薦の候補者フラナガンはニクソン大統領の選挙活動の資金集めとその報酬としての大使任命に暗躍し、彼の父は内戦開戦直後からのフランコ政権に対する資金援助を行っていたため、スペイン大使に不適切として、議会の承認を得られなかった。

第三に、議会は条約承認の場である。後述する通り幾人かの議員が米西友好協力条約の批准承認に貢献した。特にスペインの民主化プロセス推進のためには、この批准は重要な要素であった。米国の共和党政府にとり、野党主導の議会を説得するのは困難を極めた。

なかでも第三の点は重要であった。米国の大統領権限は強大であり、特に冷戦期は議会の承認の不要な行政協定を乱発していた。米国憲法によれば、大統領が上院の助言と承認を得て、出席議員の三分の二の賛成を得て条約を締結する権限を有する。しかし、上院本会議前に外交委員会を通すこの承認手続きには通常一、二年を必要としたため、第二次世界大戦後は、議会を通さない行政協定が増加していたのである。一九五三年の米西協定も行政協定であった。

行政協定は議会の承認なしに外国との軍事関係の「義務」を生じさせる。一九六〇年代以降米国民及び議会は、行政協定により国外紛争に米軍が関与させられるのを憂慮するようになり、外国との軍事関係は行政協定ではなく議会の承認を得た条約によって決定されるべきとの論調が強まった。一九七三年には戦争権限法が承認され、いかなる条約であれ行政の一方的な米軍派遣は不可能とされた。さらにウォーターゲート事件発覚とニクソンの辞任とあいまって、立法府の発言力は一層増大した。

米西友好協力条約は一九七六年一月二四日に署名された。大統領府は外交委員会に条約承認の可能性を探り、慎重であるがポジティブな姿勢がうかがえたことから、助言と同意を得るため二月一八日上院に提出された[★82]。

米国は、大統領が「欧米の理念と機関加盟に向けスペインが前進できるよう、国王と共に効果的に動くため」六月予定の国王の訪問以前の承認を急いだのである[★83]。国王もまた、六月二日上下院合同セッションでのスピーチ以前に承認を得ることを望んでいた[★84]。

通常の手続き期間が一、二年を要することを考えれば順調に進んでいたと言えるが、次の同委員会は、五月一八日に開催が予定されており、この際に最終決定がなされなければ、国王の訪問前に上院の本会議で助言と同意を得るのには間に合わない。

国家安全保障問題大統領補佐官のスコウクロフトは、五月一四日大統領に対し、一八日の委員会における条約の可否審査以前に、何人かキーパーソンの上院議員と話すよう薦めた。特に、委員長は上院の多数派政党――当時は民主党――選出であり、委員会の審議では重要な役割を果たす。委員長のスパークマン（John Sparkman：一九七五年一月よりフルブライトの後任）、スコット議員（Hugh Scott：少数党（共和党）院内総務）らと交渉し、彼らはその後賛成票を投じることになる[★85]。フォード大統領は一九四八年に下院議員として選出された後、議員たちと比較的良好な関係を維持しており、この様な根回しには精通していた。最終的に一八日の委員会では、ペル、ジャビッツ、ハンフリーなどの議員の賛成票一二票、反対票二票で支持を決定した[★86]。条約は、二国間、欧州・スペイン間の軍事関係を強化するだけでなく、スペインの民主化プロセスに対する、立法府も含めた米国の支援の姿勢を示す証であった。

米国の中には、性急な批准承認に反対する向きもあった。米国カトリック会議は、共和党だがリベラルな同委員会委員のジャビッツ議員に対し、人権を無視する取り締まりを行うスペインの内政などに鑑みて、批准の延期を要請した[★87]。また、経済学者ガルブレイス（John Kenneth Galbraith）ら知識人が支援する「イベリアの自由のための米国委員会[★88]」も、民主化改革が現実味を帯びるまでの条約批准承認の延期を要請する書簡を同議員へ提出した[★89]。ワシントンのバスク州代表団は、ジャビッツ議員宛の書簡で、米国政府が融資・軍事物資の供給を行う際は、民主化段階の考慮を決議に明示するよう要請した[★90]。

column…2

スペイン民主化に関係した米議員たち

◆フルブライト（William Fulbright）議員

専門の研究及び相互理解に貢献できるリーダー育成を支援する「フルブライト奨学金」で有名なフ

ルブライト民主党議員は、一九四二年に下院、二年後に上院議員として選出された。外交問題に強い関心を有し、一九五九年から一九七五年まで上院の外交委員長職を精力的にこなした。またジョンソン民主党政権下一九六六年には、米国民を教育する目的で外交問題の公聴会を導入、ヴェトナム問題に関する外交委員会の公聴会のテレビ放映を開始した。親友のジョンソン大統領に対抗しても、外交政策における、立法と行政の間の憲法上の均衡を回復しようとしたのである。逆に共和党のニクソン時代にはＡＢＭ（弾道弾迎撃ミサイル）制限条約や米中関係正常化など世界平和へ貢献するものは支持した。

上院の外交委員会委員長としての彼は、米西協定には反対であった。かねてから大統領の権限で立法府を通さず決定できる行政協定である米西協定を、立法府の承認を通じ条約とすることを主張していた。もともとは、重要で中身の伴う合意に適切な器が条約であるのに対し、ルーティーン事項、特に非政治的事項に関して他国との取り決めに使用されるのが行政協定であった。しかし次第に条約を締結した国々の間のみならず、行政協定や単なる宣言を取り交わした国々へも米国の軍事的義務が生じている状況を憂慮したのである（Fulbright 1972; Stennis and Fulbright 1971）。

それゆえフランコ政権にとり、政権存続に死活的な米西協定に反対するフルブライトは邪魔者であったろう。しかし長期的に見れば、彼はスペインの民主化の最大の擁護者であった。スペインにとって米西協定は片務協定であり、米国との対等なパートナー足りえなかったためである。フルブライトは、一九六三年の米西協定の改定に強固に反対したが、しかしそれはスペインへの敵対心からではなかった。彼にとり内容や締結国は二の次であり、海外紛争に米軍が巻き込まれることを懸念し、かような重要事項が議会の承認を必要とする条約ではなく、行政協定により大統領権限で決定される点に反対したのである。

しかしフルブライト議員自身は、外交問題に時間・エネルギーをつぎ込むあまり、一九七四年民主党の予備選でアーカンソー州知事出身の候補に敗れ、翌年政界を引退する(Schoenebaum 1979:219-221)。

◆ペル議員

ペル民主党議員は、上院で米西条約の同意獲得に奔走した。彼の父親は、一九三七〜一九四一年にポルトガルの臨時代理大使を務めたため、彼もその時期スペインおよびポルトガルを訪問した。一九四〇年代初め、ファシストの挨拶拒否、および赤十字の仕事のため二度ほど拘束されたことがあり、フランコ体制には反感を有していた。彼は、外交委員会は詳細な外交政策を作成できないしすべきではないが、新しい概念と政策提言、国民に対し国際社会における政府活動の広報は可能と考えていた(Pell 1972:34, 90)。こうした信念の下、ペルは様々な国の民主主義のために奔走するが、その中にスペインも含まれていた。

一九七六年二月一二〜一三日、約三〇年ぶりにスペインを訪問したペル議員は、国王および当時非合法であった政党の指導者たちと会見し、変化したスペインに好印象を抱いた。この訪問後、国王が僅か二カ月で成し遂げた成果を評価し、ペル議員は米西条約を支持すべきという結論に達した。スペインの民主化を支援する条約が米国議会で否決されれば、スペインにおける民主化の動きは滞り、国王の国内での影響力も減退すると考えたのである。それゆえ同議員は、国王らが推進する民主化プロセスを支持すべきとして、日々変化するスペインの内情を議会において詳細に報告し[★91]、条約支持に関し上院議員たちを説得したのである[★92]。

◆アルバート(Carl Albert)議員

国王の一九七六年六月訪問の直前四月末、米国の下院議長である民主党アルバート議員はスペインを訪問した。当初はスペイン国内の都市グラナダからわずか一時間のトランジットで、マドリッド経由で出国する予定であった。しかしスタブラー大使は、国王の会見希望を議員に伝え、フライトの変更やヘリコプターによる移動を提案し、会見を実現したのである[★93]。国王は近々訪米すること、二国関係については概して満足であること、特にスペインにおける基地施設のステータスに関する交渉の進展に満足である点をワシントンへ伝達するよう依頼した[★94]。

訪米の際、上下院合同セッションで国王のスピーチが可能になったことを想起すれば、スタブラー大使のこの行動は評価できる。当日スピーチ後に他の議員が拍手喝采している間、下院議長は指でOKサインを形成し、ウインクして見せた(Arias 2010:109)。

◆ジャビッツ議員

上院外交委員会で条約批准の審議に賛成票を投じた、共和党だがリベラルなユダヤ人、ジャビッツ議員は、一九七六年七月上院外交委員会の一員としてスペインを訪問した。議員は、フアン・カルロス国王、スアレス首相、オレッハ外相(一九六〇年代、前章のカスティエーリャ外相のもと外務省勤務)、マルティン＝ビリャ内務相、アレイルサ前外相(元駐米大使)、フラガ前副首相(前駐英大使)、ガリーゲス前法務相(元駐米大使)らのみならず、共産党以外の様々な政党の指導者と会合した。米国訪問時の国王の真摯な態度に好印象もあり、ジャビッツ議員にはスペインの将来は明るく映った[★95]。アレイルサ外相は、スタブラー大使が同席し行った同議員との会食の後、今回の会話がオープンで率直だったとし、ジャビッツは「今までは我々の味方とは言えなかったが、君主制が施行されてからは友人となった」と述べたほどである(Areilza 1983: 22)。

3 国王の訪米

❖国王支援

フアン・カルロス国王は、フランコ時代から続投するアリアス＝ナバーロ首相の民主化推進に対する消極的な態度に不満を抱いていた。国王の不満は、ベルギー人記者ボルシュグラーヴ（Arnaud de Borchgrave 一九七五年一一月皇太子の特使であったプラドをキッシンジャー国務長官に紹介した人物）による四月二六日付ニューズウィーク誌の記事により明らかにされた。国王は、アリアス＝ナバーロ首相に代わる候補者を探していたのである。世論によればフラガ副首相およびアレイルサ外相は最有力候補であったが、両者とも国王より上の世代であり、強い個性の持ち主であった。そのため国王は、オソリオおよびスアレスを念頭に置いた。国王は後者を良く知っており、最終的に議会議長であり枢密院議長であったフェルナンデス＝ミランダがスアレスに賛同したのである（Eaton 1981:38-40）。

ニューズウィーク記事事件直後の二七日すなわち米国訪問の数週間前、スコウクロフト大統領補佐官は、国王からフォード大統領宛ての電話に対し大統領に返答を勧めた。大統領府は、アリアス＝ナバーロ首相がスピーチで民主化に対して曖昧な態度を取り、改革のスケジュールへの言及を回避している点を国王が懸念していると見た。

「フアン・カルロス国王が電話会談を希望している。アリアス（＝ナバーロ）首相が翌日行う予定のスピーチ、国王の訪米と米西条約に関する現在の上院公聴会に関して議論を望んでいると思われる。フォード大統領としては、スペインの民主化実現のための彼の努力を激励し、六月の訪問をお待ち申し上げると述べるべき。」（傍線は原文ママ）［★96］

ニクソン大統領と異なり、フォード大統領の積極的なイニシアティブによるスペインに対する外交政策策定はあり得ず、この発言要領を超えた発言は考えにくい。つまりこのメモから、フォード大統領は国王に対するメッセージではアリアス＝ナバーロ首相への対処方法に関して具体的な助言は行わず、国王の行動への支持を表明するにとどまったと言える。ここで最重要点は、国王がフォード大統領と内容のある政治問題について対話を試みた点である。民主化プロセスで困難な状況に直面した国王は、米国の後ろ盾を希求したのである。

国王は、スペイン国内における自らの新しいイメージ形成に腐心していた。スペイン国民が彼を「フランコ派のリーダー」と見做すのを望まず、内戦で国民が敵味方に二分された状態を憂慮し、あらゆるスペイン人の問題の解決を切望していたためである。そのため、「全スペイン人のための王」というイメージを国民に対し着実に定着させたいと考えていた［★97］。しかし前述のように、未だ検閲が存在するスペインにおいてではなく、外国の報道機関によってアピールを試みたのである。独自の情報網は組織されていなかった王宮府に、外務省出身のマルティネス＝カロ（Santiago Martínez Caro）が一九七六年初めに「王の秘書かつ王宮府官房長」として配属された。彼は国王が国際的に認知されるべく、王宮府の組織を整備し、訪米プログラム、ハイレベルなスピーチの作成を行った（Apezarena 1997: 318-321）。

一方、大統領府も国務省からの情報のみに依存していたわけではなかった。欧州担当国務次官補のハートマンが用意した報告書に、キッシンジャー国務長官は加筆している。例えば大統領への改定された報告書（発言要領、背景説明）では、単なる儀礼上の言葉ではなく、具体的な示唆で国王を支援するよう強調された。

国務省で作成され長々と付帯された国際情勢部分は削除され、代わりにスペインの内政状況に関する説明が付与された。

国王の訪米に関し、キッシンジャー国務長官によって加筆された米国の目的とは、詳細には以下のようなものであった。

「米国の国王支持を再確認し、彼の影響力を強化する」
「新生スペインのイメージ宣伝の一手段として、緊密な二国間関係を強調する」
「国王の自分自身への信頼力を強め、決意を強化させる」
「スペインを西洋に完全に組み入れるため、支援継続を示す」[★98]

国務省は、スペイン内戦により歴史・政治・社会的な相違により分断されたスペイン社会の修復には、君主制の確立が最良の選択肢と考えた[★99]。また、国務省は南欧の安定のためにフアン・カルロスを必要としていた[★100]。国王は比較的若く経験も浅いが、政治に無関心な多くのスペイン人に、新生スペインの若いシンボルとして魅力的にアピールする一方、圧力に屈することなく良識的な決断を下す能力およびその際のバランス感覚については未知数であった。そのため米国は、こうした困難な状況下にある国王を支援しなければならなかった。国王は労働運動、経済問題の他、フランコ体制の下で形成された非効率的な機関を民主的で実質的政府に変革すべく、国王は訪米後多くの障害に遭遇するであろう。米国としてはそうした状況に理解を示し、明確な目標を掲げた国王が、成功に向けた着実な前進が可能となるよう鼓舞すべきと考えた。ロックフェラー副大統領も、一九七五年十一月のフランコの葬儀および国王の戴冠式の際スペインで、国王に対し「ゆるぎない米国の支援」を強調した。こうして国王は、フランコ逝去後元首としても米国との関係を強化していくのである。

✥民主化のペース

前述のようにスタブラー大使による詳細なスペイン内政報告を通じ、皇太子の政治的有能性が大統領府にも明確になった。ウィギン英大使を通じた英国からの助言もあり、フランコの死の直前ようやくワシントン側もフランコ政権との絆に限らぬスペインに対する幅広い影響力維持の必要性を認識し、皇太子支援による穏健改革派政府の樹立を支持し始めた。

条約締結の他、米国が国王に対し行った支援は、国賓としての訪米の実施である。前述のようにフランコの逝去などで延期されていた国王の訪米は、最終的に米国独立二百周年に合わせ一九七六年六月に実施された。スペインの有名画家ゴヤの二枚の絵画マハ像が米国へ貸与され、ワシントンのナショナル・ギャラリーおよびニューヨークのメトロポリタン美術館におけるゴヤ展、スミソニアン歴史・技術博物館における「コロンブスとその時代」展が開催された。国王は、後者の開会式とその他ワシントンの彫刻の除幕式に参加し、ニューヨークでゴヤ展を見学した[★101]。

国王は今回も、フォード大統領およびキッシンジャー国務長官との非公式会談の場の設定を希望した。キッシンジャー国務長官は、国務省の反対の可能性を示唆しつつも、フォード大統領も巻き込み、国王がホワイトハウスへ別れの挨拶に訪れる、六月四日金曜日の朝九時から約三五分間の約束を取り付けた。また、アレイルサ外相もキッシンジャー国務長官と二者会談を要請した[★102]。

二日のフォード大統領と国王の公式会見（キッシンジャー国務長官、アレイルサ外相、スコウクロフト補佐官も同席）は、一時間弱続いた。大統領は未批准のままの条約に関し謝罪しつつも、これは実質的な問題のためでないとし、国王も、外相からは手続の問題だと聞いている旨返答した。国王からレバノン問題に言及後、スペインに関する話題へと移った。国王は内政状況を詳細に報告し、フォード大統領はスペインの進歩を認め西欧への「再統合」を強調した。

「スペインには、一五〇ほどの小政治グループが存在するため、彼らにはまとまるべきだと説いている。今般市町村選挙の前に議会選挙があるが、自分の祖父(アルフォンソ一三世)は一九三一年に誤りを犯したので[★103]、今回議会選挙は秋に、市町村選挙は来年春に開催される見込みである」

アレイルサ外相からは、ルンス(Joseph Luns)NATO事務局長およびヘイグ将軍がスペイン人オブザーバーをNATOに参加させようと試みていると述べた。全ての欧州諸国はスペインの政治状況の進展に興味を示しており、外相はEC加盟交渉自体何年もかかるだろうと見ていた。その後外相からはイタリア選挙に関して、大統領からはポルトガル情勢に関してそれぞれ質問した[★104]。

国王はスペインを民主化し、スペインが本来位置すべき欧州共同体への完全参加に、大統領の支持を得ようと試みた。キッシンジャー国務長官およびスコウクロフト将軍も、国王が将来遭遇するであろう困難克服のため、米国は可能な限り彼のイメージ向上と彼の権限を支援すべきと考えていた。そのため大統領に対し、通常の慣習を破り六月二日の公式晩餐会に国王夫妻を招待する他にも、大統領自らが返礼の晩餐あるいはレセプションに出席することを推奨した。最終的に三日のスペイン大使館における晩餐会には、フォード大統領自身のみならず、ロックフェラー副大統領、キッシンジャー国務長官、ラムズフェルド(Donald Rumsfeld)国防長官、ヒルズ(Carla Hills)住宅・都市発展長官までもが出席した[★105]。この事実は、国王あるいはスペインの民主化プロセスに対する米国の支援を明示するものである。

キッシンジャー国務長官とアレイルサ外相の会談では、「民主化のペース」についての懸念が再び話題に上ったと思われる。国務省作成のキッシンジャー国務長官の発言要領にはスペインの内政状況につき、次の点を挙げている。

「国王は、民主化移行期間中外圧にさらされるであろうが、彼の成功する能力を信じている。国王は明確な目標を持ち、国内のコンセンサスのために王政を基盤に用いるべきである」

「外圧」とは、主に国内の共産党による性急な民主化要求を指すものと考えられる。キッシンジャー国務長官からは以下のようなスペインに対する発言が推奨されていた。

「スペインに適切な民主的システムへの移行は、自らのペースで進めている限り、米国はこれを支援する」[★106]

すなわちスペインの民主化のペースへの懸念を表明しつつも、米国はなんら具体策を提示しなかったのである。一方でフォード大統領が国王と会談する場合は、「目標設定と自らの民主化ペース」がテーマの一つであった。

「次の時代には、スペインの目指す明確なビジョンを掲げ、その方向へ前進すべく社会の全セクターを動員することが非常に重要」

「米国の政策は、国王を十分に支持し、スペインが適切としたペースで民主化の基盤を打ち立てるべく、国王選出の政府と密接に協力する」[★107]

一方キッシンジャー国務長官とアレイルサ外相の間の会話は、スペインのABC紙及びYA紙によれば、米西条約の批准、スペインのNPTの署名要請、EC・NATOとスペインの関係、共通の関心事項として、北アフリカ、地中海、中南米、核軍縮についてであった[★108]。

少なくとも訪問前のこれらの史料、当時の報道によれば、米国側から内政干渉的な具体的な圧力は存在しなかった。つまりスペイン人が何をいかにいつまでに行うべきといった大統領府・議会からの圧力は、存在しなかった[★109]。この訪問直後、アリアス＝ナバーロ首相が辞任する。しかしながらポルトガルのような急激な変化は望まぬフォード政権が、首相を辞任に追い込むような理由は存在しなかった。むしろ、米国はスペイン内部の圧力に対抗し段階的な移行が可能になるよう、具体的な指示ではなく国王の要請するモラルサポートを行い、内政干渉は行わなかったのである。国王はこのモラルサポートにより、自らの決定を実行していくことになる。

❖国王訪米の影響力

米国の大統領府は、民主化に立ち向かう国王の支援を望んだ。しかし具体策を与えることなく、スペインの国内で確固たるコンセンサス基盤を築くため、対話を通じてスペイン人のための「集結地点」を提供しようとした。さらに、米国は国王の懸念に可能な限り細心の配慮を行う用意があった。キッシンジャー国務長官は、スペイン政府との一般的な協力と国王への支援を分けて考えていたのである[★110]。

国王が行う一九七六年六月米国議会での英語演説は、スタブラー大使が草稿を加筆訂正した。草稿は、二つの部分に分かれており、長い前半は両国間の歴史について、短い後半はスペインで起きた事件及び将来への展望が書かれていた。そこでスタブラー大使は、この演説が二つの部分から構成されることを最初に述べるよう薦めた（Stabler 1991）。

ロペス＝ロド元外相（任期一九七三年）によると、当初のアレイルサ外相による草稿は、二院制などの政治改革について具体的な改革を列挙しており、国王は満足しなかった。国王は同草稿の歴史的な部分以外は削除した（López Rodó 1993:254）。自らの見解を有する国王は、他人が用意した原稿の棒読みに満足しなかったのである。

上下院合同セッションでの英語によるスピーチでは、個人の権利、スペインの将来の政治的方向性といったテーマにも言及した。またスペイン君主制はすべての国民が参加可能な開かれた機関であるとし、法治国家を保証し、民主主義のもと国民の意思に基づいた政権交代を可能にすると述べた。さらにスペインは、米国との厳密な相互主権にのっとり「安全保障の責任」を分かち合うとした［★111］。結果的に同スピーチは米国、特に条約審議中の上院の親近感を得るのに重要な役割を果たした。

国王が米国議会において英語で話すイメージは、米国のみならずスペイン国内でも大きな反響があった。ある新聞記者は、流暢な国王の英語はキッシンジャー国務長官の英語よりわかりやすいとまで述べた［★112］。野党の民主党議員らも、この印象に賛同し国王を支持した。例えば元民主党副大統領のハンフリーは、「このように長く、愛情のこもった拍手は見たことがない」とし、米国人はスピーチの最初の歴史部分から学んだのみならず、彼の確固とした、明晰な、政治に関する知見に深い印象を受けた」と述べた［★113］。

また議員たちは、特にスペインの民主化改革に興味を示した［★114］。ジャビッツ議員も、国王の訪問はフランコの死以来生じてきた、非常に革新的な変革の気風を示しているとし、同訪問により両国関係が強化されるだろうと評価した［★115］。上院外交委員会による昼食の間、国王は条約が依然未批准であるのは技術的な問題であり、何ら重要な問題ではないと説明を受けた［★116］。

スペインは、従来の片務協定ではなく条約を米国と締結することで、法治国家としてＮＡＴＯ加盟国と同等の扱いを希求したのである。国王のイメージは新生スペインを意味し、米国民・マスメディアのみならず、条約批准の鍵となる上下院議員にも非常に好意的に受け取られた。もちろん、フォード政権も同意見だった。大統領府の報告書によれば、国王は「スペインの個人の権利、将来の政治的方向性を約し、議員、米国民に非常にポジティブな印象を与えた」[★117]のである。

フランコはほとんど外遊せず、外遊準備が未経験の外務省にとっては公式訪問の準備さえ新たな挑戦だった(Durán-Loriga 1999:213)。しかしながら同訪米は大成功を収めたと言える。国王はフォード政権、立法府、世論といった米国国内各方面の支援も取り付けた。そして米国のみならずスペイン国内においても国王の下での民主化推進を宣伝することが可能となったためである(Viñas 2003:440)。スペインの新聞は国王の訪米について詳細な記事を出した。一般的に好意的な報道振りであり、エル・パイス紙のような王党派ではない進歩派の新聞でさえ、成功を報じていたのである。国王はスペインでの言説が制限されていることを感じ、スペイン人に対するメッセージも米国から発しようと狙ったのである。

ただし同時期には、表紙にアメリカのダンサー風の格好をした国王のイラストを掲載した「Cambio(変革)16」誌が押収されたり、六月三日、フランコ時代に体制を批判し「反逆罪」に問われ亡命したカルボ＝セレール(Rafael Calvo Serer、オプス・デイに所属する思想家、本章註29参照)が、帰国直後約二週間収監されるなど、スペインの民主化プロセス進展を疑わせるような事件も起こっていた。

4 まとめ

一連のスペイン民主化移行期において、米国の政府内外では、死刑執行、政治犯の捕囚・裁判、言論の自由などに関連した人権擁護がキーワードとなっていく。そしてこれらの問題解決のカギこそ国王なのである。

一九七五年、CSCEヘルシンキ会合後、九月末にスペインで執行された死刑に欧州各国は反発した。欧州はフランコ政権を糾弾するのみならず、スペインとの基地協定を改定しようとする米国にも圧力をかけた。ポスト・フランコ時代が垣間見られる時期になっても、スペインのNATO加盟を推進することは時期尚早であり、米西二国間の協定でさえ国際社会から糾弾されたのである。

一方でキッシンジャー国務長官は、共産党が権力を掌握したポルトガル革命後、反米・反駐留米軍のスペイン左派を信用せず、また保守派は未組織であったために、取りあえずフランコ政権下で基地協定を延長させ問題を先送りしようとした。しかしポスト・フランコ時代、反体制派が政権につけば、フランコ政権を支援した米国政府は窮地に立たされることとなる。米国内でも、政府外からは死刑執行やバスクの弾圧など人権を無視したフランコ政権を一層糾弾し、民主化支援を行うべしとの圧力が存在した。

結局、米国政府はスムーズな民主化推進のため、暫定的なスペイン政府ではなく国王に、具体的な支援ではなくモラルサポートを与えた。以後、スペインの欧州への統合、PCEの合法化、軍の近代化が二国間の懸案事項となる。フランコ亡き後のスペインは、米国と従属的ではない新たな関係を構築していくこととなるのである。

人権を無視した反対派の弾圧が行われたフランコ権威主義体制後、内戦で引き裂かれた国内の和解を通じスムーズな民主化を行い、フランコ体制支持の米国と反フランコの欧州の支持を同時に獲得するというウルトラCの即時解決法は、どこに存在するのか。一九世紀の国民国家形成時には、欧州諸国とは異なりスペインの王室は祖国統一の象徴となりえなかった(立石、二〇〇二年、二九頁)。しかし二〇世紀の国王は異なった。フランコ逝去直後はフランコの選んだ後継者として国民から疑念を持たれても、長期的には信頼を勝ち得ていくのであった。スペインが国内外で和解を行うための解決法は、ポルトガル革命から学び、フランコ政権

ンコ体制と反フランコ体制派の仲介者となり、中東・欧州・中南米・米国との絆を強化できる、思想の相違を超越し、国民の支持・尊敬を幅広く集めたファン・カルロス国王を中心とした民主化推進・外交政策策定にあった。

註

★1——(Stabler 1991); USEM, Telegram to SoS, 28/5/1975, Spain. Fol. "To SECSTATE-NODIS(1)", Box 12, NSA.PCF-EC, GFL.

★2——Ministerio de Asuntos Exteriores, Informe sobre la visita oficial a España del Secretario de Estado norteamericano, señor Kissinger, durante los días 18 y 19 de diciembre de 1973, 8/1/1974, Leg.25685, Caja11, AMAE.

★3——SoS, President Ford's visit to Madrid May 31-June 1 1975, n.d., RG59, Briefing Books, 1958-1976, E.5037, Box 217, NACP.

★4——SoS, Telegram to USEM, August 9, 1975, Fol. "Spain-State Department Telegrams from SECSTATE - NODIS", Box 12, NSA. PCF-EC; Memorandum of Conversation, 1/8/1975, "August 1, 1975- Ford, Kissinger, Spanish Prime Minister Arias, Foreign Minister Cortina", Box 14, NSA, Memoranda of Conversations, 1973-1977, GFL.

★5——USEM, Telegram to SoS, 27/6/1975, Fol. "Spain-State Department Telegrams to SECSTATE – EXDIS(1)", Box 12, NSA. PCF-EC, GFL.

★6——NSC, Memorandum for SoS, 2/7/1975, DDRS, アクセス 3/3/2010.

★7——The Acting Secretary's Principals' and Regionals' Staff Meeting, 9/7/1974, RG 59, Office of the Secretary of State, Transcripts of Secretary of State. Henry Kissinger's Staff Meetings 1973-1977, E. 5177, Box 4, NACP.

★8——アフリカ大陸のセウタは一四一五年ポルトガルが征服。一五八〇年ポルトガルはスペインに併合される。一六六八年ポルトガルは独立後にセウタをスペインへ割譲する。一方メリーリャは、一四九七年スペインに占領された。

★9——二〇〇二年七月、モロッコからわずか二〇〇mスペイン領セウタから八kmにある、スペインの領有する面積〇・一四平方kmの無人島をモロッコが占領した。

★10——一九六八年からアフリカ統一機構（OAU）内で議論されていたが、スペインは特に注視していなかった。一九七八年、アルジェリアなどがOAUでカナリア諸島の独立を擁護したために、問題となった。

★11——WH, Memorandum for the President, de Rostow al Presidente, 14/2/1967, DDRS, アクセス 30/6/2009.

★12——アルジェリアは、モロッコの実効支配に反対し独立を目指すポリサリオ戦線を支援し、その基地、難民キャンプが存在していた。

★13——WH, Memorandum of Conversation, 9/11/1974, RG 59, Records of HAK 1973-1977, E. 5403, Box21, NACP.

★14——この際具体的な役割は明確ではないが、前述のウォルターズもモロッコで暗躍し、プラドとの連絡に関与していた。DoS, Telecon, 1:07 p.m, 1:10 p.m., 4/11/1975, DNSA, アクセス 1/9/2009.

★15——WH, Memorandum of Conversation, 4/11/1975, NSA Memooranda of Conversations 1973-1977, Box 16, Fol.Nov.4, 1975-Ford, Kissinger, GFL.

★16——SoS, Telegram to USEM, 2/11/1975, Fol. "Spain.From SECSTATE-NO", Box 12, NSA. PCF-EC, GFL.

★17——NSC, Memorandum for Brent Scowcroft, 18/6/1976, Fol. "Outside the System chronological Files 6/7/76-6/30/76", Box 4, NSA. Outside the System-chronological Files 1974-1977, GFL.

★18——詳細は以下を参照。
Arthur A. Hartman, Briefing Memorandum to SoS, 18/5/1976; Memorandum for the President, de Henry A. Kissinger, n.d., RG59, Executive Secretariat Briefing books, 1958-1976, E. 5037, Box 241, NACP; DoS, Briefing Memorandum, 30/9/1976, Fol. "Spain (6)", Box 12, NSA. PCF-EC, GFL.

★19——同交渉の詳細に関しては、（Hosoda 2005）を参照。

★20——(Stabler 1991); USEM, Telegram to SoS, 26/5/1975, Fol. "Spain-State Department Telegrams: To SECSTATE-NODIS(1)", Box 12, NSA. PCF-EC, GFL.

★21——SoS, Telegram to USEM, 19/6/1975, Fol. "Spain-From SEC-NODIS", Box 12, NSA, PCF-EC, GFL.

★22——Entrevista sobre Convenios USA. 14/10/1975. Embajador USA, Leg.56/9, Box "Informe sobre los Convenio (*sic*) USA-España 1975", AAN.

★23——DoS, Vice President's Mission to Spain, November 1975, n.d., E.5037, Box 231, NACP.

★24——Ernest Lee, Memorandum to President Meany, 1/6/1976, Spain, 1971-1976, Collection RG18-010, Series 3, File 4/23, GMMA; DoS, Telcon, 4/6/1976, アクセス 1/9/2009, WH, Memorandum of Conversation, June 2, 1976, NSA. Memoranda of Conversations, Fol. "June 2, 1976-Ford-Kissinger", Box 19, GFL.

★25——Boggs, Letter to Ambassador Wells Stabler, 28/7/1976; Ambassador Wells Stabler, Letter to Boggs, 6/7/1976, Spain, 1971-1976, Collection RG18-010, Series 3, File 4/23, GMMA.

★26——George Meany, Letter to His Majesty Juan Carlos I, 19/11/1976, Spain, 1971-1976, Collection RG18-010, Series 3, File 4/23, GMMA.

★27——Movimiento Socialista de Cataluña (MSC)。後の再編カタルーニャ社会主義党 Partido Socialista de Cataluña-Reagrupamiento (PSC-R)。

★28——USEM, Telegram to DoS, 22/3/1976, 16/4/1976, Spain, 1971-1976, Collection RG18-010, Series 3, File 4/23, GMMA.

★29——Report, 26/8/1975, Spain, 1971-1976, Collection RG18-010, Series 3, File 4/23, GMMA. ペインは、POUMの亡命者、マウリンと親交を結んでいた。一九七五年六月十日には、左派・リベラルの圧力団体（The Fund for New Priorities in America）が議会において講演会を開催し、これにはペインなどの学者の他、モンデール議員（のちの副大統領）など上下院議員に加え、民主評議会の王党派カルボ＝セレールらが参加した（Chavkin 1976; Payne 1987:611）。カルボ＝セレールは一九六八年の大統領選の際にハンフリーの陣営を取材していたため同議員と親しくなった（Díaz y Meer 2010: 197）。

★30——USEM, Letter to Ernest Lee, 22/12/1975, Spain, 1971-1976, Collection RG18-010, Series 3, File 4/23, GMMA.

★31——USEM, Telegram to SoS, 20/9/1976, AAD, アクセス 1/9/2009.

★32——前述のように西独とも、民主化支援に関し緊密に情報交換を行っていた（例えばUSEM, Telegram to SoS, 2/4/1975, Fol. "Spain. To Sec-No(1)", Box 12, NSA, PCF-EC, GFL）。

★33——Political Adviser, Report to SoS, 5/8/1975, BSC.

★34——SoS, Telegram to USEM, 1/11/1975, Fol. "Spain-State Department Telegrams from SECSTATE-EXDIS", Box 12, NSA. PCF-EC, GFL.

★35——Ibid.

★36—Ibid.
★37—民主化後も特定の政党を支持する印象を与えないよう配慮しつつも、特にＰＳＯＥとの関係改善に留意していた(Eaton 1981: 26, 118; Eaton 1990)。
★38—USEM, Telegram to SoS, 21/11/1975, Leg. “Spain-State Department Telegrams to SECSTATE-EXDIS(2)”, Box 12, NSA. PCF-EC, GFL.
★39—SoS, Telegram to USEM, 1/11/1975, Fol. “Spain-State Department Telegrams from SECSTATE-EXDIS”, Box 12, NSA. PCF-EC, GFL.
★40—USEM, Telegram to SoS, 7/11/1975, Fol. “Spain-State Department Telegrams from SECSTATE-EXDIS(2)”, Box 12, NSA. PCF-EC, GFL.
★41—SoS, Telegram to USEM, 22/7/1974, AAD, アクセス 1/9/2009.
★42—USEM, Telegram to SoS, 1/8/1974, AAD, アクセス 1/9/2009.
★43—Clift, Memorandum to General Scowcroft, 27/10/1975, Fol. “Spain(2)”, Box 12, NSA. PCF-EC, GFL.
★44—DoS, Telecon, 12:20 p.m., 4/11/1975, DNSA, アクセス 1/9/2009.
★45—WH, Memorandum of Conversation, 27/10/1975, Fol. “November 13, 1975-Ford, Kissinger”, Box 16, NSA. Memos of Conversations 1973-1977, GFL.
★46—Telecon with Prince Juan Carlos and Kissinger, 20/11/1975, Collection: Kissinger Transcripts, FOIA, アクセス 1/9/2009.
★47—DoS, Vice President’s Mission to Spain, November 1975, n.d., E.5037, Box 231, NACP.
★48—プラドは皇太子の命により、ジスカール＝デスタン仏大統領とも会談し、葬儀ではなく戴冠式への出席の約束を取り付けた。仏大統領は新国王による特別待遇を要求し、朝食への招待を得た(Bardavío 1995: 217-219)。
★49—DoS, Vice President’s Mission to Spain, November 1975, n.d., E.5037, Box 231, NACP.
★50—Policy toward Spain, 21/11/1975, BSC; British Embassy in Washington, Letter to the President, December 22, 1975, DDRS, アクセス 29/1/2009; (Ziegler 1993:464).
★51—SoS, Telegram to USEM, 23/11/1975, Fol. “Spain-State Department Telegrams from SECSTATE – NODIS(2)”, Box 12, NSA. PCF-EC, GFL.

★52—‘Spain after Franco’. *The Washington Post*, 3/11/1975, p.A26.

★53—‘Stakes in Iberia’. *The Christian Science Monitor*, 28/11/1975, p.44.

★54—‘What kind of King in Spain?’, 21/11/1975, p.1,11; ‘Fresh Start for Spain’, 24/11/1975, p.44, *The Christian Science Monitor*.

★55—第二章参照。一九六九年に辞任後、前任者の死去により一九七五年六月再度任命された。

★56—USEM, Telegram to USEmbassy in London and to SoS, 12/12/1975, RG 59, Records of Henry Kissinger, 1973-1977, E. 5403, Box 15, NACP.

★57—Ginger, Henry. ‘Madrid Installs New Government’. *The New York Times*, 14/12/1975, p.11.

★58—Acoca, Miguel. ‘Spanish Rightists Hold Reins’. *The Washington Post*, 14/12/1975, p.A23.

★59—Mowrer, Richard. ‘A Moderate Post-Franco Cabinet’. *The Christian Science Monitor*, 15/12/1975, p.4.

★60—USEM, Telegram to the US Embassy in London and to SoS, 12/12/1975, RG 59, Records of Henry Kissinger, 1973-1977, E. 5403, Box 15, NACP.

★61—Mowrer, Richard. ‘A Moderate Post-Franco Cabinet’. *The Christian Science Monitor*, 15/12/1975, p.4.

★62—Currículum vitae of José María de Areilza, 20/5/1976, Fol. “CO 139:Spain 6/1/76-6/2/76,”Box 47, WHCF Subject Files, GFL.

★63—WH, Memorandum of Conversation, 16/12/1975, RG 59, Records of Henry Kissinger, 1973-1977, E. 5403, Box 23, NACP; SoS, Telegram to USEM, 18/12/1975, Fol. “Spain-State Department Telegrams from SECSTATE - NODIS”, Box 12, NSA. PCF-EC, GFL.

★64—WH, Memorandum of Conversation, 16/12/1975, RG 59, Records of Henry Kissinger, 1973-1977, E. 5403, Box 23, NACP.

★65—Setting, n.d., “Ford library Project File, RAC Program”, Box 6, Documents from the NSA, NSC Europe, Canada, & Ocean Affairs Staff files (11/ 2008 opening), GFL.

★66—USEM, Telegram to SoS, 20/12/1975, Fol. “Spain-State Department Telegrams to SECSTATE – NODIS(2)”, Box 12, NSA. PCF-EC, GFL.

★67—WH, Memorandum of Conversation, 16/12/1975, RG 59, Records of Henry Kissinger, 1973-1977, E. 5403, Box 23, NACP; SoS, Telegram to USEM, 18/12/1975, Fol. “Spain-State Department. Telegram from SECSTATE-NODIS”, Box

12, NSA. PCF-EC, GFL.

★68—United States. Congress. House. Committee on International Relations. Subcommittee on International Political and Military Affairs. (1976). *Treaty of Friendship and Cooperation with Spain. Participation by Italy in NATO: Hearings before the Subcommittee on International Political and Military Affairs of the Committee on International Relations, House of Representatives, 94th Congress 2nd Session, June 8 and 16, 1976*. Washington, D.C., U.S.G.P.O., p.56.

★69—SoS, Telegram to USEM, 18/12/1975, Fol. "Spain-State Department. Telegram from SECSTATE-NODIS", Box 12, NSA. PCF-EC, GFL. 第二の点に関しては、スタブラー大使はインタビューにおいて「ロタ基地より潜水艦を撤去すること」としている。Cf. (Stabler 1991).

★70—WH, Memorandum of Conversation, 16/12/1975, RG 59, Records of Henry Kissinger, 1973-1977, E. 5403, Box 23, NACP; SoS, Telegram to USEM, 18/12/1975, Fol. "Spain-State Department. Telegram from SECSTATE-NODIS", Box 12, NSA. PCF-EC, GFL.

★71—DoS, Briefing Memorandum, 14/1/1976, RG59, Records of Henry Kissinger, 1973-1977, E. 5403, Box 19,NACP.

★72—USEM, Telegram to SoS, 25/1/1976, DOS.

★73—DoS, Briefing Memorandum to SoS, 14/1/1976, RG 59, Records of Henry Kissinger, 1973-1977, E. 5403, Box 19, NACP.

★74—United States. Senate. Committee on Foreign Relations. (1976). *Spanish Base Treaty*, p.43.

★75—Acoca, Miguel. 'Spain Bolstered by Pact with U.S'. *The Washington Post*, 26/1/1976, p.A6.

★76—Ginger, Henry. 'Madrid, Hard-Pressed at Home, Seems Bolstered by U.S. Treaty'. *The New York Times*, 26/1/1976, p.2.

★77—'The Treaty with Spain'. *The New York Times*, 26/1/1976, p.22.

★78—'The Pact with Spain'. *The Christian Science Monitor*, 26/1/1976, p.28.

★79—'Kissinger, en Madrid'. *Pueblo*, 24/1/1976, p.1.

★80—Brent Scowcroft, Memorandum to President, 4/2/1976, Fol. "Spain (3)", Box 12, NSA. PCF-EC, GFL.

★81—DoS, Briefing Paper, n.d., Fol. "5/28/75-6/3/75-Europe-Briefing Book-European Papers", Box A5, NSA. Parallel File of Documents from Otherwise Unprocessed Parts of the Collection, GFL.

★82—その後の米国内の手続きについては、以下を参照。Library of Congress. *Treaties and Other International Agreements: The Role of the United States Senate. A Study Prepared for the Committee on Foreign Relations United States Senate.*

Washington, D.C.: U.S.G.P.O., 2001: pp.7-12.

★83—Brent Scowcroft and Max Friedersdorf, Recommended Telephone Call, 17/5/1976, Fol. "Countries-Spain", Box 7, Presidential Hand writing File, GFL.

★84—Brent Scowcroft, Recommended Telephone Call, 27/4/1976, Fol. "Spain (11)", Box 12, NSA, GFL.

★85—Brent Scowcroft, Memorandum to James Connor, 14/5/1976, Fol. "Countries-Spain", Box 7, Presidential Hand writing File, GFL.

★86—United States. Congress. Senate. Committee on Foreign Relations. (1976). *Treaty of Friendship and Cooperation With Spain. Report to Accompany Ex.E, 94-2.* Washington, D.C.: U.S.G.P.O., p.6.

★87—Rev. J. Bryan Hehir, Letter to Jacob Javits, 26/5/1976, Fol. "Spain 1974-1980", JJC-SBU.

★88—二章参照。

★89—James I. Loeb, Letter to Jacob Javits, 7/4/1976, Fol. "Spain 1974-1980", JJC-SUB.

★90—Pedro de Beitia, Letter to Jacob Javits, 11/5/1976, Fol. "Spain 1974-1980", JJC-SBU.

★91—United States. Senate. 1976. *Congressional Record.* vol.122, part 5 (Washington, D.C.: U.S.G.P.O.), pp.6174-6176; (Pell 1976); United States. Senate. Committee on Foreign Relations. (1976). *Spanish Base Treaty*, pp.20-23 and pp.43-45.

★92—(Stabler 1991); United States. Senate. Committee on Foreign Relations. (1976). *Spanish Base Treaty*, pp.20-23, pp.43-45.

★93—USEM, Telegram to U.S. Embassy in Tehran, 21/4/1976, Collection of the Hon.Carl Albert, Series Travel, Box 8, Folder 20, CA.

★94—United States. Congress. House and Senate. *Congressional Record.* vol. 122, part 25. Washington: U.S.G.P.O., 1976, p.33215.

★95—United States. Senate. *Congressional Record.* vol.122, part 20. Washington, D.C.: U.S.G.P.O., 1976, pp.25539-25540.

★96—Brent Scowcroft, Recommended telephone call, 27/4/1976, Fol. "Spain (11)", Box 12, NSA. PCF-EC, GFL.

★97—USEM, Telegram to SoS, 14/12/1976, Fol. "Spain-State Department Telegrams to SECSTATE – NODIS(3)", Box 12, NSA. PCF-EC, GFL.

★98—Henry A. Kissinger, Memorandum for the President, n.d., RG 59, Executive Secretariat Briefing books, 1958-1976, E. 5037, Box 241, NACP

★99—Arthur A. Hartman, Briefing Memorandum to SoS, 18/5/1976, RG59, Executive Secretariat Briefing books, 1958-1976, E. 5037, Box 241, NACP.

★100—DoS, memorandum of Conversation, 2/12/1975, DNSA, アクセス 15/2/2010.

★101—詳細は以下を参照。 DoS, Program for the State visit to the United States of their Majesties the King and Queen of Spain, 27/5/1976, Fol. “CO139: Spain 6/1/76-6/2/76”, Box 47, WHCF Subject File, GFL.

★102—Henry A. Kissinger, Memorandum for the President, n.d., RG 59, Executive Secretariat Briefing books, 1958-1976, E. 5037, Box 241, NACP, USEM, Telegram to SoS, 25/5/1976, Fol. “Spain-State Department. Telegrams to SECSTATE-NODIS (3)”, Box 12, NSA. PCF-EC, GFL; Telecon with Ambassador Stabler/ Secretary Kissinger at 9:56 p.m., 1/6/1976, Memo of conversation collection: International Agreements, DOS.

★103—第1章参照。

★104—WH, Memorandum of Conversation, 9/2/1976, Fol. “February 9, 1976-Ford, NATO Secretary General Luns”, Box 17, NSA, Memos of Convos 1973-1977; WH, Memorandum of Conversation, 2/6/1976, Fol. “June 2,1976-Ford, Kissinger, Spanish King Juan Carlos, Foreign Minister Areilza”, Box 19, NSA Memos of Convas.1973-1977, GFL.

★105—Brent Scowcroft, Recommended telephone call, 27/4/1976, Fol. “Spain (11)”, Box 12, NSA. PCF-EC, GFL; William Nicholson, Memorandum to Richard Cheney, 30/4/1976, Fol. “CO 139: 4/1/76-5/31/76”, Box 47, WHCF Subject File; Terry O’Donnel, Reciprocal Dinner hosted by the King and Queen of Spain, 3/6/1976, Fol. “CO 139: 4/1/76-5/31/76”, Box 47, WHCF Subject File, GFL; RG59, Executive Secretariat Briefing books, 1958-1976, Arthur A. Hartman, Briefing Memorandum to SoS, 18/5/1976, E. 5037, Box 241, NACP; (Areilza 1977: 196).

★106—Arthur A. Hartman, Briefing Memorandum to SoS, 18/5/1976, RG59, Executive Secretariat Briefing books, 1958-1976, E. 5037, Box 241, NACP.

★107—Henry A. Kissinger, n.d., RG.59, Executive Secretariat Briefing books, 1958-1976, E. 5037, Box 241, NACP.

★108—Fuente Lafuente, Ismael. ‘Los Reyes, en las Naciones Unidas’. *ABC*, 5/6/1976, pp.19-20; Valverde, Gustavo. ‘Don Juan Carlos se entrevista con personalidades norteamericanas’. *Ya*, 4/6/1976, pp.5-6.

★109—Carrascal, José María. ‘Balance de un viaje histórico’. *Pueblo*, 7/6/1976, p.2.

★110—Arthur A. Hartman, Briefing Memorandum to SoS, 18/5/1976, RG59, Executive Secretariat Briefing books, 1958-1976,

E. 5037, Box 241, NACP; Memorandum for the President, de Henry A. Kissinger, s/f, RG 59, Executive Secretariat Briefing books, 1958-1976, E. 5037, Box 241, NACP

★111—スピーチのスペイン語版は（Bardavío 1979: 195-204）を参照。

★112—Carrascal, José María. 'Una declaración de Estado'. *Pueblo*, 3/6/1976, p.3.

★113—Carrascal, José María. 'Otra batalla ganada'. *Pueblo*, 5/6/1976, p.3.

★114—Valverde, Gustavo. 'Don Juan Carlos se entrevista con personalidades norteamericanas". *Ya*, 4/6/1976, pp.5-6.

★115—Valverde, Gustavo. 'El Congreso norteamericano acoge con gran entusiasmo el discurso del rey'. *Ya*, 3/6/1976, pp.5-6.

★116—Carrascal, José María. 'Una declaración de Estado'. *Pueblo*, 3/6/1976, p.3.

★117—White House, Meeting with permanent representatives to the North Atlantic Council, 15/9/1976, DDRS, アクセス 1/3/2010.

第5章

欧州の集団安全保障へ　一九七〇年代後半〜一九八一年

前章では国王の下での民主化支援という観点から、一九七六年一月に署名された米西条約（米西協定を格上げ）について述べたが、以下では、欧州における集団安全保障という観点から同条約を見直す。また、国王というアクターに注目しつつ、NATO加盟議論、軍の近代化、共産党の合法化といった事項を分析する。これらにより、スペインのスアレス新政権、米国のカーター民主党政権への政権交代が、二国間関係にいかなる影響を与えたのか、スペインが欧州集団安全保障にいかに組み込まれていくのかを明らかにする。

1　米西条約締結

✣残された懸案事項

一九七六年一月二四日、キッシンジャー国務長官はモスクワ、ブリュッセルからの帰途スペインに立ち寄り、同条約に署名した。新条約には、ロタ基地の核搭載原子力潜水艦の撤退、スペイン基地の空中給油機一部撤退および一部サラゴサ基地への移動、核兵器・核材料のスペイン国内への持ち込み禁止、米軍による基地使用制限（領空通過はスペインへ通知後可能）が盛り込まれていた。

キッシンジャー国務長官はアレイルサ外相とともに署名後の記者会見に臨み、同条約が「スペインにとって重要なこの時期に、米国のモラルサポートの明確な証」となり、「二国間の歴史的絆の強化に資すること、西欧におけるスペインの役割を深化させることを望む」と述べた[★1]。また条約署名後キッシンジャー国務長官は、「両国の間には、重要な二国間懸案事項は存在しない」と表明していたが、米国側は、ヴェトナム戦争で米軍派遣に関する他国に対するコミットメントに敏感になった米国議会が条約を否決する可能性をスペインが懸念していると見た[★2]。

そして幾つかの課題が残される。第一に一九七三年のような中東紛争の場合、イスラエル支援に給油などのためスペインの基地・施設の使用権を米軍が有するか否かである。交渉でスペインは、米国によるNATO域外派遣時の軍事施設使用の制限を試みたが、米国は同国との「共通利益のある地域」を中東まで範囲拡大しようとした（Roldán 1998:47-48）。しかし結局条約に具体的な文言は盛り込まれなかったのである。記者会見でキッシンジャー国務長官は、本件はまだ議論に機が熟さぬ事項と述べた[★3]。

同様に同年の下院国際関係委員会においても、マックロスキー条約担当大使は、同条約が中東紛争の際の基地使用要件について規定しないこと、使用の場合はスペイン側の許可を必要とすると述べている[★4]。つまり米国政府はスペインおよび米国内に対し、同条約のモラルサポートを強調するに留まり、一九七三年からの懸案は曖昧なまま残されたのである。

第二に、新条約はスペインの西欧安全保障への貢献は認めつつも、同国内の内乱・地中海からの攻撃に対する米軍の出動は規定しなかった。すなわちマックロスキー大使によれば、米西新条約は「NATO加盟国間とのような相互防衛条約ではなく、それ以下である」が、「スペイン・NATO加盟国間のリンケージを強化することが期待される」ものであった[★5]。ただスペイン側も、相互防衛を約していない点は了解済みであった[★6]。

第三に、NATO加盟国は、同条約が非加盟国スペインに対する加盟国の軍事コミットメントの拡大となることを懸念した。キッシンジャー国務長官はスペインに対し、同条約の両国関係にとっての政治的重要性を強調していた。スペイン国内世論に訴えるには、スペイン・NATO間に何らかの具体的リンケージが必要だったためである。しかし一方で、対米国内・NATO加盟国向けには、同条約は北大西洋条約とは異なり米軍派遣が法的に義務付けられるものではない、とも強調していた[★7]。マックロスキー大使は、スペインへのコミットメントは存在しない旨、米国内(議会・世論)のみならずNATO加盟国も納得させなければならなかった。同条約は厳格に二国間のものであること、NATO加盟国の軍事コミットメントは無いこと、そして同条約がスペインの緩やかな民主化の支援に最良の方法であるとして、署名直前まで欧州諸国を訪問し、説得していたのである[★8]。

上記のような懸案事項にもかかわらず、スペイン世論は同条約が米国からのスペイン民主化支援を体現するとして称賛した。特に国王、アレイルサ外相、マスコミは、条約の署名は米国による新政府支持の表明と理解し、満足していた。そして国王・スペイン政府は、フランコ時代の片務協定とは異なる対等な二国間の条約が、米国の民主化支援獲得の証であると国民にアピールしたのである。ただし二国間の「リンケージ強化」については具体性に欠けていた。

一九七六年六月八日、米国下院の国際関係委員会における国防総省の証言によれば、米国にとってのスペイン基地の戦略的利点は以下のとおりであった。

① スペインは西地中海への海路を望み、

② スペインの北大西洋海岸はドーバー海峡の南アクセスに接し、欧州の中では東側諸国から適度に遠

距離に位置し、
③　カナリア諸島は、ペルシア湾由来のタンカーの経路を監視可能な海峡の大西洋側に位置し、
④　スペインの基地施設は、弾道間ミサイルを搭載した潜水艦、戦闘機、第六艦隊に兵站支援を提供可能であり、
⑤　スペインの土地と良好な気候は、訓練施設に不可欠[★9]である。

スペインは米国に対して交渉に有利な立場にあったはずが、条約署名を急いだため、大いに改善の余地があるものに署名してしまったのである。

✣欧州との協力

米西条約署名後の米国の次なる課題は、前述の第三点とも関係する、スペインのNATO加盟に対する欧州加盟国の支持取り付けであった。他の欧州の基地は、平時のオペレーションですでに飽和状態であり、経済的、軍事的、政治的に見てもスペインの基地からの移動は実現不可能であった[★10]。それ故、米国としてはスペイン基地を維持し、安定的な基地使用の確保のため同国のNATO加盟推進が必須であり、そのためには欧州諸国との協力が不可欠となった。

国務省は、スペインの穏健改革派政府が、左右両側からの批判にもかかわらず、国王の訪米によるポジティブな影響で活力を得、政治改革を成功裏に推進していると見た。それゆえ、民衆の支持を一層強固にするためには、「国王と改革派が、米国のみならず欧州の主な指導者らの承認と支援を獲得することも非常に重要」と分析した。

こうして六月末のプエルトリコG7サミットでも、米国は欧州の指導者とスペインの民主化について討議した。国王の訪米後スペインでは、フランコ政権下で形成された議会《コルテス》のもと、会合・集会法、政治結社法が

承認されるなど、政治改革の前進が見られると欧州諸国にアピールしたのである。ただし英国の政権党である労働党は、フランコおよび右派に対し反感を有している[★11]。また労働党は、スペインより先にポルトガルのECへの加盟を望み、仏はその逆であった[★12]。国務省は、欧州諸国の支援獲得に関するアレイルサ外相の楽観姿勢を憂慮していた[★13]。

欧州側はフランコ死後のスペイン民主化支持に異論はなかったものの、米国は北欧やオランダが、スペインのNATO加盟に難色を示す中、まず西独という加盟に柔軟な態度をとる国と接触したのである。七月二日、西独国防相のワシントン訪問の際、フォード大統領はスペインを可能な限り早急に欧州およびNATOと緊密に連結すべきとした。これに対し西独国防相は、すでにラムズフェルド国防長官と議論しスペインの重要性については合意済みであるものの、他の加盟国の反対のため早急な加盟は不可能とし、まずは二国間関係の強化を奨励した[★14]。

結局、米国はスペインの民主化、NATO加盟を急ぎつつも、欧州諸国と歩調を合わせた政策へと転換せざるをえなかった。しかし優先順位がそれぞれ異なる欧州諸国間の調整は容易ではなかった。

2 スアレス政権の登場

✣新首相と新外相

一九七六年六月の国王訪米後、七月三日に行われた国民運動の前事務局長スアレスの首相任命は、米国人のみならず、おおかたのスペイン人にとっても予想外の人選であった。スタブラー大使は、王宮府の知己より「新首相は大使の知人で、フランコ体制内の人物であり、大使のお気に召す人物であろう」と内々伝えられていた(Stabler 1991)。大使はすでにスアレスと接触していたのである。しかしながら、大使がフランコ体制の中で着眼したスアレス率いるスペイン政府は、皮肉にも民主党カーター政権との二国間関係を悪化させていく。スアレス首相は中南米やアラブの非同盟諸国――特にキューバとＰＬＯ――との関係を強化しようとするのである。

新外相にはバスク人、法学博士のオレッハが任命された(一九八〇年九月まで)。彼は一九五八年、外務省に首席で入省後、当時のカスティエーリャ外務大臣の下、大臣官房に勤務した。片務協定改定のため米国と「戦った」カスティエーリャ外相を上司として持ったことは、その後の彼の外交政策策定に大いに影響を及ぼす(Oreja 2011:40)。また彼は一九七一年、議会《コルテス》の議員に選出され、改革派グループ「タキトゥス」の一員でもあった。フランコ政権末期には情報・観光省次官を務めたが、一九七四年大臣のカバニーリャス(Pío Cabanillas)が報道規制の緩和を試み、フランコに解任されると共に辞表を提出した。後に父親の知己で同じくバスク出身のアレイルサ外相の下で外務次官を務め、オレッハは外交政策策定に活発に参加していた。局長と協議せず、部下の協力をほとんど必要としないトップダウン方式のアレイルサとは対照的に、外相就任時わずか四一歳であったオレッハは、毎日政治・経済関係の局長クラスと会合を持ち、彼らの意見を取りこんでいた。これは師であるカスティエーリャ元外相[★15]の手法でもあった(Durán-Loriga 1999:212-213; Oreja 2011:43)。

就任直後のオレッハに対するＣＩＡの評価は「アレイルサと同様、スペインのＥＣ加盟を支持し、国際的な知名度は前外相ほどではないが知識人で表現力があり、海洋法の専門家」というものであった[★16]。また翌一九七七年四月に、米国のマスメディアは「外交官、実業家、政治家」であり「活動的で有能な」外相であると評価している[★17]。米国での彼の評価はまずまずである。

内政・民主化問題・民主主義の定着で多忙なスアレス首相に代わり、この時期の外交政策は、オレッハ外相と国王が主となり策定されたと言って良い。スアレス首相は内政を外交に優先させたので、オレッハ外相は国際問題をフォローする国王に毎週謁見した(Powell 1996:247-249)。彼はカスティエーリャ外相に仕えた際、同外相からの命を受け当時の皇太子に対し三カ月に一度程度のブリーフィングを行っており、自らが外相就任後も王宮府の友人たちを通じ、国王に直接アクセスしていた(Oreja 2011:78)。

この時期、効果のあった王室外交の例を挙げてみよう。石油危機によって石油の備蓄量が史上最低レベルとなったとき、スペインでは経済相の懇願により、正規の外交ルートでは交渉に時間を要す石油の輸入を、国王が直接サウジの王室に依頼した。サウジ皇太子は「兄弟のファン・カルロス皇太子」に、ただちに必要量の石油を送った。また中南米諸国訪問時には国王は「四〇〇年間われらの王をお待ちしていた」と歓迎された。中南米におけるスペイン王室への敬愛が健在だったためである(Vilallonga 1993:233-239)。

こうして間もなく首相・外相間の対外政策に関する意識がすれ違い始める。当初スアレス首相同様、非同盟中立路線に賛同していたオレッハ外相は軌道を修正していく。スペインが再度欧州の一員として認知されることを目標に、片務的な米国依存の関係を、民主主義国間での多国間関係に代替されるべきとの考えに至ったのである。こうした態度は、大国一カ国への過度の依存を不適切と見なし、外交政策上の米国への依存度を低下させようとする試みだと米国側は認識する(Eaton 1981: 114)。

オレッハ外相と外務省は、一九七六年の米西条約に不満足であった(Powell 1996: 249-252)。同条約には前述のように、米軍がスペインへの攻撃に対するまたスペインの国内の治安のために米軍が出動する規定は欠如していた。北米・太平洋担当局長デュラン＝ロリーガは、実際はフランコの死後、有利な条件で条約署名が可能だったにもかかわらず、新政府が交渉を可能な限り迅速に終了させ、米国の支援獲得を国民に明示しようとの焦燥感から、このような不満足な結果を招いたと述べている(Durán-Loriga 1999: 219)。こうした状況下、オレッハ外相は、ほぼ無条件に米西関係の緊密化を望んだアリアス＝ナバーロ首相－アレイルサ外相時代のスペインとは異なる対米政策を模索していく。

❖NATO加盟の議論

民主化移行期のスペイン国内では、与野党でコンセンサスが得られぬ外交・軍事政策も存在した。国際的孤立から脱却すべく、共産主義国との国交樹立、人権・民主主義を擁護する国際機関、欧州の国際機関へ参加が必要という点では一致をみたが、西サハラ、中南米問題、そしてNATO加盟問題に関しては与野党内で意見の一致を見ることはなかったのである。そのため新政府は、NATO加盟などの外交・軍事問題には、内政の安定まであえて言及せぬようにした(Rodrigo 1995:81)。

国内のコンセンサスを得られぬ問題について、スペイン政府が大きな政治問題とならぬよう控えめに扱っていることは明白だった。米国はスペイン国民の中にはNATO加盟について賛否両論があることを認識しており、少なくとも最初の議会選挙で国民の支持を獲得するまで、スペインのNATO加盟を待つべきとの考えであった。国内の賛成派が「他の欧州勢力と、より緊密な関係を構築すれば、スペイン軍の政治的展望を近代化し、軍が現在内政へ向けるエネルギー・関心を吸収出来る」と考える一方、反米主義者、平和主義者、左派、右派の一部は、スペインが軍事的に自立し東西陣営の対立へ巻き込まれることを恐れて加盟に反対すると、米国は分析していた。

スペイン軍部内でもNATO加盟への賛同については温度差があった。近代兵器を有する海軍と空軍は概して欧州寄りであり、かつNATO枠組みの中で欧州防衛に効果的な貢献が可能と確信し加盟に賛同していた。しかしスペイン政治に最も強い影響力を有すると米国が考える陸軍は、共和国政府に対しフランコが反乱を起こした一九三六年七月一八日前後に入隊した将軍たちで構成されており、段階的な加盟には前向きではなかった[★18]。

またスペインの世論および政府内の大半は、必要な安全保障・軍事関係の支援は全て米西条約から得ているため、NATO加盟はEC加盟ほど喫緊事ではないと考えていた。一九八〇年代、スペインがEC加盟を目指すことは明白であったが、具体的な加盟へのロードマップは、欧州側による財政負担、農業産品問題などの障害も多く、明示されなかった。補助金・貿易などの観点からEC加盟による経済的利益は明らかだったが、NATO加盟のメリットは不明瞭であり、スペイン軍部の一部も前述のように、加盟後の東西二極からの独立性の維持に不安を抱いていた。さらに軍の装備をNATOレベルに引き上げる際の軍の近代化のコスト負担に加え、スペインの安全保障上、最大の懸案である北アフリカからの脅威に対して米軍の支援が得られないためである。

一九七六年八月、ヘイグNATOヨーロッパ連合軍司令官は、マヨルカ島のマリベン宮で避暑中の国王夫妻に約二五分謁見した。ニューヨーク・タイムズ紙およびスペインのエル・パイス紙によれば、会談の主なテーマは西地中海の安全保障であった。数日後、国王夫妻はマヨルカ島沖に停泊中の米国の第六艦隊空母ニミッツを訪問した。スペイン国家元首によるニミッツ訪問はもちろん、長時間にわたる軍艦の視察も初めてのことだった。スタブラー大使は、同訪問と会談の関連性を否定した[★19]。しかし、この場でNATO加盟に関する実質的な会話が交わされたとしても何ら不思議ではない。国王は前述のとおり政治問題を話題にする能力と権限があり、スペイン外務省とは異なる外交チャンネルとして機能していたためである。

一九七六年九月二一日、米西友好協力条約は発効した。翌一〇月には、米西条約で約された初の米西評議会が、外相および国務長官主催で開催された。国務省は他のテーマと共にスペイン・NATO関係についての説明資料を作成した。この会合は条約の下の協力関係を見直し、両国の相互興味分野での関係改善をめざすものであった。第一回目の議題は以下の通りであった。

① スペインとNATO

② 西サハラ
③ 漁業
④ 原子力艦艇の寄港
⑤ 教育と文化
⑥ 科学とテクノロジー
⑦ スペインにおけるラジオ・リバティー[★20]の送信所
⑧ スペインとの定期会合
⑨ スペインとの核協力

①について米国は、スペインのNATOにおけるポジションを説明、スペイン軍が果たしうる役割、将来の加盟までの道のりにつき一般的なガイドラインを示した[★21]。

NATO加盟に反対する一部のスペイン軍に対し、国務省はスペイン人の考え方にポジティブな影響を与えるべく、NATO内でのスペインの役割は、NATOのみならずスペインの特定の利益──「国家威信」「兵器供与」「地中海」──に資するものでなければならないとした[★22]。

「国家威信」に関する配慮とは、当時サハラに駐屯するスペインの軍人は軍部でも特にエリートとされプライドが高かったため、彼らのアフリカからの退却にはNATOのようなポジティブな未来が必要であると、アレイルサ外相は一九七五年一二月のキッシンジャー国務長官との会談において述べていた[★23]。国務省は、翌年、イベリア大西洋海域の海軍部隊(IBERLANT)のトップにスペイン人を配置することで「スペイン人のプライドを満たすことが可能」と考えた[★24]。

「近代兵器の供与」はスペインの強い関心事項であり、アリアス=ナバーロ前首相、国王は共に、米国にたびたび訴えてきた。米西協定が最初に署名された一九五三年以来、世界情勢は急激に変化したとスペインは考えていた。ソ連は軍事・技術力を増強して核爆弾を所有し、アルジェリア、モロッコを含むアフリカの植民地の多くが独立を果たした。内戦以前の非近代的な兵器しか所有していないスペイン軍にとって、これら新たな脅威を目前に、近代兵器の充実は喫緊の課題であったのである。

一九五〇年代から米国は、スペイン人が近代兵器使用の経験不足、使いこなす能力不足と考えていた。そのため、スペインのニーズを満足させる上でも、NATOとの武器共同製造など、幅広いネットワークの構築を優先し、そのことがより大きな利益をもたらす点を指摘しようとしたのである。これは軍幹部のみならず、スペイン産業界のリーダーたちにもアピールすると考えられた[★25]。

というのもスペインでは、内戦後のフランコ政権下、軍部は陸・海・空軍の三省に分割されていたため、統一的な軍事物資調達政策を策定することは不可能であった。フランコはようやく一九七二年、公営企業五社、民間企業七社からなる持ち株会社デフェックス（Defex, S.A.）を設立し、兵器生産を推進した（ステパン、一九八九年、一二〇頁）。そして民主化後も一九七〇年代後半まで、防衛省が主導する軍需産業政策は存在しなかったのである（Molas-Gallart 1992:95）。

ステパンは、多数の民間企業が参加する大規模な国産兵器の生産・輸出産業の育成により、市民社会内部に政治的な利害を共有する強力な支持層が育つとする。すると文民は兵器の輸入、開発、生産へ無関心ではなくなり、文民が無関心だから軍部が政治・予算を支配するという論理を正当化できなくなるとする（ステパン、一九八九年、二一八-二一九頁）。つまりスペインの場合、軍需産業の振興は軍部の支配存続のためではなく、輸出産業としてスペインの経済を安定させ、ひいては民主化を支えるものとなるのである。事実、石油危機、イラン・イラク戦争を背景に、安価でシンプルなスペインの武器は、イラン、イラク、ピノチェト独裁下のチリなど第三世界への輸出を伸ばしている（Molas-Gallart 1992:54）。

そして繰り返し述べるようにスペインの安全保障についての最大の関心事は「地中海」――北アフリカか

らの攻撃であった。一方で米国にとっての地中海とは、防共のための防波堤であった。一九七四年四月二五日のポルトガル革命後共産党が実権を掌握すると、米国はこれが欧州の中立化・米国との訣別への引き金となることを懸念した。従来ポルトガルの基地を使用していた米国にとり、同国政権の不安定さは、同じイベリア半島のスペインの欧州・地中海地域での安全保障への貢献（実際にはNATO域外の中東紛争時の基地使用権）を一層不可欠なものとしていた。この時期、キプロス紛争、西サハラ紛争、イタリア共産党の勢力増大など、地中海における不安要因が多発的に醸成されていたことも、地中海の共産化・東西陣営からの中立化の防波堤として、米国にとりスペインが不可欠な存在となった一因である。

いずれにせよ中東からの石油に依存するスペイン政府がイスラエル支援のための基地使用を拒否する可能性があり、基地使用権の確保が不安定となることを米国は恐れたのである。また他の場所への基地移動は、米軍のミッション遂行能力低下につながると査定されていた。そのため確実なアクセス権獲得には、スペインのNATO加盟の方が望ましかった［★26］。

❖軍の近代化

一九七六年秋の米国大統領選挙では、現職である共和党のフォード大統領が敗北し、翌年一月二〇日、民主党のカーターが大統領に就任した。フアン・カルロス支援を明確にしたフォード共和党政権の対スペイン政策は、カーター大統領にも引き継がれた。同政権に残された二国間の課題としては、①NATO加盟と軍の近代化、および、②PCEの合法化があった。

第一の課題に関して、フランコ死後も基地使用権の維持を望んだ米国が、NATO加盟に反対する左派政権成立前の加盟を急いだことは既に何度か触れたとおりである。

フランコ自身は軍事クーデタで権力の座に着いたが、スペイン軍は内戦終了後、非政治化していた。スペインでは治安関係の任務は内務省指揮下の治安警備隊によって担われており、ラテンアメリカの権威主義体制のように、軍隊が弾圧行為に直接関与することはなかった(シュミッター、オドンネル、一九八六年、八二－九〇頁)。また隣国ポルトガルでは軍部が政治に介入し、国力を消耗させる植民地独立戦争を継続させたのとは異なり、スペイン軍の政治介入度は全般に低かった(Lemus 2001:96-100)。

ただ一九七四年のポルトガル革命に刺激され、スペイン軍部の中にも少人数ではあるが民主化を求める組織(Unión Militar Democrática: UMD)が結成された。UMDは反フランコ勢力とコンタクトを取っており、西独のSPDから支援されていた。UMDはポルトガルで米国大使館とも接触しようとしたが、国務省は大使館の接触を許可しなかった[★27]。結局、UMDが民主化に果たした役割が公に認められるのは、二〇一〇年スペインでの彼らのメリット勲章の叙勲を待たねばならない。

フランコ体制では、第二次世界大戦後最初の内閣では軍人出身大臣が半数を占めたが、フランコ体制最後の三期の内閣では、それは陸・海・空軍大臣のみとなった。また、国家総予算の中に占める軍事予算の比率は一九四五～一九四六年の五四%から一九七二～一九七四年には二二～二四%へと低下し、軍隊の権限・規模の縮小は明らかだった(ステパン、一九八九年、一一五、一二〇、一五九頁)。

スペインの軍隊は外交分野で顕著な役割を果たすことはなかったが、当時の米西関係においては鍵となる存在だった。一九七六年、米国はスペイン国内のコンセンサス獲得に、政党のみならず、軍隊、教会、非合法労働組合などに対する配慮が重要であることに着目していた。そして当時、政治的には透明とされていた教会以上に、民主化移行期には軍隊が「抑止力」として重要な役割を果たすと考えた。ただし暴動や共産党の際立った政治活動の場合、そこに巻き込まれる可能性も排除できないが、基本的には、政治には直接関与せず、ファン・カルロス国王の指揮下、波風は立てないであろうと見なしていた[★28]。

米国の国防情報局は、スペイン軍部の中でフランコと同年代のベテラン将軍らが地中海方面防衛を重視しているのに比べ、海外経験を有する若年層はスペイン軍の装備近代化、その欧州水準への引き上げなどを懸案事項としていると分析した。また国王は、後者とは士官学校の時代の同僚であるが、軍部の保守派層および若年層双方にバランスよく接していると分析した[★29]。

スタブラー大使によれば、単なる名誉職ではない国王は、軍の近代化に関しても憂慮を示していたという。国王はすでに一九七六年六月、四〇年間存続したフランコ時代後にはベテランの将軍たちが軍の近代化の一番の障害であると述べていた。軍の上層部は自分の地位にこだわり、下部組織のリアクションを懸念して自らの軍隊への命令・指揮を恐れている[★30]ためである。国王は自分の意向を汲み取り近代化を理解する人物（グティエレス＝メリャード［Manuel Gutiérrez Mellado］およびアルバレス＝アレーナス［Félix Álvarez-Arenas］軍相）に言及しつつ、スペインの政治・社会を安定化するといった昔のメンタリティーの将軍たちを数年で入れ替え、軍を近代化する意向を明らかにしていた。そのため、特定はしなかったが実質的な米国の支援を望んだのである[★31]。

国王は一方で陸海空軍三つの士官学校で学んだ経験から、軍人のメンタリティーも十分理解していた。そのため改革に際しては、「緑の行進」の際、名誉ある撤退を行った軍に対し、新しい活躍の場を付与する必要性も実感していた。国王は、最終的には陸海空軍の三省の国防省としての統一、軍の文民統制を念頭に置きつつ、軍人の重視する名誉心についての配慮も怠らなかったのである。

こうした流れの末、一九七七年七月総選挙後の組閣で、米西協定交渉を担当し国王の信頼も厚かったグティエレス＝メリャード将軍が第一副首相兼国防相に任命された。彼は就任に当たって、三省統合によりＮＡＴＯ加盟国と類似のシステムがスペインに誕生したと述べるのである[★32]。ＮＡＴＯ水準への装備の整備は、軍部の視点が国内から対外防備に向けられ、文民とも、ＮＡＴＯ加盟という共通の目標を得られることとなる（ステパン、一九八九年、一二五頁）。

一九八〇年には、軍事法廷の裁判権が法律により大幅に削減され、文民最高裁判所に上訴する権限が確立された。さらに軍部を国内の治安や警察機能から遠ざけるべく、関係局に文民による局長を据えるなど文民統制が浸透していった（ステパン、一九八九年、一六〇頁）。最終的に総選挙によるPSOE政権成立直前の一九八二年五月、スペインは軍事機構を除くNATOに加盟する。国王と軍部との緊密なコンタクトが、NATO加盟ひいてはスムーズな民主化成功への一つの鍵であったといえる。

❖共産党の合法化

前述のように、キッシンジャー国務長官の最大関心事はスペイン総選挙前のPCE合法化の可能性であったが、この課題もカーター政権に引き継がれていた。

一九七四年のポルトガル革命では共産党に支持された軍部が勝利し、キッシンジャー国務長官は南欧における共産主義勢力拡大への懸念を一層強めていた。カルーチ駐ポルトガル米国大使によれば、キッシンジャーは社会党も共産党も同様に見なし、イベリア半島の政治情勢には不案内であったという（Stabler 1991）。またキッシンジャーはPCE合法化の最大の障害はスペイン軍部の反対とし、一九七七年の総選挙実施では民主化が急激過ぎると見ていた［★33］。それほど、キッシンジャーは左派に対して懐疑的であった。

しかし、ユーロコミュニズムを信奉するカリーリョ（Santiago Carrillo）書記長の率いるPCEは、ポルトガルや他の東側諸国の共産党とは明白に異なっていた。一九六八年のプラハ侵攻を非難して以来、ソ連と距離を置いていた同書記長は、「ソ連がチェコスロバキアに駐留する間は、米軍もスペインに駐留可能」とし、冷戦が存在する限り、という留保付きながら米軍の駐留を容認していた［★34］。またPCEは、民主化の波に乗り遅れぬよう総選挙前の合法化を目指し、右派の一部や王党派とも結び、民主評議会（Junta Democrática）を結成した［★35］。米国側でもCIAなどは、PCEが合法化されても逆に民主主義の原則に拘束され、その政治活動は制限されると見ていた[★36]。

フランコの死去前には、PCEのリーダーの一人が米側と接触を試み、「自分は(ポルトガル共産党の)クニャル(Álvaro Cunhal)とは異なる」と主張していた[★37]。一九七七年一一月、カリーリョ書記長はハーバード、イエール、ジョン・ホプキンズ大学などの招待で訪米し、ユーロコミュニズムをアピールした。ワシントンでの昼食会には、一九六〇年代国防副長官であったニッツェ、フォード大統領の補佐官だったソネンフェルドも参加した(Carrillo 1993:685-690)。このように、カリーリョはPCEの「安全性」を米国でアピールしたのである。

そして同時期、PSOEのゴンサレス書記長も訪米し、モンデール(Walter Mondale)副大統領、ヴァンス(Cyrus Vance)国務長官、ブレジンスキー(Zbigniew Brzezinski)大統領補佐官などと会見したが、その際にきっぱりとPSOEとPCEが統一戦線を再度組む可能性を否定している(Powell 2011a:479-480)。

一方でファン・カルロス国王は、皇太子時代からルーマニアのチャウシェスク(Nicolae Ceauşescu)大統領(共産党書記長)に特使を派遣し、PCEと接触するなど[★38]、非合法勢力との対話も積極的に行っていたが、それはスタブラー大使を通じ米国へ逐一報告されていた。

また一九七六年一二月、交代直前のキッシンジャー国務長官に、特使プラドから「共産党による政治プロセスへの公の参加は決して認めない」という国王のメッセージが伝えられていた[★39]。ただし実際には、ファン・カルロスは国王となった暁には他の政党と同様PCEも合法化する意図を有しており、PCE側からは、合法化されれば王政を認めるとの内諾を得ていたのである(Vilallonga 1993:105-108,124)。国王は間接的にPCEの合法化への道ならしをし、米国への根回しも行ったのである。

欧州勤務が長く、欧州の政治情勢に精通したスタブラー大使は、個人的に総選挙前の共産党合法化に賛同していた(Stabler 1991)。最終的にスアレス首相は、総選挙の二カ月前一九七七年四月九日、イースターの休暇中にPCEの合法化を発表する。新聞は休刊日であり、多くの閣僚はマドリッドを離れていた。海軍相は辞表を提出したものの、都市部では大きな暴動もなく合法化はスペイン国民に受け入れられた。こうしてPCEも参加する普通選挙が可能になったのである。

PCE合法化後の六月一五日、スペインでは四一年ぶりとなる総選挙が実施され、スアレス率いる小政党の連合であるUCDが勝利を収めた。内務省の統計によれば、七八・八%という高い投票率の下、UCDは下院（三五〇議席）で三四・四%の得票率となり、過半数に満たないものの全議席の四七%（一六六議席）を獲得することとなった。PSOEは一一八議席（得票率二九・三%）で野党第一党となった。PCEはわずか九・三%の得票率に留まり、獲得議席も一九議席であった。フラガ（以前はフランコ体制内の改革派であったが、皮肉にも今や体制の残党を率いる右派に位置づけられていた）の率いるAP（Alianza Popular 国民同盟）はこれより低く、得票率八・二%、一六議席であった。このAPは二〇一一年一一月から政権党のPPの前身である。

同年スペインはEC加盟を正式に申請し、またNATO加盟と同様の民主性の水準を条件として課す欧州評議会への加盟も可能となった。こうして英国もスペインでは民主主義諸国並みの人権尊重が認められるとした。EC加盟へ向けて、欧州諸国からの同意を取り付ける条件が整ったのである［★40］。

スペイン内戦では、反ファシズム戦線で共同して戦ったPCEとPSOEであったが、実は反目し合っていた。フランコ時代は国内ではPCEの地下活動、組織力がPSOEを凌駕していたこと、フランコ時代末期は別々の戦線をとっていたことは前述のとおりである。PCEは総選挙に参加すべく合法化に向けて王政を認めるなど「妥協」した。こうしてPCEは民主的に戦うことが可能となったのである。

column…3

スペイン民主化と米国の労働組合

フランコ時代には、反米感情を持つ左派勢力の拡大を懸念した米国政府が、基地の使用権・領空権確保のためにフランコ政権を擁護したのに対し、AFL－CIOはフランコ政権を「ファシスト」として非難していたため、両者に政策の連携は見られなかった。一九七五年からは、第三章で述べたようにスタブラー大使の下、労働アタッシェを通じ、米政府とAFL－CIOの関係が緊密化した。両者とも友好的な労使関係構築のために皇太子を擁立した民主化の必要性を認識したのである。

反共産党を形成した経緯のあるAFL－CIOのラヴストーンにとっては、共産党系の労働組合支援は論外であった。それればかりか、PSOE系のUGTへの支援までラヴストーンは疑問視したのである。

一方、AFL－CIO傘下のILGWU（国際婦人服工組合）は、バスクのFELAに三千ドル、PSOEの影響力の強いUGTに対抗する元ASO、当時PSC－Rのクイトへ、労働組合学校設立などを目的に一万ドルの支援活動を行った。AFL－CIOもスペインにおける労働教育の必要性は感じており、これに対する五万ドルの支援を会計に要請している［★41］。

UGT対抗勢力を支援するAFL－CIOの動きを見たUGT側は、米国に対する疑念を抱き続ける［★42］。これに対してスタブラー大使はUGT系団体の支持をAFL－CIOに要請し、一九七七年春、おそらく四月のUGT、CCOO、USO合法化後のレドンド（Nicolás Redondo）UGT書記長の訪米をもって、ようやく米国とUGTの「関係強化」が成るのである［★43］。

英国の労働党やTUCが、非公式ながらフランコ政権の垂直組合から共産党系のCCOOまで幅広く接触を保っていたのとは、米国の労働組合、AFL－CIOの対スペイン政策は対照的である。A

FL－CIOの中でも、特にAFLは「反コミュニスト・アプローチ」を、CIOやTUCは「社会民主主義アプローチ」あるいは「リベラル・アプローチ」を採っていた(本書五五頁参照)。国外勢力も、PCE、PSOEの対抗を煽るような支援を行っていたのである。

3　カーター政権とスペイン

✣スアレス首相のイメージ戦略

総選挙の結果を受けたカーター大統領は、スペイン・欧州間の一層緊密な関係強化を表明した[★44]。キッシンジャー前国務長官は一部の幹部の間で重要事項を決定し、重要情報を官僚と共有しない傾向があったため、カーター新政権の体制下では、大統領府と国務省の関係改善、国務省の発言力・影響力の増大も期待された[★45]。スタブラー大使を含むキャリア外交官たちは、新しい国務長官と一層緊密で協力的な関係の構築を切望していた。

ところがカーター政権始動後、米西の友好的な関係は徐々に陰りを見せ始める。それは主にスペイン側の態度の変化のためであった。フォード政権同様、カーター政権は総選挙前のPCE合法化には反対であるなど(Osorio 1980:280)対スペイン政策に大きな転換はなかった。一方のUCD新政権は、親米政策のフランコ政権期との「断絶」を明確に打ち出す必要性を感じていた。アレイルサ前外相のもとで外務次官を務めたオレッハ新外相は親欧州政策を採った。

一九七七年四月末、スアレス首相は訪米する。しかしこの訪問は準備段階から物議をかもした。六月まで訪問受け入れは不可能とのワシントンからの訓令を受けていたスタブラー大使の反対にもかかわらず、スアレス首相は四月の訪問を希望した。結局スペイン側は、在西米国大使館ではなく駐米スペイン大使を通じてワシントンと直接交渉し、訪米を実現させた[★46]。スペイン政府は、米国から支援を得ているスアレス首相というイメージ確保のために、総選挙前の訪米実行に固執したのである。

このとき、スアレス首相が英語を解さないことが両国関係に思いがけないマイナスをもたらした。スタブラー大使は、大西洋を横断して訪米するスアレス首相に、大統領との会談時間がわずか三〇分であることを知って驚愕し、新生民主主義スペインへの支援をアピールするためには、少なくとも食事会をオファーすべきだと進言した。一度は大統領府側も同意したものの、彼が英語を解さないと判明するや否やこれはキャンセルされた。四月二九日正午近く、ホワイトハウスを訪問したスアレス首相を歓迎する大統領主催の昼食会は開催されなかったのである[★47]。

会見において大統領は、スアレス首相と国王のリーダーシップを賞賛し、NATO加盟支援を表明したが、首脳会談の内容はもっぱら経済問題であった。カーター大統領は二国間貿易拡大に賛成したという。またエネルギー協力、安全保障問題に関しても意見交換が行われた[★48]。上院においては、ジャビッツ議員がスアレス首相を紹介して上院外交委員会の議員との会合が持たれたが、前年の国王訪米時のようなスピーチの機会は設定されなかった。

必ずしも好意に満ちた応対を得なかったスアレス首相であったが、かつて国営テレビの局長を務めた彼のマスコミ対策の手腕は万全であった。スペインの著名なジャーナリスト、アルメロは、首相の訪米が米国で新生スペインのイメージ形成に貢献し、米国は「流血なしにわずか何カ月で成し遂げた民主化を称賛している」(Armero 1989:65)と評価した。

アルメロの尽力で、米国のマスコミはスアレス首相の訪問とスペインの民主化進展に肯定的な記事を掲載した。例えばニューヨーク・タイムズ紙は、微笑するカーター大統領とスアレス首相の写真を一面に掲載し、大統領の「米国の期待以上に自由・民主主義への動きが加速している」との評価を掲載した[★49]。またニューヨーク・タイムズ紙の社説は、いまだにスペインの情勢は不安定としつつも、カーター大統領によってEC、NATO加盟への支持がなされたと報じた[★50]。

クリスチャン・サイエンス・モニター紙は、スアレス首相を「ラテン・ケネディ」と呼び、同訪問をスペインの内政、長期的には両国関係に影響を与えると評価している。つまり、カーター大統領との会談内容は一般的な話題にとどまったが、米国によるスペイン（スアレス首相と、国王の民主化政策）支援の印象は強調されたのである。こうして米国は、野党フラガのAP勢力に押され気味であった、国王の民主化計画に支持を与える形となった[★51]。

さらにスアレス首相訪米の一週間後、財務相が米国を訪れている。スペインは財政破綻の危機に直面していても、政治的な理由——民主化推進のための野党とのコンセンサスの必要性——があり、引き締め経済政策が不可能な状況にあった[★52]。スペインは米国から政治的モラルサポートを受けるのみならず、財界人・IMFから実質的な経済支援の獲得を目論んだのである。

一九七七年五月一一～一二日、ヴァンス国務長官は米西評議会出席のため、スペインを訪問した。同会合では、合同参謀本部のマドリッド設置に関し議論された[★53]。国王、スアレス首相、オレッハ外相との会談も実施され、首相との会談では予定時間を超過して、国際・二国間問題が話し合われた[★54]。エル・パイス紙によれば、ヴァンス国務長官は欧州・大西洋における両国間の関係強化を宣言したのである[★55]。ニューヨーク・タイムズ紙は、この訪問がスアレス首相の政治的イメージの強化に重要な役割を果たしたと報じた[★56]。

米西のシャトル外交は続いた。オレッハ外相はヴァンス国務長官と個人的な信頼関係を築いていた(Oreja 2011: 184)。ヴァンス国務長官の訪問直後の五月一七日、モンデール副大統領がポルトガルからスペインを訪問し、国王、スアレス首相らと会談した。ただし、この訪問はスタブラー大使へ事前協議もなく、前述のスアレス首相の米国訪問の際に決定されたものであった。スタブラー大使はカーター大統領が副大統領のスペイン訪問についてスアレス首相と話す予定であると突然通告された。大使は、ヴァンス国務長官に、首相の訪米の直後にまた副大統領を訪西させるのは、行き過ぎたオファーだと抗議し、ヴァンス国務長官もこれに同意したが、このときスアレス首相は既にカーター大統領の部屋に入り、大統領は首相に副大統領の訪西を告げてしまっていた(Stabler 1991)。

モンデール副大統領訪問に際し、スタブラー大使はワシントンに、共産党を除く、社会党を含む民主的な反対派政党すべてを大使館での副大統領歓迎レセプションに招待することを薦めた。しかしながらワシントン側は、「一部の指導者のみの招待は非民主的」という理由で、この提案を却下した(Stabler 1991; Stabler 1987: 196)。スペインでは、一連の訪問はカーター政権のスペイン民主主義支援への証として評価され報道されていたが[★57]、一方でワシントン側とスペイン大使館の政策の相違も明らかとなった。

スペイン政府は、カーター政権からのスペインの民主化プロセス支持の証として同訪問に期待した。そして思惑通り一連の訪問自体はもちろん、民主化プロセスに関するカーター大統領の発言、ワシントンでのスアレス首相に対する激励は、一般人には米国による民主化支援の証と映った。スペインの指導者たちは、次の選挙に立ち向かうスアレス首相の立場強化のため、これらを徹底的に国民にアピールするべく利用したのである。ただしアルメロは、モンデール副大統領がアルメロ自身のことを「ユーロコミュニズムの権威」とし、スアレス首相は中東問題に詳しいとしたため、事実に反する副大統領の知識は表層的なものだと考えていた(Armero 1989: 65)。また、エル・パイス紙が、マドリッドのバラハス空港での副大統領の演説の第一段落がヴァンス国務長官訪西と全く同じであったことを指摘[★58]するなど、このたびの訪問が性急に決定された準備不足のものであることを露呈していた。

こうした米国を利用した選挙活動が功を奏してか、一九七八年制定のスペイン憲法下、翌年三月第二回選挙が実施されると、UCDは再び勝利するのである。多様な小党の集合体で、明確なイデオロギーのないUCDは、マルクス主義を掲げるPSOEの危険性を強調して勝利し、議席数も維持した(UCD一六八議席、PSOE一二一議席)。

しかしスアレスは経済問題とテロ問題を前に、内政で苦戦を強いられる。第二次石油危機により経済状況が悪化し、特にPSOEの本拠地であり、工業化が進まないアンダルシーア州では、若年層の失業率が高まった。米国は、スペインの失業問題を解決するには、労働組合と政府間の関係が重要になるとし、共産党系のCCOOと社会労働党系のUGTの競合を注視していた。前述のように、フランコ体制下、非合法であった両者は異なった政策を取った。前者が体制の垂直組合に入りこみ勢力を拡大したのに対し、後者は国内外で非合法活動を行っていた。米国は民主化後のUGTの追い上げを観察していた。一九七八年の労働組合選挙では、CCOO四〇%、UGT三〇%の代表が選出されるにいたった。またモンクロア協定の成功も、CCOOとPCE、UGTとPSOEなど労働組合と政党の連携が強く、政党が協定に参加していたために可能となった。しかしながら、将来的にも両者の連携があるかは不明瞭であり、経済政策が幅広い労組の支援を獲得できるか米国は危惧していた[★59]。

column…4

米・バスク関係

フランコ政権下ではバスク・ナショナリストが弾圧されていたが、民主化後スペインでは地方自治問題が噴出していた。民族自決権を主張したPNV(バスク・ナショナリスト党)は一九七七年の総選挙で議席を獲得し、バスクの歴史的権利を主張し、一九七八年憲法の国民投票に対しては棄権を呼びかけていた。そしてバスク独立を主張するETAはテロ活動を活発化させた。こうした中スアレス首相は、国内で活発化するETAの軍人や警察に対するテロ活動に対し、有効な手段を取れずにいた。

二章で述べたように、第二次世界大戦以前から米国の一部は共産党に対抗しうる勢力としてバスクとの関係を維持していた。フォード政権期には、米政府はフランコ政権の人権弾圧を全く問題にせず、一部の民主党議員やAFL-CIOなどの労働組合、知識人が関心を寄せるのみであった。人権外交を標榜するカーター政権の次なる二国間懸案事項は、テロ・人権問題の絡むバスク問題であった。

バスク地方は、カタルーニャ地方と並んで自治意識が強く、民主化以降の総選挙でも第一党が絶対過半数を得られぬ場合、常にキャスティング・ボードを握ってきている。なお、外相を務めたカスティエーリャ、ロペス＝ブラボ、アレイルサ、オレッハの家系は奇しくもバスク出身である。

ここでは米バスク関係の一例として、米国労働組合を通じた繋がりと、アイダホ州選出の民主党上院議員、チャーチ（Frank Church）の訪西について触れたい。

内戦勃発後の一九三八年、バスク亡命政府の代表部はニューヨークに拠点を置いていた。西部ではカリフォルニア州在住が最も多く二万五千人、アイダホ州八千人、オレゴン・ネバダ・ユタあわせて四万人という統計がある。第二次世界大戦中、羊毛の戦争特需に対応するため、熟練した羊飼いであるフランコ・スペインからのバスク人、およびメキシコに亡命していたバスク人を動員の入国させる特別措置が取られ、一九五〇年代には北米のバスク人口は一〇万人というピークに達した（渡部2004:142-149）。

また社会主義運動と一線を画した一九一一年創設のバスクの労働組合ELA（Eusko Langille Alkartasuna-Solidaridad de Trabajadores Vascos）と米国のAFLとの関係は一九四〇年代にさかのぼる。一九四九年、WFTU（世界労連）を脱退したCIO、TUCはAFLと共に東側のWFTUに対抗する国際自由労連ICFTUを結成した。その際、スペインの亡命労働組合UGTとELAも参加した。AFLは一九五一年のUGT第四回亡命大会にアーヴィング・ブラウン（第二章参照）を送り［★60］、ELAは同年AFLのラヴストーンにストライキによる逮捕者の釈放金支援を要請するなどしている［★61］。

米国AFL－CIOは社会党系のUGT支援に疑問を抱いており、ラヴストーンの個人的な内戦の経験から、POUM元党員を支援するほか、バスクのELA、カタルーニャのPSCなど非社会党（非UGT）系への支援が民主化プロセスまで継続されたのである。

一九七〇年代においても、引き続きアイダホ、オレゴン、ネバダ州に集中して約一万から一万二千のバスク人が米国に居住しているとされた［★62］。

そのため、チャーチ民主党上院議員は［★63］、しばしば住民のスポークスマンとなり、フランコの死以前からバスクの人権擁護に関し憂慮していた［★64］。彼は人権擁護、特にバスク人への拷問に対しては、ポスト・フランコ時代も改善は遅々としていると米国内で訴え続けた。基本的人権をスペインの全ての国民に回復すべく、スアレス新政府が性急に行動をおこすことを望んだのである［★65］。

チャーチ議員はPNVからの招待で一九七八年初めスペインを訪問したが、上院でのパナマ運河に関する議論のため当初の予定のマドリッドではなく、バスク州から入国を余儀なくされた。そのためスアレス首相およびオレッハ外相は、彼が中央政府を軽視しているとして会見をボイコットした。スタブラー大使の事前確認にも拘わらず、外務省では彼を控え室で待たせた後、外相との約束は存在しないとして断ったのである。大使はチャーチ議員の面目を保つべく、「国王に近い、何時も必要時には直接アクセスできる人物」を通じて、国王謁見を急遽取り付けた。首相と外相は国王のこの対応に慌てる。国王謁見の後、大使は外相からの電話を受け外相宅での会見を取り付けた（Stabler 1991）。

ここでも「王室外交」による国王の活躍が見られる。チャーチ議員は、米国上院外交委員会の委員長となる重要人物であった。それゆえスアレス首相やオレッハ外相とは異なり、スタブラー大使とファン・カルロス国王は、後につなげる彼との長期的な関係維持を重視したのである。
このように、米国では様々なアクターがバスク地方との関係を維持していた。

❖スアレス外交の迷走[★66]

一九七七年にはCSCEの最終文書に関するフォローアップ会議がベオグラードで開かれ、スペインは東西両陣営の架け橋となった。一九八〇年九月からは、マドリッドにおいてフォローアップ会議が開催されることとなる。こうしてスペインは国際政治において積極的に活躍しようとする(Viñas 2002:203)。

しかし前述のような内政状況下、スアレスの外交政策は迷走する。一九七七年の選挙前には、米国からモラルサポートを得ていたスアレス首相であった。しかし米国の助言にもかかわらず彼は総選挙前にPCEを合法化した。またスアレス首相は、オレッハ外相の反対にもかかわらず一九七八年九月キューバのカストロ首相を訪問し、翌年にはマドリッド訪問中のPLOのアラファト(Yasser Arafat)議長との親交を強調した。こうして非同盟中立路線を強調したスアレス政権と米国との仲は冷却していった(Oreja 2011:332-333)。スペインの外交政策の東西両陣営どちらにも与しない中立化を米国が懸念していたならば、二国間関係の冷却化も当然の帰結である。

この時期米西両国間では、中東問題に関しても広く話し合われた。一九七八年一〇月のヴァンス－オレッハ会談では、国務長官から九月のキャンプ・デービッド合意に関してブリーフィングを行い、外相は国王自らの支援を含むスペインからの支援をオファーした[★67]。

一九七〇年代後半イランでは国内各地でデモ・暴動が起こっていたが一九七九年一月パフラヴィー

(Mohammad Reza Pahlavi) 国王の亡命直前、米国はF15戦闘機をサウジアラビアへ送る中継地としてトレホン基地の使用をスペイン政府に要請した。しかしスペイン政府はこれを許可せず、米国はポルトガルのアソーレス諸島のラジェス基地を使用せざるを得なかった。こうして米国は、中東紛争に欧州の基地の使用が拒否されることを一層懸念する。スペインのABC紙は、一九七三年の中東危機の際も欧州各国が基地の使用を拒否したことを引用し、イスラエル・湾岸地域の軍事危機に使用できるような基地を確保するべく、国防省がカーター政権に対してスペインとのみならず他の欧州諸国とも新しい合意を得るよう圧力をかけていると報じた[★68]。

スペイン憲法では、陸海空軍のアカデミーで学んだ国王は歴史的経緯から軍隊の統帥権も有することが規定されていた。また首相任命権も付与された国王は、単なる象徴ではなかった。一九七九年春スペインを含む欧州を訪問したマスキー (Edmund Muskie) 上院議員(翌年カーター政権下の国務長官)は、国王とも会見した。僅か十分の予定の会見は結局二時間にわたった。国王は彼に口を挟む余地を殆ど与えなかったが、彼の用意したテーマほとんどを網羅していたという。また首相および外相がアルジェリア訪問中であったため、マスキー議員は外相代理と第一副首相、更にスペイン中央銀行頭取と経済関係の大臣と会見した。彼の印象では、国王は右派および軍部に対して影響力があり、各政党も民主主義の維持と発展のために幅広く協力する用意がうかがえた。国王は、時期国務長官になるような重要人物との絆強化も入念に行ったのである。

この機会にも中東問題に関しては、スペインと中東の歴史的な特殊な関係からも、スペインの外相代理はカーター政権の中東イニシアティブへの支援を表明しつつも、国連決議のラインに沿った解決を望んだ。

さらに経済のテーマとしてスペイン側は、フランコ時代の独占企業形態から市場経済への移行、労働市場の柔軟化(単なる「職の保証人」であった企業において、柔軟な雇用・解雇が可能な立場へ改善)の必要性を認識していた。新たな投資を呼び込むためである。スペインはインフレも年率八%ほどに抑制しようと試みたが、インフレ抑制が不可能であれば、民主主義の保持も難しくなる。経済問題の解決が、民主化安定には必須であった。

マスキー議員は、軍部・保守派層からの脅威を受けるポルトガルとは異なりスペインの場合は、左派勢力により不安定要因が生じると見ていた。ただPSOEおよびPCEの連合により、四月の市町村選挙では左派が議席の七〇%を獲得したが、関係者からの感触ではPSOEも米国との関係改善を望むようで、国レベルでは同盟はありえないと予想した。そして共産党の勢力拡大よりもむしろ、テロ問題の方をスペインの喫緊の不安定要素だと見なしたのである[★69]。

一九七九年六月一日、ヴァンス国務長官はスペインを再訪する。その際、オレッハ外相との主要な議題は通商関係、そして一九八一年に期限切れとなる一九七六年条約の更新などであった。国務長官はオレッハ外相自身が賛成だと知りつつ、NATO加盟についても質したが、外相からは議会の審議前に野党の意見を聞く必要があると繰り返した。またNATO加盟に関する国民投票実施には、オレッハ外相は反対であった。

続くスアレス首相とヴァンス国務長官の会談では、マグレブ情勢、国交のないイスラエルとスペインの関係、米国の世界戦略の中のスペイン基地の使用、欧州戦略兵器削減交渉、ロタ基地からの米軍の原子力潜水艦撤退に関して話し合いが持たれた(Oreja 2011:318-319)。つまり二国間の話題は、地域の安全保障中心であった。

一九八〇年一月一四日、スアレス首相はホワイトハウスにてカーター大統領と会見し、同地でのランチ・ミーティングに出席した[★70]。首相はその席で、「米国はアラブ諸国と非同盟諸国との絆を一層強化すべき」ということを示唆したのである(Powell 2011a:521)。スアレス首相は、依然として米国の同盟国として友好的に振る舞うというよりは、自らの信念をアピールしていたのである。

同年六月にはカーター大統領が訪西したが、その際にゴンサレス書記長との会見も計画された。オレッハ外相は、スペインの民主化に貢献したスタブラー大使[★71]の後任、駐西トドマン米国大使(Terence Todman 任一九七八〜一九八三年）に対してこれを思いとどまるよう、再三要請した。スアレス首相は、大統領とゴンサレスの会見によるゴンサレスのイメージ向上を恐れたのである（Powell 2011a:541）。米国は、一九七九年にはすでにPSOEにも次第にNATO加盟への姿勢の変化が観察できると見ていた［★72］。米国は明らかにポスト・スアレス時代を見越して準備を行っていたのである。

一九八一年九月期限の米西条約の交渉もペンディングであった。ここでオレッハ外相は、「スペインは米国による安全保障の傘下になく、基地の使用を譲渡している唯一の重要国」であると危惧していた。一方、マドリッドでは一九八〇〜一九八三年、CSCE会議が開催される予定であり、スペインのNATO加盟への布石が打たれていた（Oreja 2011:412-415）。しかしUCDの党内分裂の危機に巻き込まれオレッハ外相は辞任を余儀なくされ、九月のCSCE会議開催直前にペレス＝リョルカ（Pedro Pérez-Llorca）外相へ交代した。

UCD政権下では、スペインのNATO加盟も一九八二年まで待たねばならなかった。元フランコ派に加えキリスト教民主主義、社会民主主義など、イデオロギーも様々な小政党の寄せ集めであるUCDは、憲法制定のため野党との協力を得る必要があり内政を優先し、外交に関しては野党のみならず党内のコンセンサスを獲得しなければならず、積極的な外交政策の実施は不可能であったためである。

✤クーデタ未遂

スペインでは石油危機を発端とする不況、失業増大およびそれへの効果的な対応が不可能であることにより経済危機は更に増大した。また、ETAによるテロの頻発、PSOEの不信任案決議提出、UCD党内の分裂の危機が追い打ちをかけ、スアレスは一九八一年辞任を表明する。同じ年に大統領・首相職からそれぞれ退いたカーター大統領とスアレス首相を比較し、両者とも「エスタブリッシュメントの中の革新派」とする見方もある（Powell 2011a: 552）。スアレス首相と、パナマ運河返還、イラン大使館人質事件など、中南米と中東、人権を主張したカーター大統領は、双方とも国政の中の傍流であり、内政・外交問題に関しても類似の懸念が存在していたのであろう。しかしこの二人のリーダーの下で、二国間関係は決して改善されたとは言えなかった。

一九八一年二月二三日、その後任のカルボ＝ソテーロ(Leopoldo Calvo-Sotelo)首相信任のため国会に参集していた閣僚、議員を狙って、テヘロ(Antonio Tejero)中佐と治安警察が全閣僚を人質として下院を占拠するクーデタ未遂事件(23-F)が起こった。スペインの民主主義存続が試されるのである。テヘロ中佐は各地の軍に蜂起を呼び掛け、国王に対しても支持を求めるが、国王の毅然とした民主主義擁護の姿勢で事件は一日で収束した。憲法上国王に付与された軍の統帥権が、プラスに働いたのである。これにより国王のリーダーシップが国内外で認められ、国内でもNATO加盟支持の機運が高まった。

しかし同事件は米西関係に影を投げかけた。議会の占拠直後に共和党レーガン政権のヘイグ国務長官は、これはスペインの国内問題であると発言したために、スペイン国内では米国のクーデタ関与が疑われた。トドマン大使はスペイン国内の反米感情を鎮静化すべく、米国のスペインの民主化支持をプレスにアピールした。またスペイン外務省側の懇願も受けて、ヘイグ国務長官の訪西を実施させ、民主化支援・NATO加盟支援を強調しなければならなかった。

野党のゴンサレスPSOE書記長は、当初米国の関与疑惑および民主化を擁護しないヘイグ国務長官の発言を批判していたがそれも次第にトーンダウンさせていった[★73]。次の政権を担うであろう者として、米国との不必要な摩擦を回避しようとしたのであろう。

ゴンサレス書記長と懇意の間柄のブラント(Willy Brandt)西独前首相(SPD)は、自分が今与党ならばNATO加盟には賛成だが、スペインのEC加盟はNATO加盟に先だって行われるべきとした。またブラントは、スペイン国内でもPSOEは未だにNATO加盟には反対であるものの、ゴンサレス書記長は態度を軟化させ、今は国民投票を要求しないと見た[★74]。

この時期は米西条約の改定時期でもあり、NATO加盟申請に適切な時期であった。サラゴサ郊外のバルデナス・レアレス演習地では、欧州における米空軍による陸空演習七〇%、空中演習の半数がここで行われたが、米軍のみならずNATO他国の演習も見られた。スペイン側としては、フランコ時代のような基地＝軍事・経済援助、つまり安全保障の規定はなく基地の使用権の代償としての援助、という図式を改める時期に来たと感じていた(Powell 2011a:529-540)。

一九八一年一一月上院では、賛成一〇六に対し反対は六〇の大差で加盟は承認され、二日後ペレス＝リョルカ外相はNATO事務局長に加盟を申請した(Viñas 2002:205)。翌年五月スペインは軍事機構を除くNATOに加盟し、二カ月後、米西条約を改定した。同条約ではスペイン領土の非核化、核兵器・核物質搭載機の領空飛行禁止など領海・領空内での米軍のオペレーション規制、非通常兵器とその部品の保管・設置禁止、基地におけるスペインの完全な主権行使が約された。

カルボ＝ソテーロ首相は、それまでのEC交渉担当大臣という履歴からも、スペインの欧州への「復帰」を切望しており、野党PCE・PSOEとの外交コンセンサス——一九七六年の米西条約受け入れの代償として政府はNATO加盟の方は提案しない——を終了させたのである。

米国とは対極的に、フランコ政権を非難していた欧州は、ECはもちろんNATOへの加盟を好感することはなかった。中でも英国はジブラルタル問題とはリンクさせずに、最終的にはスペインのNATO加盟に賛成するとしつつも、その加盟が他のNATO加盟国へのさらなる負担となり、スペイン国内では軍事費の増加は国家予算ひいては経済回復にマイナスの影響を与えると見なしていた。ただしスペインの加盟は、南欧の問題を解決はしないまでも、スペインの基地は有用であり、分裂する東地中海に対し心理的には均衡するだろうと分析したのである[★75]。

4 まとめ

前章でみたように、スペインでは一九七〇年代権力の空白期に、ファン・カルロスというスペイン統合の象徴が出現した。一九七五年の緑の行進事件によってフランコが機能しないその時、スペイン軍部は新たなリーダーの存在を確認した。また同事件によりファン・カルロスは対外的にもリーダーシップを認知されるようになった。その他にもこの時期、スアレス首相、オレッハ外相、ゴンサレスPSOE書記長など、それぞれ強い信念、個性を有する人々が目立った。

ポスト・フランコ時代は、スアレス首相が民主化移行期の内政に関して政党内・政党間のコンセンサスを重視したため、憲法によって国王の権力に縛りがない時期は特に、外交は王宮府を中心に行われたのである。さらに憲法施行後も、一九八一年の23-Fクーデタ未遂事件に見られたように、非常事態における国王の断固とした民主主義擁護の姿勢、軍から共産党まで従えるリーダーシップは、国内外での彼の名声を一層確立した。国王は、欧州・中東諸国とは王室外交を展開し、中南米では「われらの王」と尊敬され、米国では短期的な不安定政権を超越した安定的なカウンターパートとして望まれていたのである。王室外交の他、米国が地方政府、労働組合など様々なチャンネルを通じてスペインの情報を得、民主化支援を行うことは、時としてスペイン中央政府との摩擦を生じさせるものの、多様性の尊重、幅広い情報網形成という意味では有効であった。

米国は、民主化まではフランコ政権下での基地使用権確保——特に中東への兵站基地として——を最大の目標としていたが、フランコの逝去後NATO加盟承認を欧州に急がせた。むしろ、欧州諸国の方が加盟に慎重な姿勢を取っていたのである。しかし、カーター政権とスアレス政権の折り合いは良くなかった。共産党のみならず左派政党に嫌悪の念を示すキッシンジャーが政権から退出したとき、二国間の問題は思想の対立ではなかった。米国は、共同で欧州の安全保障を描いていける政権をスペインに求めたのである。

それゆえに、非同盟諸国に接近するスアレス政権は米国としては厄介な存在であった。そのためＮＡＴＯ加盟などの際に欧州との意見調整に苦労した米国が、フランコ政権から派生したが非同盟諸国へ秋波を送るスアレス－ＵＣＤではなく、ＮＡＴＯ加盟に反対する左派のＰＳＯＥの中でも、仏のミッテラン（François Mitterrand）、西独のブラント、シュミット、スウェーデンのパルメ（Olof Palme）ら欧州の政治家との絆を有するゴンサレスに賭けたのも不思議ではない。しかもゴンサレスは、一九七七年一一月の訪米時に、ＰＳＯＥとＰＣＥが再度統一戦線を張る可能性を否定している。

一九八一年のクーデタ未遂事件後、米国はスペインのＮＡＴＯ加盟を一層加速させようとし、左派政権成立後も基地使用権が継続して確保できるよう画策したのである。翌年ＮＡＴＯ加盟を遂げたスペインは、ようやく名実共に欧州安全保障の一翼を担うことになった。

註

★1—USEM, Telegram to SoS, 25/1/1976, DOS.

★2—HAK, Memorandum for the President, n.d., RG 59, Executive secretariat Briefing Books, 1958-1976, E.5037, Box 241, NACP.

★3—USEM, Telegram to SoS, 25/1/1976, DOS.

★4—United States. Congress. House. Committee on International Relations. Subcommittee on International Political and Military Affairs. (1976). *Treaty of Friendship and Cooperation with Spain*, p.53; Library of Congress. (1977), *United States*

Military Installations and Objectives in the Mediterranean. Washington, D.C.: U.S.G.P.O., p.20.

★5—United States. House of Representatives. Committee on International Relations. (1976). *To Implement the Treaty of Friendship and Cooperation between the United States and Spain: Markup Sessions, 94th Congress 2nd Session on S.3557, July 29 and August 4, 1976*. Washington, D.C.: U.S.G.P.O., p.7.

★6—ペル議員が国王、アリアス＝ナバーロ首相、アレイルサ外相、フラガ副首相と会見し確認した。United States. Senate. Committee on Foreign Relations. (1976). *Spanish Base Treaty*, p.21.

★7—SoS, Telegram to All NATO Capitals, 28/1/1976, DoS.

★8—McCloskey, Telegram to SoS, (1976). 22/1/1976, Fol. "Spain-State Department; Telegram to SECSTATE-NODIS (3)", NSA. PCF-EC, GFL.

★9—前述（第二章）のように、米軍はリビア革命後に同地の基地から撤退以来、サラゴサに訓練基地を置いていた。

★10—United States. Congress. House. Committee on International Relations. Subcommittee on International Political and Military Affairs. (1976). *Treaty of Friendship and Cooperation with Spain*, pp.4-6.

★11—DoS, Briefing Paper, 25/6/1976, RG 59, Records of Henry Kissinger, 1973-1977, E. 5403, Box 13, and DoS, Briefing Paper, 27-28/6/1976, RG 59, Records of Henry Kissinger, 1973-1977, E. 5403, Box 17, NACP.

★12—WH, Memorandum of Conversation, 8/12/1976, RG 59, Records of Henry Kissinger, 1973-1977, E. 5403, Box 19, NACP.

★13—James G. Lowenstein, Briefing Memorandum to DoS, 14/1/1976, RG 59, Records of Henry Kissinger, 1973-1977, E. 5403, Box 19, NACP.

★14—WH, Memorandum of Conversation, 2/7/1976, Fol. "July 2, 1976-Ford, Rumsfeld, FRG Defense Minister Georg Leber", Box 13, NSA. Memoranda of Conversations, GFL.

★15—第二章参照。

★16—CIA. *European Brief CI EB 74-106.4*, n.d , DDRS, アクセス 1/9/2009

★17—Currículum vitae of Marcelino Oreja Aguirre, 20/4/1977, Fol. "Spain 1974-1980", JJC-SBU.

★18—DoS, Briefing Memorandum to SoS, 30/9/1976, Fol. "Spain (6)", Box 12, NSA. PCF-EC, GFL.

★19—Rodríguez, J.A., 'El Rey se entrevista con el comandante de las fuerzas USA en Europa'. *El País*, 14/8/1976; 'Los Reyes visitaron un portaaviones norteamericano'. *El País*, 20/8/1976; 'Estados Unidos apoya la política del rey y a su Gobierno'. *El País*, 21/8/1976; 'Haig Talks With Juan Carlos', *The New York Times*, 14/8/1976, p.6.

★20—カタルーニャの海岸に設置され、一九五九年よりロシア、ベラルーシ、ウクライナ語で放送が開始された。Radio Riberty Fact Sheet, 1/7/1965, Box 53, DUKE.

★21—DoS, Meeting of US-Spanish Council, 30/9/1976, Fol. "Spain (6)", Box 12, NSA. PCF-EC, GFL.

★22—Ibid.

★23—WH, Memorandum of Conversation, 16/12/1975, RG 59, Records of Henry Kissinger, 1973-1977, E. 5403, Box 23, NACP.

★24—DoS, Briefing Memorandum to SoS, 30/9/1976, Fol. "Spain (6)", Box 12, NSA. PCF-EC, GFL.

★25—Ibid.

★26—Subcommittee on Europe and the Middle East of the Committee on Foreign Affairs U.S. House of Representatives by the Foreign Affairs and National Defense division Congressional Research Service Library of Congress (1979). *Issues in United States Relations with Spain and Portugal. Report prepared for the Subcommittee on Europe and the Middle East of the Committee on Foreign Affairs*. Washington, D.C., U.S.G.P.O.

★27—U.S.Embassy in Portugal, Telegram to SoS, 11/3/1976; p.9-10. 7/5/1976, AAD, アクセス 25/1/2012. SoS, Telegram to U.S.Embassy in Portugal, 16/3/1976, AAD. その他、ＵＭＤ創設メンバーの著書(Busquets 1999)などを参照。

★28—Defense Intelligence Agency, Intelligence Appraisal: Spain in Transition, 2/4/1976, Fol. "Dale Van Atta Papers", Box 15, Intelligence Documents, GFL; The Military in Spanish Politics, 9/3/1976, Fol. "Ford Library Project File, RAC Program", Box 6, Documents From NSA: NSC Europe, Canada & Ocean Affairs Staff files (11/2008 opening), GFL.

★29—Defense Intelligence Agency, Intelligence Appraisal: Spain in Transition, 2/4/1976, Fol. "Dale Van Atta Papers", Box 15, Intelligence Documents, GFL; The Military in Spanish Politics, 9/3/1976, Fol. "Ford Library Project File, RAC Program", Box 6, Documents From NSA: NSC Europe, Canada & Ocean Affairs Staff files(11/2008 opening), GFL.

★30—USEM, Telegram to SoS, 14/12/1976, Fol. "Spain-State Department Telegrams to SECSTATE – NODIS(3)", Box 12, NSA. PCF-EC, GFL.

★31—National Securty Council, Memorandum for Brent Scowcroft, 18/6/1976, Fol. "Outside the System chronological Files

6/7/76-6/30/76", Box 4, NSA. Outside the System-chronological Files 1974-1977, GFL.

★32—'La estructuración de la Defensa se asemeja a la de los países de la OTAN'. *ABC*, 6/7/1977, p.44.

★33—WH, Memorandum of Conversation, 24/5/1976, DNSA, アクセス 1/9/2009.

★34—U.S.Embassy in Paris, Telegram to SoS, 11/7/1975, AAD, アクセス 28/6/2009.

★35—これに対抗して翌年ＰＳＯＥを中心に「民主勢力結集綱領」が結成されたが、三カ月後の九月（すなわちフランコの死の一カ月前）には共同宣言が出された。

★36—CIA, The Spanish Communist Party in post-Franco politics, January 1976, Fol. "Ford Library Project File, RAC Program", Box 6, Documents from NSA: NSC Europe, Canada & Ocean Affairs Staff files (11/2008 opening), GFL.

★37—WH, Memorandum of Conversation, 24/9/1975, DNSA, アクセス 1/9/2009.

★38—ルーマニア・スペイン間の国交開設に関しても話し合われた。USEM, Telegram to SoS, 22/12/1976, Fol. "Spain: to Sec-NODIS(3)", Box 12, NSA. PCF-EC, GFL.

★39—DoS, Memorandum of Conversation, 2/12/1976, DNSA, アクセス 1/9/2009.

★40—FO, Telegram to UKEM, 14/6/1979, FCO 49/852, TNA.

★41—Charles Ford, Letter to A. Cuito, 17/9/1976, Spain, 1976-1978, Collection RG18-004, Series 2, File 35/1; Ernest Lee, Memorandum to Lane Kirkland, 2/8/1976, Spain, 1962-1965 & 1976-1979, Collection RG1-038, Series 4, Sub-series 2, File 66/25, GMMA.

★42—USEM, Telegram to SoS, 16/11/1976, AAD, アクセス 1/9/2009.

★43—Manuel Simon and Nicolás Redondo, Letter to George Meany, 25/5/1977, Spain, 1976-1978, Collection RG18-004, Series 2, File 35/1, GMMA.

★44—'President Carter Interviewed by European Newspapers Journalists'. *The Department of State Bulletin* vol. LXXVI, no.1979 (1977): 534.

★45—Southerland, Daniel. 'Vance style vs. Kissinger style'. *The Christian Science Monitor*, 26/1/1977, p.3.

★46—DoS, Memorandum for Dr. Zbigniew Brzezinski, 15/2/1977, DDRS, アクセス 25/1/2010.

★47—(Stabler 1987:196-197); "Jimmy Carter Presidential Daily Diary Year of 1977", JCL, http://www.jimmycarterlibrary.org/documents/diary/1977/d042977t.pdf, アクセス 1/9/2004

★48—'Carter, Meeting Suarez, Hails Move to Democracy'. *The Washington Post*, 30/4/1977, p.A2.

★49—Hovey, Graham. 'Carter, Meeting Spaniard, Lauds Democratic Moves'. *The New York Times*, 30/4/1977, p.6.

★50—'Spain and the Lure of Democracy'. *The New York Times*, 28/4/1977, p.A28.

★51—Gandelman, Joe. 'Spain Sends Premier to Reinforce U.S. Ties'. *The Christian Science Monitor*, 29/4/1977, p.3.

★52—Department of Transport, Memorandum for Secretary Blumenthal, 24/3/1977, DDRS, アクセス 25/1/2010.

★53—'Fortalecidas las relaciones entre España y los Estados Unidos'. *El País*, 13/5/1977.

★54—'Secretary Vance Attends Spanish-U.S. Council Meeting at Madrid and Cento Council of Ministers Meeting at Tehran'. *The Department of State Bulletin* vol. LXXVI, no.1980 (1977): 610-612.

★55—'Fortalecidas las relaciones entre España y los Estados Unidos'. *El País*, 13/5/1977.

★56—Markham, James M. 'Vance Meets with Spanish Officials'. *The New York Times*, 13/5/1977, p.A2.

★57—Yuste, Juan G. 'El martes llega a España Mondale, que ayer anunció su gira europea'. *El País*, 15/5/1977.

★58—De la Cuadra, Bonifacio. 'Mondale confirma el apoyo de Washington al proceso democratizador español'. *El País*, 18/5/1977.

★59—Subcommittee on Europe and the Middle East of the Committee on Foreign Affairs U.S. House of Representatives by the Foreign Affairs and National Defense division Congressional Research Service Library of Congress (1979). *Issues in United States Relations with Spain and Portugal*, pp.21-22.

★60—Pascual Tomás, Letter to Jay Lovestone, 11/4/1951, Spain, 1951 - 1955, Collection RG18-003, Series 1, File 60/12, GMMA.

★61—Ruiz de Ercilla, Letter to Jay Lovestone, 2/5/1951, Spain, 1951 - 1955, Collection RG18-003, Series 1, File 60/12, GMMA.

★62—United States. Congress. House and Senate. *Congressional Record*. vol. 121, part 25. Washington: U.S.G.P.O., 1975, p.32979.

★63—外交政策に関しては、ジョンソン政権とは一線を画し、ヴェトナム戦争に反対した。ニクソン政権時代は、その国防・外交政策に疑問を呈し、西欧における米軍の削減を要請した。一九七五年には、CIA、FBIやその他の機関の不正調査委員会を率い、CIAが世界の指導者の暗殺、チリのアジェンデ(Salvador Allende)大統領に対するクーデタに関与していたことを発表した。一九七六年には、民主党の大統領候補の予備選に立候補、最終的にカーターに譲った。そのためカーター政権前半には、外交政策に関する大統領の相談役の一人となった。

（Schoenbaum 1979:125-127）.

★64—United States. Congress. House and Senate. *Congressional Record*. vol. 123, part 6. Washington, D.C.: U.S.G.P.O., 1977, p.7572.

★65—United States. Congress. House and Senate. *Congressional Record*. vol. 123, part 19. Washington, D.C.: U.S.G.P.O., 1977, p.19164.

★66—この時代の米西関係の詳細に関しては、オレッハ外相の私的文書、当時のスペイン側関係者とのインタビューを駆使した（Powell 2011a）を参照。

★67—DoS, Memorandum for the President, 4/10/1978, DDRS, アクセス 24/12/2008.

★68—Carascal, José María. 'Los F-15 U.S.A. no podrán aterrizar en Torrejón', *ABC*, 14/1/1979, p.1.

★69—Edmund S. Muskie, Memorandum to President, 8/5/1979, DDRS, アクセス 24/12/2008.

★70—Jimmy Carter Library. http://www.jimmycarterlibrary.gov/documents/diary/1980/d011480t.pdf, アクセス 1/9/2009.

★71—国務省との官僚的なやり取り、国防省やＣＩＡとのやり取りに疲弊し、六〇歳になる彼は早期退職を申し出た（Stabler 1991）。

★72—Subcommittee on Europe and the Middle East of the Committee on Foreign Affairs U.S. House of Representatives by the Foreign Affairs and National Defense division Congressional Research Service Library of Congress (1979). *Issues in United States Relations with Spain and Portugal*, p.25.

★73—USEM, Telegram to SoS, 18/3/1981, FOIA, アクセス 21/1/2008.

★74—SoS, Telegram to US Embassy in Bonn, 9/10/1981, FOIA, アクセス 1/12/2010.

★75—FO, Telegram to UKEM, 14/6/1979, FCO 49/852, TNA.

第6章 国際社会への積極的貢献 一九八〇年代

一九五三年以来、米西関係にかかわる米国の最重要課題は、スペインの基地使用権の確保であった。それゆえポスト・フランコには保守派およびファン・カルロス国王を中心とした親米的な政権樹立を望んだ。しかし前章で述べたように、スアレス首相はフランコ政権出自の政治家でありながら非同盟諸国運動に共鳴した。実際、政権離脱後の一九八六年選挙でも、スアレスは「ＰＣＥと同様」、米国との二国間条約の即時廃棄を主張したほどである。スアレスの外交政策は社会党的・左派的であり、さらにその経済政策は「共産党と同様」、国家の介入を望んでいるように米国には映った[★1]。一方、ＰＳＯＥのゴンサレス書記長は、かねてから共産党とは異なる路線を採ることを明言していた。

こうした状況を背景にして、米国はＮＡＴＯ加盟や駐留米軍に反対する左派勢力が政権を奪取する前にスペインをＮＡＴＯに加盟させ、一九七六年の米西条約を改定するべく尽力したのである。米国はこうした左派的で、非同盟中立に与するスアレスの外交政策の将来を憂いていた。

それでは一九八二年一〇月、左派勢力ＰＳＯＥが政権の座に就くと、両国関係はいかなる展開をみせるのであろうか。本章では、ＵＣＤ前政権が悪化させた米西関係をＰＳＯＥのゴンサレス首相がどのように修復し、更にはスペイン国内の世論をまとめつつ、国際社会での発言権を獲得していったのかを明らかにする。

1 PSOEゴンサレス書記長の国際的コネクション[★2]

❖PSOEとイデオロギー

一九五一年、社会主義インターナショナルに加盟したPSOEは、非合法時代から国際組織において他国の政治家との人脈を拡大していた。スペインには社会党系政党としてPSOEの他に、大学教授ティエルノ(第二章を参照)を党首とし、後にPSOE政権下の外相となるモランも参加する、マルクス主義を標榜するPSI(Partido Socialista del Interior, 一九七四年よりPSP:Partido Socialista Popular)が存在した。PSPは、ポルトガル社会党のソアレスおよびSPDとの絆を強めていた[★3]。最終的に一九七八年、PSPはPSOEに吸収される。

PSOEは、フランコ政権時代、仏の亡命PSOEと国内の改革PSOE(非合法)とに分裂していた。第二章でも述べたように、リョピスを中心とする亡命PSOEはスペインの現実から遊離していた。欧州社会党の亡命PSOEへの支援も形骸化し、スペインの現実を理解する改革PSOE・UGTとの繋がりを密にしていた英国労働党の支援もあり、最終的に一九七四年一月、社会主義インターナショナルにおいて、国内の改革PSOEがスペイン唯一の代表として認められる(Muñoz 2007: 267; Ortuño 1996:292)。

同年フランスでのPSOE党大会において、当時三二歳のゴンサレスが書記長に選出されると、両者の分裂は収斂に向かった。彼はスペイン南部の現アンダルシーア州セビーリャの出身であった。アンダルシーアは、歴史的に大土地所有制が存在し、カシキスモ(序章参照)の温床であった。

内戦後のアウタルキーア時代には農業優位の構造から大土地所有制が一層強化され、一九六〇年代の経済成長期にも工業化から取り残された。彼は、そのような時代にセビーリャ大学で法学を修め、労働法を専門とする弁護士事務所を開設することで、労働者（特に農民）の状況を熟知することになったのである。同州は民主化後、マドリッド政府から地域格差是正や地域開発のための資金援助を、EUから欧州地域開発援助金などの補助金を得ていた。そのため、PSOE政権下では日雇い農民のための失業補助金は、政治的クライエンテリズム（恩顧関係）や新たなカシキスモの温床となったとする見方も存在する（岡住、二〇〇二年、二五四−二五六、二六七頁）。

一九七六年一二月、未だ非合法のPSOEは、二七回目となる党大会をマドリッドにおいて——国内では実に一九三二年以来初となる——開催し、ブラント前西独首相、パルメ前スウェーデン首相、クライスキー墺首相（Bruno Kreisky）ら欧州の重要政治家が参加した。ここでPSOEは、フランコ時代に非民主的に結ばれた米国との関係を批判し、スペインは米ソ二極体制から独立的であるべきだと宣言した（Viñas 2002:207）。

ブラントは、当時の社会主義インターナショナルの議長（一九七六〜一九九二年）でもあった。彼のもと社会主義インターナショナルは、非政府組織との連帯拡大、市民レベル参加、国際組織の強化といった国家以外の諸要素の発展・拡大を目指し、途上国の貧困問題も課題としていた（津崎、二〇一一年）。一九七八年から同副議長を務めていたゴンサレス書記長は、以後も社会主義インターナショナルにおいて欧米諸国の社会党、スペインが未だ国交を持たないイスラエル労働党党首シモン・ペレス（Shimon Peres）、ヴェネズエラ社会党アンドレス＝ペレス（Carlos Andrés Pérez）首相らと交友を深めるのである。

ゴンサレス書記長は、反核運動で国際的に主導的な立場あったパルメ前首相の主張する、西側思想からの「アクティブな中立」を目標にしていた（Palomares 2005:242）。すなわち、「欧州、リベラリズム、フリーメイソン、共産党」を敵とみなし、「スペインは違う」「敵は外にあり」といったモットーを掲げたフランコ時代とは決別し、国際的な孤立から脱して政教分離・多様性を認める民主主義機関への参加、つまり欧州を目指そうとしたのである(Iglesias 2003:798)。言い換えれば、一九七六年からの民主化プロセスにおいて、ゴンサレスは民主・社会主義による欧州構築を重視し、米ソ二極の対立とは距離を置いて、スペインが第三世界への橋渡し役となることを考えていた(Ortuño 2005:162)。

PSOEは一九七九年に結党一〇〇周年を迎えた。同年の第二回総選挙でマルクス主義の危険性を選挙民に強調したUCDに敗退したゴンサレス書記長は、政治生命を賭け、党綱領からマルクス主義の教条を外すと主張し、それがかなわぬ場合はPSOE書記長職を辞任すると公言した。労働者に重点を置く伝統的なイデオロギー政党から脱皮し、中間層、浮動票をとりこもうとしたのである。党大会ではゴンサレスが敗北し一旦は書記長を辞任する。しかし彼に代わる候補の擁立は不可能で、決定は臨時党大会に持ち込まれた。最終的にはゴンサレスが勝利し再選され、彼のカリスマ性が証明されることとなった。

米国との安全保障関係はすでにスペインにとって必要不可欠なものとなっており、ゴンサレスもそれに気付き始めていた。彼個人は、国際情勢の中でのスペインの立ち位置を考えることが出来たのに対し、当時のPSOEは、スペイン外交が中立の伝統を破ってしまう点、国際舞台での自主独立外交を喪失するという点から、NATOへの加盟に反対していた。PSOEは非合法の活動期間が長く政権の座に就いた経験がなく、社会主義インターナショナル以外の国際的なつながりを持たないため、国内政策については現実策を掲げたものの、対外政策に関してはイデオロギー色の強い視点から逃れられなかったのである(Rodrigo 1995:94-95)。NATO加盟に関する議論は、スペイン国内ではイデオロギー論争と捉えられており、NATO加盟に反対するものが左派、という図式が形成されていた(Viñas 2002:208)。

フランコ死後、政情の安定しないスペインで基地使用の安定的確保をめざすためには、スペインのNAT

O加盟が必須、というのが米国の基本的な考え方であり、左派政党が政権を握る前のスペインのNATO加盟に米国が相当な外交的努力を払ったことは既に述べた通りである。そのNATO加盟を「野党と協議する」としたスペイン政府の言を受け、野党からの反対を恐れたヘイグ国務長官は焦り、加盟に反対するPSOEに対してSPDを通じた説得まで考慮した。

米国は、オランダ、デンマーク、ノルウェーの社会党がPSOEの態度を配慮してスペインのNATO加盟に慎重な姿勢を取ることを懸念し、五月のNATO首脳会談でこれらの国々の説得を試みた。依然として忠実な同盟国であるスペインのために、米国は心理的、物質的支援を行う必要があり、そのための最良の策は、スペインの、欧州経済・政治・軍事機関への加盟支援だと考えられたのである[★4]。

前章で述べたように最終的にスペインは、一九八二年五月UCD政権下でNATO加盟を果たした。PSOEはその直後、一〇月の総選挙に向けて、「変革のために(Por el cambio)」をスローガンに、「軍事機構への参加阻止」、「加盟の是非を問う国民投票実施」を公約とした。ゴンサレスは「NATO脱退」を公約としなかったのである。最終的にPSOEは、SPDからの選挙活動支援やUCD党内の分裂にも助けられ、右派の約二倍の票を得て政権の座を勝ち取った。

しかし新首相は国民投票の即時実施を回避した。当時のスペインの世論は、冷静な国際状況判断が可能なレベルにまで成熟しておらず、首相は国民説得の困難さを認識していた。また、ゴンサレスは、スペインが欧州構築プロセスに積極的に関わるべきと感じ、外交政策の中心を欧州に向けようと試みていた。NATO加盟がその入口であり、避けて通れぬことは明らかであった。

❖PSOEの内部分裂

PSOE政権内はNATO残留問題をめぐって二分されていた。一つはゴンサレス首相、国防大臣、経済大臣のグループであり、EC加盟を第一義に考慮し、そのためにはNATO残留も容認していた。

他方、PSOEの大部分を占めるゲーラ(Alfonso Guerra)副首相、モラン外相を中心とする派閥は、EC加盟に関心は示す一方、EC加盟とNATO残留の間の有機的なつながりを理解できない、イデオロギー色の強い一派であった(Rodrigo 1995:97)。この中には、当時文化相であり、後にNATO事務局長となるソラーナ(Javier Solana)前EU共通外交・安全保障政策上級代表も含まれていた。

一九八二年一一月三〇日の所信表明演説で、ゴンサレス首相はスペインが国際社会において、「平等な立場で」、「積極的に」世界の平和・デタントに貢献する外交政策の実施を表明した(Viñas 1996:262)。フランコ時代の負のイメージを清算し、自由で民主的なスペインが新たに国際社会の中で積極的に活動するという、独自の立ち位置の確保を公約したのである。

これを受けて外務省内には、国際問題・安全保障・軍縮局が創設された。一九八二年当時、フランコ時代に活躍した外交官は大部分は海外ポストに配転となったが、まだ省内には残留しており、新外相は彼らと共存しつつ、新たな外交政策を実施するという難題に直面することになる(Viñas 1996:264-265)。

ゴンサレス首相が首相府から外交政策を操ろうとした理由には、反NATOのモラン外相の存在以外にこうした背景もあったと考えられる。首相は同年、首相府の中に国際関係局を創設し、外交官出身で、PSOEの非合法時代からの朋友ヤニェス(Juan Antonio Yáñez-Barnuevo)を外交に関する首相補佐官に指名した。こうして、とりわけ一九八五年半ばから首相府を中心とする外交の傾向が強化された(Viñas 1996:275)。

中米和平に関しては、ゴンサレス首相は一九七八年から社会主義インターナショナルの副議長として、SPDとも協力しつつ国連の枠組みの中で主導権を握っていた。当時社会主義インターナショナルは、西独を中心に中米へ影響力を拡大すべく活動を行っていた。米国もまた、中米でのパブリック・ディプロマシー展開のために、キリスト教民主インターナショナル、社会主義インターナショナルとの対話の他にも、ヴェネズエラ、西独・西などへ協力を求めようとしていた[★5]。ゴンサレス個人は、スペインという国家とは別に米・EC・中米との仲介役たりえたのである（Blázquez 2006:234）。一九九一年には、ブッシュ（George H. W. Bush）大統領もゴンサレス首相の中南米での特別な立ち位置を評価している[★6]。

PSOE内部でNATO残留反対の立場に固執する派閥が存在する一方で、一九八三年以降、ゴンサレス首相はコール（Helmut Kohl）西独首相、クラクシ（Bettino Craxi）伊首相などの西欧の首脳との絆を強化していった（Rodrigo 1995:97）。スペインはECに未加盟で、欧州の中でも経済的に立ち遅れ、そのことが政府を不安定化する要因のひとつとなっていた。そのためPSOEは、欧州コンプレックスを解消して経済再建を行うべく、さらにCAP（共通農業政策）の中の農業指導保証基金など農業、地域振興のための補助金を得る必要性からECへの加盟を熱望した。PSOEの地盤であり、ゴンサレス首相、ゲーラ副首相の出身であるスペイン南部アンダルシーア州は工業化度が低く若年失業率が高かったことから、EC加盟から恩恵を受けうる後進農業地域であった。

当時のEC加盟一〇カ国のうち、NATOに未加盟であるのはアイルランドのみであった。「欧州クラブ」に入会するには、NATO加盟はほとんど必須条件といえた。そのためPSOEは近隣諸国との関係改善にも尽力する。NATO残留が必須であることを確信したゴンサレス首相は、「欧州クラブ」の正式な一員となり、米国との二国間安全保障のみに頼らざるを得ない現状から離れて多国間の枠組みに加わる必要性を認識した。軍の近代化・民主化、民主主義基盤の強化といった面からもNATO加盟は必須であったし、さらに西独からの圧力も存在した。

経済の悪化に対してPSOEは労働市場改革、ネオ・リベラリズム型の経済構造調整で対応しようとし、政策的には保守政党と見まがう様相を呈してくる。反面、EC加盟後、経済状況が好転しても労働組合への見返りはなく、政党の支持母体であるUGTとの関係は一九八〇年代後半から悪化してゆく。

一九八三年六月の訪米に際して、ゴンサレス首相はレーガン大統領に「非常にプラスの印象」を与えていた[★7]。同年一〇月、国務省は「NATO残留へスペイン世論を誘導できる唯一のリーダーは、フェリーペ・ゴンサレス」と見ていた[★8]。ポスト・フランコのスペインで対米関係を任せられるリーダーは、フランコ政権出身、右派のフラガではなかったのである。

第二章で述べたように、フラガは一九六〇年代にフランコ政権下で観光情報大臣を務め、カスティエーリャ外相と共にスペイン外交の自主独立を目指し、ポスト・フランコ時代に入ってもアリアス＝ナバーロ政権下で副首相を務めていた。彼は一九七六年九月よりロペス・ロド元外相、シルバ＝ムニョスら、フランコ時代の保守勢力を集めて翌年にはAP第一回党大会を開催した。フランコ時代は合法的には共産党も社会党も存在せず、体制内で革新的であった彼も、時代の流れと共に左派勢力の拡大から相対的に保守派となっていたのである。

一方、元PSP出身でNATO加盟に反対していたモラン外相は中規模国スペインの強みとして、大国の有せぬ柔軟性、および西欧・地中海・中南米地域への影響力を挙げ、民主主義国、新生スペインの「自主独立外交」の拡大の必要性を主張していた(Morán 1984)。一九六〇年代に活躍したカスティエーリャ外相に仕えた彼は、その思想の影響を強く受けていた(Powell 1996:244)。

こうした彼の全方位外交、特に欧州――仏に向いた外交政策のため、駐西大使のエンダーズ(Thomas Enders 任期一九八三年八月～一九八六年七月)[★9]をはじめ、米国諜報機関など多方面からモラン降ろしの圧力がかけられる。それは一九八三年秋～一九八四年初夏にピークを迎え、内閣改造の噂が流れたことから一九八五年春には沈静化する(Viñas 1996:276; Morán 1990:248-257)。

この時期、米国はNATO残留に反対するモラン外相の説得を試みている。一九八四年、彼がすでにNATO残留へ傾いていると見ていた米国は、シュルツ(George Schulz)国務長官が訪西する際の会見を説得に良い機会と見ていた［★10］。こうした幾度かの機会を経たモラン外相は、ついに「スペインはNATOに残留すべきだが、軍事機構には加盟しない」という結論に達するのである（Powell 2011a:604）。

一九八四年一〇月、ゴンサレスは議会において、スペインの平和・安全保障政策に関するいわゆる「一〇カ条（decálogo）」を発表し、政府としてスペイン国土の非核化、駐留米軍の段階的縮小などに言及しつつも、NATO残留を前提としたNATOの軍事機構非加盟を主張した［★11］。ゴンサレスは年末の党大会でもNATOへの残留と計画経済的アプローチの破棄を表明し、九五％の賛同を得た［★12］。これによりゴンサレス首相は党内をまとめて一層保守的政策を指向するようになる。

この時期、中距離核戦力の一環としてソ連が配備した可動式地上発射型ミサイルSS‐20が西欧諸国にとって深刻な脅威としてクローズアップされていた。これに対抗する米国がパーシングII中距離巡航ミサイルの西欧配備を推進しようとし、西独を中心とする欧州内で激しい反対運動を引き起こした。ゴンサレス首相は党内の反対を押し切って、西独の中距離核戦力配備に賛同した。

新保守主義政権のキリスト教民主同盟（CDU）のコール西独首相は、欧州の安全保障にはスペインが不可欠であることを認識しており、スペインのNATO残留を支持していた。コールとゴンサレスは協調関係を結んだのである（Palomares 2005:299）。西独のSPDとは社会主義インターナショナルで良好な関係を築いていたゴンサレス首相であったが、CDUのコール首相とも、イデオロギーの相違を越えて友情関係を構築していく。

カーター政権期の在イラン米国大使館占拠事件、ソ連のアフガニスタン侵攻のあった一九七九年から一九八五年までの新冷戦期。そして一九八一年には軍事費増大を主張し対ソ強硬政策をとる共和党のレーガンが政権の座に就く。ゴンサレス首相は、こうした国際関係・米国の軍備増強・発展を敏感に察知しつつ、対米交渉を進めていった。

2 NATO残留とEC加盟[★13]

❖国家主権の回復

PSOE政権下のスペインが公約に従って国民投票を行い、NATO残留を確実にするために、米国はスペイン国内のみならず欧州諸国も説得しなければならなかった。当初、米国はEC加盟支援とNATO関係の事項をリンケージさせた交渉を行うことはなかったが、一方でスペインのEC加盟遅滞が、スペインの軍事機構を含むNATO完全加盟を遅滞させるというネガティブな影響を懸念していた[★14]。そうした懸念を払拭し、スペインの民主主義をゆるぎないものにするためには、米国はEC内部の問題には不干渉との立場を維持しつつ、NATO問題と共にスペインのEC加盟の早期実現も重要だとする意見もあった[★15]。

そしてこのリンケージはスペインによって先に利用される。一九八四年、遅々として進展しないEC加盟交渉を前に、ゴンサレス首相はNATOとのリンクを明示しなかったものの、欧州各国首脳に対しその進展の遅さを訴えた(Yáñez 1992:101)。スペイン政府は、EC加盟が認められなければ国民投票でNATO残留が否決される可能性を掲げて、欧州各国からのEC加盟支持を獲得しようとしたのである(Powell 2003:150)。

一九八五年三月、米国側はゴンサレス首相がEC加盟とNATO問題をリンケージさせて交渉しようとしていることを認識した。先に触れたゴンサレスのアピールを、EC加盟の遅滞がスペインのNATO内の活動にマイナスの影響を与えうるとして、スペインがEC加盟一〇か国に圧力をかけたと見ていたのである[★16]。

スペイン側は米国に対しても、EC加盟が約されれば、おそらくNATO残留に関する国民投票でも支持獲得が可能であろうと述べた[★17]。米国は、EC加盟国にとりポルトガルの加盟は問題ないが、スペインについては漁業権、農業、社会権（労働者の福祉）といった懸案事項のため、合意が形成されていないと分析し、同国の加盟が一九八七年までもつれ込む可能性もあると見ていた。米国は加盟が一年延期された場合、EC内で更なる予算問題が生じること、なによりスペイン政府がNATO残留問題に関する国民からの支持獲得に失敗する可能性を危ぶんだ[★18]。

最終的に、一九八五年六月一三日、スペインはEC盟議定書に署名した。スペインの世論ではNATO加盟時ではなく、一九八六年のEC加盟時に「ようやく我々も欧州人である」と言われたのである。モラン外相によれば、加盟国側からスペインに対しEC加盟の条件としてNATO残留や軍事機構への加盟は提示されなかったという（Morán 1990:311）。国民には人気の閣僚であったが、イデオロギー色が強く外交政策に関しゴンサレス首相と意見衝突していた外相は、EC加盟の翌月更迭された。

UCD時代に法相、財務相を歴任し、モランの後任となったオルドニェス（Francisco Fernández Ordóñez）外相は、スペインが国際舞台、欧州構築において主役を演じることを希求していた。彼はフランコ政権時代の一九六七年にハーバード・ロースクールの聴講生（International Tax Program）として米国に滞在していた。米国体験に裏打ちされた彼の考え方が、ゴンサレス首相に影響を与えたことも十分考えられる。外相はスピーチの中で明確に親米・大西洋主義を提示し、ゴンサレス首相は大西洋主義寄りの外交重視、およびスペインのNATO残留によるメリットを直ちに理解したのである（Delgado 2007:96, 294. 302）。

さらにオルドニェスには、一九七四年二～一一月という短期間であったが、防衛部門を含む基幹産業を統制した国家産業公社（INI）の総裁を務めた経験があった。米西協定改定交渉に見られたように、従来のスペインの外交においては省庁間の政策のすりあわせが不十分であった。しかし新外相は他省庁の権益を理解しており、一九八五年八月、国際・イベロアメリカ協力庁、総合政策局の創設などを柱とする外務省の機構改革を行った。ただし彼は、モラン前外相のように外交畑出身ではなかった。こうしてオルドニェスは、自らが表に立つより首相府のゴンサレスを中心とする外交を展開していくことになった。

ゴンサレス首相は、「一〇カ条」で約したとおり、駐留米軍の段階的削減、スペイン国内への核兵器の配備・貯蔵・搬入の禁止——すなわち対米依存を縮小させ、在スペイン基地の主権回復——を試みるのである。一九八五年六月のEC加盟条約署名から翌年三月のNATO国民投票開催までの間、米国から有利な条件を引き出すのに絶好な時期に、ゴンサレスは駐留米軍削減および基地の主権回復に関する交渉を開始した(Cebrián 2001:141; Prego 2000:248)。米国は、フランコ時代以降、常に中東への経由地点、兵站基地としてスペインを重視していたが、スペインはそれを逆手にとって強気の交渉を繰り広げたのである。

❖経済問題と安全保障

米国にとってスペインのNATO脱退は、スペインとの二国間関係にダメージを与えるのみならず、NATOの威信と信用性に打撃を与えるものであった(Powell 2001:362)。スペインのEC加盟により短期的には経済的な損害を被ろうと、それに目をつぶってでもスペインのNATO残留は確保されねばならなかった。

そのためにも、まずは二国間条約の改定が必要であった。二国間条約の交渉は一九八五年一二月に、翌年の前半に開始されることで合意されていた。しかし、実際の交渉はNATO残留国民投票終了後の一九八六年七月まで明確な方向性に欠けるものであった(Delgado 2007: 320-321)。

一方のスペインは対米貿易赤字、とりわけ軍事部門の赤字を懸念していた。ゴンサレス首相は、スペイン国営航空防衛企業CASA製造の航空機などを米国が課したのと同様の条件の借款で米国へ販売しようと交渉した(Prego 2000:250)。スペインでは民主化後、大規模な軍事近代化計画を基礎として軍産複合体が急成長していた。一九八四年には世界一二位の兵器製造国となり、六万人の雇用を創出していたのである(ステパン、一九八九年、一二〇頁)。スペインのNATO残留は、国内生産による軍の近代化を可能にし、明らかに国内の軍事産業を利するものであった。

またスペイン側にとっては、一九八〇年代の貿易相手国としてEC諸国の他、米国との関係も重要であった。スペインの輸出製品の上位は、国内に工場を持つフォード、IBM、GMといった米国企業の製造品が占めていた(Gillespie 1989: 436-437)。つまり投資においてもスペイン経済は米国に依存していたのである。

一九八六年のEC加盟以来、米国の対西輸出は一三%減少していた[★19]。しかし米国は、スペインのEC加盟は短期的にはマイナスでも、長期的にはプラスとの評価を下している。またスペインが長期的には外資誘致により経済再建を試みようとしているとも分析していた[★20]。

ECに加盟後、最終的に域内で単一通貨を導入することになれば、スペインも租税制度などの構造改革、すなわち近代化が必須であり、ひいてはマクロ経済の安定に至るであろう。それは、長期的には米・日本といったEC域外国からの投資にもプラスに作用すると考えられたのである(Royo 2005:66-67)。結果的に米国の読みは当たった。EC加盟後の自由化で、スペインの産業構造は改革され、国内企業は競争力をつけ、外国投資を誘致することになるのである。

❖NATO残留に関する国民投票

NATO脱退の是非を問うスペインの国民投票は、その成否の不確実性とも相まって米国を不安に陥れた。国民投票の結果に基づくスペインのNATO脱退を恐れる米国は、国民投票自体の実施阻止を試みた。

ゴンサレス首相は、これに失敗してもスペイン政府のNATO支持の姿勢に変更はないと述べていた。しかし、彼は内々に、もし僅差でも支持獲得に失敗した場合は民意に従うと述べていたため、米国は欧州首脳を通じ投票を実施しないよう、首相説得に努めたのである[★21]。

また、国民投票の阻止が不可能な場合でも、ゴンサレス首相が国民から支持を得るために、野党APの党首フラガ[★22]に対しては賛成票を投じるよう、少なくとも彼の周囲が反対票を投じないよう圧力をかけた。しかし再三にわたる米国のフラガへの圧力は功を奏さなかった[★23]。フラガは本心ではスペインのNATO残留に賛成であったが、総選挙を見越して与党PSOEに賛同することはできず、国民に棄権を呼びかけていたのである。

さらに米国は、レドンドUGT書記長とも接触していた。彼は公式には反NATOの立場ではあるが、PSOEが国民投票に失敗した場合には、PSOEを支援するという同書記長の支援を取り付けた[★24]。国民投票の文面は、『スペインのNATO参画は、同軍事機構への参画を含まず、スペイン領土内の非核三原則は維持し、スペインにおける駐留米軍を段階的に削減する』という条件のもと、スペインがNATOへ残留することに賛成か反対か」という熟考された複雑なものであった。

最終的に国民投票は、投票率五九・四%、棄権率は四〇・六%で成立した。投票者の中で五二・一%が条件付きNATO残留に賛同し、四〇・二%が反対という結果となった(内務省統計)。米国の懸念した政治的危機に対して、PSOEは逆にNATO残留こそが悲願の欧州回帰を担保するというイメージ戦略を採ることでスペイン国内の世論をまとめる結果となった。危機は一転して国内外に首相の力量をアピールする機会となったのである。

3 スペインの外交

❖地中海の安全保障：リビア

これまで述べてきたように、NATO域外の安全保障として米国が中東を重視しようとするのに対し、スペインの主な安全保障上の懸念は、地中海諸国からの脅威であった。

一九七八年五月二七日、UCD政権下の当時のオレッハ外相は訪問先のリビアでカダフィ大佐と一時間半ほど会見した。大佐はファン・カルロス国王の治世に非常に親近感を表し、オレッハ外相に対してはスペインにおける米国の影響、NATO加盟の可能性を問うていた。大佐は、スペインのNATO加盟がリビア・スペイン間の関係を妨害するとして、加盟には否定的であった(Oreja 2011:239-240)。

PSOEのゴンサレス首相は、すでに一九八二年の所信表明演説において、「日々重要性が高まる地中海地域の均衡に貢献」することを表明していた。スペインにとって地中海諸国との関係は、欧州との架け橋として経済効果が見込まれる一方、競合する農産品問題、移民・難民問題、漁業問題、安全保障問題など課題も抱えていた。

一九八六年四月、反米路線を取るカダフィ大佐に、テロ関与の疑惑を理由に爆撃を試みようとした米国は、一二日スペインに基地使用の協力を打診した。ウォルターズ将軍(第三章参照)がスペインへ出向いてゴンサレス首相へスペイン領空通過、サラゴサ基地の空輸機使用を要請したのである。しかし当の将軍が得た本国からの複数の訓令は矛盾したもので、首相に対し戦略爆撃機F111の領空通過の許可をいかに求めるかは不明瞭であった。

最終的な米国政府からの訓令は「許可を求めよ」であったが、その場の雰囲気で将軍の裁量に任せた訓令であった。将軍は、ゴンサレス首相に、空爆の時間・場所は告げず、「米国がリビアのテロリストの基地の緊急な空爆を行う」とのみ述べた。ゴンサレス首相は将軍の含むところを察知し、もしリビアへ爆撃の途中にスペイン領空通過の許可を求めるならばノーと言わねばならないと返答した。

しかし将軍は、これは許可の要請ではないとソフトに返答、これに対し首相は「もし領空通過するなら気付かないと思う」と述べた。ウォルターズはそれでは不十分だとし、スペインに立ち寄れないパイロットは一二時間もコックピットで過ごさねばならないと強調したが、それ以上首相に明確な許可を求めなかった。将軍は次の訪問地西独で、ゴンサレス首相がすでに将軍の訪問の意図を欧州のリーダーたちに伝達していることを感じた（Walters 2001:326-327）。

これらのオペレーションは国連の賛同を得ておらず、英国以外のNATO加盟国の支持も得られぬものであった。最終的に米国は、サラゴサ基地の空中給油機を英国基地へ移動し、一五日に爆撃を行う。すなわちスペイン基地から出発した航空機がリビアを爆撃したのではなかった。しかし米国はスペインの態度を批判しなかった（Viñas 2003:487）。

スペインは一九六〇年代後半、リビアの液化天然ガスを輸入していた。また中東に次ぐスペインの石油輸入先は、リビアであった［★25］。さらに、一九八〇〜一九八六年の間、エジプト、イラン、モロッコに次ぐスペインの武器輸出先がリビアであった（Molas-Gallart 1992:57-59）。欧州諸国は、米国と異なりリビアと緊密な経済関係を有していたため、爆撃には賛同しかねたのである。一九八六年当時、欧州の中でリビアの主要貿易相手国は、イタリア、西独であり、スペインはそれに次いで輸入額は九・六九億ドル、輸出額は二・九三億ドルであった［★26］。一九八五年にはスペイン・リビア二国間の経済関係改善を目指し、マヨルカ島においてゴンサレス首相はカダフィ大佐と会談している。

リビアから石油を輸入し、武器を輸出していたスペイン政府は、米国の反リビア政策がテロ撲滅に最適かつ効果的であるとは感じていなかった。むしろカダフィ政権が危うくなると、一層ソ連に近いリーダーが出現する可能性を危惧していた。そのためスペインは米国のトリポリ空爆には反対であり、軍事行動より政治圧力による解決を支持すると、米国に対し明言した［★27］。また、七月の所信表明演説で、ゴンサレス首相はリビアなどの地中海諸国における緊張増加により、スペインが同地域に一層積極的にかかわっていく必要があると述べている［★28］。米国と欧州とでは、リビアとの政治・経済関係の重さが異なったのである。

ただし二一世紀に入り、PSOE政権下の二〇一一年には、カダフィ政権が国民を迫害しているとして、国民を救済するという人道的観点、国連の安保理決議という湾岸戦争時には存在しなかった正当性を持って、スペイン下院では三月二二日、九九%の議員がリビア空爆を支持している。

スペインの有力シンクタンクの一つ、バルセロナ国際情報・文書センター（CIDOB: Centro de Información y Documentación Internacionales de Barcelona）の研究員は、伝統的にスペインの外交は「ハト派」「平和主義」、つまり軍事介入には反対、人道支援・経済協力重視、軍事費の増加に否定的、国連決議がなければ武力行使を行わないなどを柱としてきたが、今回のリビアの件を転機に、スペイン国民がハト派から一層現実主義者となったとする［★29］。

✣自主独立外交？

ゴンサレス首相は一九八六年七月の議会で、経済・福祉・安全保障のため、外交政策の優先地域を西欧とすることを表明した。その際、EC加盟とNATOに言及、スペインの将来は欧州の同盟国にかかっているとし、米西関係への言及はほとんど見られなかった。

さらに、イスラエルとの国交開設でスペインの外交政策は一層バランスがとれたものになったとしつつも、アラブ諸国との緊密な関係は維持してパレスチナの権利と利益を引き続き支援するとも述べた。ゴンサレス首相は、スペインが中東諸国との協力関係を強化することによって、これら諸国と欧米間の効果的な「仲介役」が果たせると考えていた。またリビアなど地中海方面の緊張増加に直面して、スペイン政府が一層積極的に同地域にかかわる必要性を見たのである［★30］。

条約交渉にあたって米国は、非NATO諸国、域外国への派兵のための米軍をスペインに駐留させておく重要性を念頭に置いていた。一方のスペインは、中東・北アフリカとの関係から、米国のNATO域外オペレーションに関する「柔軟性」を引き続き制限しようとしていた[★31]。米国の見方では、スペイン政府は米国による安全保障を相互協力の象徴であると理解していたが、スペイン世論および軍にとっては、安全保障支援は未だに基地へのアクセス権、制空権のための対価でしかなかった[★32]。

一九八六年一二月、オルドニェス外相は二国間交渉の席で、「スペインはいかなる協定がなくとも問題ないが、条約を有することが米西両国の共通の利益となる」との強気の発言を行った[★33]。その頃までにゴンサレス首相は、当時レーガン大統領をロンと呼べる間柄となっていた[★34]。

最終的に、一九八八年の条約によってトレホン基地からF16戦闘機を三年以内に撤退させることが決まった[★35]。こうして駐留米軍は縮小への道筋に乗り、ゴンサレスは一九八四年の一〇カ条、NATO残留国民投票の際の公約を守ったのである。

ゴンサレス首相は一九八五年当時、遅かれ早かれスペインのEC加盟が同地域の安全保障問題に影響を与えることを想定していた。つまり、EC加盟国が安全保障分野で、NATO内の集団保障を強化する方式によって緊密な協力を行っていくと予想し、安全保障分野における欧州のアイデンティティ強化のため、スペインに可能な限りのことを行いたいと考えていたのである(González 1987:187-188)。彼は、このときすでに米国に対する「欧州」という視点で行動していた。

ゴンサレス首相は米国に対しては貿易赤字を懸念し、技術協力・教育・文化交流による親交を望み、両国関係は相互信頼と友情を基礎とすべきと考えていた。またスペインは、米国の中米政策にすべて賛同したわけでもなかった。そのため、ゴンサレス首相は米国が常にスペインの意見に耳を傾けるようにするためには、ECの一員としての発言が大事であると考えていた(González 1987:187-189)。

彼は、米国との平等な関係で世界舞台に立った交渉を目指し、それには欧州の中規模国一カ国ではなくECの一員としての発言権を有することを重視した。スペインにとってECとの貿易・投資が増加し、米国との貿易・投資への過剰な経済的依存を回避することができれば、自主独立外交政策が可能となるのである。

一九八六年一二月、バーソロミュー(Reginald Bartholomew)駐西大使(任期一九八六〜一九八九年)はゴンサレス首相の第一次内閣を評し、国王がポスト・フランコ時代の政治変革期に「特殊な役割、重要性」を有することは認めつつも、首相が同時期に国王以外で「支配的」なポジションを占めるに至ったと評価している。経済・社会政策の改革を進め、外交政策を再活性化し、EC加盟を果たし、NATO残留国民投票を成功させたためである。

また大使の目には、ゴンサレス首相は、従来の右派・左派、貧富の差、カトリックか否か、といった二分法的政策の境界線があいまいになり、むしろどちらか一方の大勝を避けているようであり、「イデオロギーを超えたポジションを取ろうとしている」ように映った[★36]。実際、PSOEは政権党となってから、以前掲げていたポリサリオ支援など忘れ去ったかのようで、イスラエル承認へと歩み寄り、IMFにも協力的な態度を見せた。中米では、米国と同一行動は避けながら民主化支援を継続しようとした。

また、米国に対してゴンサレス首相は、共産党とは決して連立しないと宣言していた[★37]。つまりPSOEは、共産党のようなイデオロギー色を出さず、しかしスアレス・UCDのように党内の統一も不可能な烏合の衆というわけでもなく、国内の中道票を取り込んでいたのである。彼は世論にも配慮するだけでなく、積極的に世論を形成する能力も有していた[★38]。

❖再び王室外交

スペイン政治において「国王を除けば」ゴンサレス首相が支配的なポジションにあったとするならば、当の国王はいかなる役割を果たしたのだろうか。前述のように、民主化移行期の一九七五年以降、国王は米国に特使派遣、キッシンジャー国務長官やミーニーAFL-CIO会長との会談なども積極的に行っていた。

憲法によって国王の権限が規定された後も、国王はスムーズな対米関係構築に意欲的であった。例えば一九八三年一月には米国のトドマン駐西大使を通じ、一九八二年の米西条約交渉を率いた親米派のマヌエコ(Gabriel Manueco)の駐米大使へのアグレマン(事前承認)を要請している[★39]。

一九八三年にニューヨーク大学から名誉学位を授与された国王は、その授与式出席の際にワシントンでレーガン大統領との会見を希望した。大統領府も、この会見・昼食会は米国によるスペイン支援を確認し、スペインのNATO完全加盟などの米国政策目的達成の支援になると考えていた。国王の政策実施権限には憲法上の縛りはあるが、国王がスペイン政府の政策に適度な影響力を有することを米国は明らかに認識していた[★40]。一九八五年五月に訪西したレーガン大統領は、国王と「親密・個人的な関係」を築くに至る[★41]。

さらに一九八六年九月、国王は国連総会参加の際、ニューヨークにおいてレーガン大統領と懇談している。これは七月にスペイン側から提案され、米国側は当初、大統領の過密スケジュールを理由に辞退する予定であった[★42]。米国側の再三の辞退にもかかわらず、同会見の実現にスペイン側が尽力したという事実は、内容の詳細は不明ながら双方にとって相当に意義深い会談であったことを示唆している。タイミング的にEC、NATO関係のテーマが話題にあがったとしても不思議はない。実際、国務省は「スペイン政府との基地交渉プロセスが難航している時期に、大統領と国王との個人的な関係強化のために会談が必要」と考えていた[★43]。バーソロミュー駐西大使は翌月から開始される条約交渉に国王の支援が必要とし、同会談を米政府へ推奨している[★44]。

ＰＳＯＥの幹部と頻繁にコンタクトを取る国王が、政府の政策決定に影響力を有すると見た米国は[★45]、国務長官と国王の間でNATOについて詳細な議論を予定していた[★46]。

また国王は、フランスのミッテラン大統領やヨルダンのフセイン(Hussein)国王を訪問するなど他国にも積極的に外遊を行っていた。バーソロミュー大使は、国王が「スペインの最も効果的な大使」であると理解していたのである［★47］。

国王は米国の友人であり、米国に関するほとんどのテーマ――特にNATOに関して――において、彼は影響力を行使し、支援から対立回避まで行った。その代償として国王は、EC加盟、ジブラルタル問題、二国間経済問題などにまつわるスペインの懸念に対し、米国の最大限の配慮を要請していた。

中南米ではスペインの国益と米国は対立するが、国王はゴンサレス首相以上に米国が主導権を握るのを容認しているようであった。また、アラブ諸国の王族との個人的な関係あるいは軍部がアラブ諸国への武器販売に影響があると見て、イスラエルとの国交開設には抵抗するように見えた。スペインはアグレッシブな軍需産業政策を取り、米国への売り込みも行っていた［★48］。しかも前述のように、スペインの武器輸出先はエジプト、イラン、モロッコ、リビアといったアラブ諸国であった。

国王の影響力は外交にとどまらない。UCD以上にPSOEは、国王を「民主主義安定化のためのキーファクター」とみており、ゴンサレス首相は毎週、国王を訪問していた。国王は国内での安定化装置として機能していた。軍部および政治的には保守派と近しい関係があり、国王の視点はゴンサレス首相に重要な影響力を及ぼしていた。

4　まとめ

ゴンサレスはPSOEが非合法の野党時代より、社会主義インターナショナルにおいて、西独のSPD、英国労働党、イスラエル労働党などと協力関係を築き、特にSPDからは選挙活動に対する支援を受けていた。一九八〇年代には、彼はスペインの政治家というよりは社会主義インターナショナルの副議長として積極的に中米和平に関与し、中米強硬政策を採るレーガン米大統領と対等に交渉することになる。またマルクス主義破棄、NATO残留など、目先の結果に拘泥せず、長期的かつリアリズム的観点から政策の実行にあたった。

卓抜した政治的手腕は外交交渉にとどまらず、彼は豊富な国際的経験・人脈を財産に、世論と外交政策の乖離を埋めるべく、外交問題に関する国民とのコンセンサス獲得を試みた（Arenal 2008）。これはフランコ時代の「秘密外交」と決別した民主的な政策というアピールのみならず、ミドルパワーとしてのスペインの、国際社会における新たな立ち位置を明確にした点で高く評価できる［★49］。

ゴンサレスは社会主義インターナショナルの副議長として、米国の対中米政策に対峙した経験があった。彼は中規模国たるスペインが、大国米国と対等に渡り合うためには、国際機関の中での発言権を強める以外ないことを十分に感じていたに違いない。中規模国スペインが国際社会で国としてのプライドを維持しつつ活躍の場を得るには、欧州、地中海、米州の共通集合部分に位置する強みを活かした「橋渡し」役が常にキーワードであった。そのためにスペインは地域の国際機関に加盟する必要があった。例えばECに加盟することで、二国間関係では事態が深刻化するモロッコや、かけ声だおれに終わってしまいがちな中南米との関係がスムーズになり、またECの利益を代表するスポークスマンとしても活躍が可能になるのである（Torreblanca 2001:484）。

一九世紀末の米西戦争敗退によるアイデンティティ危機から、スペインでは独特のナショナリズムが強調される時期が続いた。それは米西戦争以来の名誉回復のためでもある。フランコ時代の弾圧を経て、多様性が許容される時代に至ることで地域ナショナリズムの花咲く民主化を迎えたのである。NATO／EC加盟達成によって念願の「欧州化」を成し遂げ、スペインは他の欧州と変わるところがなくなった。しかし皮肉にも悲願の欧州回帰が、共通政策の実現のため一定の国家主権を委譲することになる。一方、一九九二年のマーストリヒト条約では、可能な限り市民に身近な行政レベルで意思決定すべきという補完性原理も導入された。さらにこの条約で、ゴンサレス首相は欧州市民権を誕生させ、ＥＵ市民が在住する他の加盟国においても地方・欧州議会選挙の投票を可能にするなどの権利を得たのである（遠藤、二〇〇八年、二五三頁）。

移民や文化的マイノリティとの共生のためには、補完性原理に基づいて、「できるだけ多次元にわたるアイデンティティ複合を肯定的に捉え、それらの相補的関係を制度的にバックアップする社会システムを作り上げていく」ことが必要である（谷川、二〇〇三年、二二頁）。ゴンサレス首相は、まさに地域レベル、国レベル、欧州レベルのアイデンティティを重層的に、補完性原理に基づいて形成することにより、バスク・カタルーニャ地方のアイデンティティも国家としてのスペインと矛盾しない形で共存させようと尽力したのである。

ＮＡＴＯに加盟し、ＥＣ加盟もかなった一九八〇年代、スペインはようやく国際社会への第一歩を踏み出す。そのためには、スペイン内戦時代からの亡霊である国内の「イデオロギーの対立」を乗り越え、イデオロギー色を薄めた政党、指導者が必要であった。それこそが国王であり、ゴンサレスだったのである。

註

★1——USEM, Telegram to SoS, 23/6/1986, Sommer, Peter: files, Fol. Spain-1986(3), Box 90900, RRL. 米国は一九八八年にもスアレスの立ち位置に批判的であり、スアレス・共産党同様米軍基地に反対するＰＳＯＥ内部の派閥でさえも「スアレスのあいまいなイデオロギーや共産党の教条主義」には与しようとしないと分析していた。CIA, National intelligence Daily, May 14, 1988, CIA-FOIA, アクセス 1/12/2010.

★2——政権党としてのＰＳＯＥに関しては、（戸門、一九九四年）参照。

★3——ＳＰＤとＰＳＰ、ＰＳＯＥとの関係については（Muñoz 2007）を参照。

★4——USDEL Secretary in London, Telegram to WH, 9/4/1981, DDRS, アクセス 16/3/2010.

★5——DoS, Public Diplomacy Starategy Paper: Central America, 4/5/1983, DNSA, アクセス 1/9/2009.

★6——Bush, Gerorge. 'The President's News Conference With Prime Minister Felipe González of Spain in Madrid'. The American Presidency Project. http://www.presidency.ucsb.edu/ws/index.php?pid=20161&st=spain&st1=bush#axzz1W5s8sUcA, アクセス 1/12/2010.

★7——USDEL Secretary in Madrid, Telegram to SoS, 9/9/1983, Sommer, Peter: files, Fol. Spain-1983(September 1983), Box 90424, RRL.

★8——SoS, Telegram to USEmbassy in Rome, 8/10/1983, Sommer, Peter: files, Fol. Spain-1983(October 1983), Box 90424, RRL.

★9——スペインの歴史学者ビーニャスは、米国益に関しても非常に損失を出す人材だったと同大使を酷評している(Viñas 1996:268-269)。

★10——DoS, Briefing Memorandum to SoS, 7/1/1984, FOIA, アクセス 6/8/2011.

★11——①NATO加盟を前提としNATO批判を行わない
②NATOの軍事統合機構加盟はスペインには不必要
③駐留米軍、米軍の施設の段階的削減
④スペインの非核化の維持
⑤将来の核拡散防止条約の署名は排除しないものの、スペインは部分的核実験禁止条約に署名しており現在はこれで十分
⑥西欧同盟への加盟は望ましい(最終的に一九九〇年加盟)
⑦NATO領域内英国のジブラルタルをスペイン領土に組み入れる交渉の進展
⑧国際的責務である軍縮支援というスペインの任務を継続・強化
⑨西欧諸国との二国間軍事協力協定の進展
⑩共同戦略策定において軍事に関する国内外コンセンサスをめざす(Palomares 2005:306-307)。

★12——National Intelligence Daily for 15 December 1984, 15/12/1984, CIA-FOIA, アクセス 1/12/2010.

★13——詳細は(Hosoda 2011)参照。

★14——WH, Letter to Lodge, US Embassy in Bern, 31/8/1983, Executive Secretariat, NSC, Country File, Fol. Spain (06/04/

1983-10/31/1983), Box 20, RRL.

★15——SoS, Telegram to USEM, 17/6/1983, Sommer, Peter: files, Fol. Spain-1983(May 1983-June 1983), Box 90424, RRL.

★16——National intelligence Daily Friday 15 March 1985, 15/3/1985, CIA-FOIA, アクセス 1/12/2010.

★17——Ibid.

★18——Ibid.

★19——"U.S.-Spanish Relations", November 1986, Sommer, Peter: files, Fol. Spain-1986(1), Box 90900, RRL.

★20——"Spain: Political Background", 5/11/1986 , Sommer, Peter: files, Fol.Spain-1986(1), Box 90900, RRL.

★21——USEM, Telegram to SoS, 7/3/1986, Sommer, Peter: files, Fol.Spain-1986(1), Box 90900, RRL.

★22——レーガン大統領の支持者でNATO加盟に賛同するフラガは、一九八三年に大統領との写真撮影を求めたが、米国側はゴンサレス首相との良好な関係を維持したい上、テロリズムが増加する折から、軍およびフランコ派の残党が参加するAP党首であるフラガとの接触に躊躇した。SoS, Memorandum for Mr.Robert C. McFarlane, 26/11/1983, Sommer, Peter: files, Fol. Spain-1983(November 1983), Box 90424, RRL.

ただし、エンダーズ駐西米国大使は、フラガがグレナダ侵攻、開放経済などに関して、米国の政策に近いという点は認めていた。USEM, Telegram to SoS, 20/12/1983, Sommer, Peter: files, Fol. Spain-1983(December 1983), Box 90424, RRL.

★23——NSC, Memorandum for P.Sommer, 25/1/1986, Sommer, Peter: files, Fol.Spain-1986(7), Box 90900; USEM, Telegram to SoS, 12/2/1986, Sommer, Peter: files, Fol.Spain-1986(6), Box 90900, RRL.

★24——USEM, Telegram to SoS, 8/2/1986, Sommer, Peter: files, Fol.Spain-1986(6), Box 90900, RRL.

★25——一九七〇年頃には、五六%が中東、一五%がリビア、次いで一四%がヴェネズエラからの輸入であった。Soler Pardo, Jacinto. 'Las consecuencias económicas del golpe militar libio'. *La Vanguardia*, 5/9/1969, p.14; Mayobre, José Antonio. 'Situación actual de nuestro petróleo'. *La Vanguardia*, 15/7/1970, p.85.

一九七五年、スペインにとってアフリカ大陸諸国中でリビアは、輸入額が最大、輸出先としては第二位の国家であった。'El ministro de Comercio sale para Libia'. *La Vanguardia*, 14/10/1975, p.21.

★26——Guindal, Mariano. 'Italia es el país europeo que mantiene unas relaciones económicas más intensas con Trípoli'. *La Vanguardia*, 16/4/1986, p.18.

★27—NSC, USDEL Secretary in Brussels, Cable to SoS, 12/12/1986, Sommer, Peter: files, fol. Spain-1986(1), Box 90900, RRL.

★28—USEM, Telegram to SoS, 23/7/1986, Sommer, Peter: files, Fol. Spain-1986(2), Box 90900, RRL.　なお同演説においてゴンサレス首相がＮＰＴについて、この任期中に積極的に考慮したいと発言した点は、米の駐西大使に評価された。最終的に一九八七年に署名する。

★29—Mestres, Laia. 'Porqué Libia no es Irak para España: La responsabilidad de protejer.' CIDOB. http://www.cidob.org/es/publicacions/opinio/seguridad_y_politica_mundial/porque_libia_no_es_irak_para_espana_la_responsabilidad_de_proteger, アクセス 31/8/2011.

★30—USEM, Telegram to SoS, 23/7/1986, Sommer, Peter: files, fol.Spain-1986(2), Box 90900, RRL.

★31—USEM, Telegram to SoS, 4/4/1986, Sommer, Peter: files, Fol. Spain-1986(3), Box 90900, RRL.

★32—USEM, Telegram to SoS, 5/2/1986, European and Soviet Affairs Directorate, NSC: Records, Fol. Spain-1986(7), Box 90900, RRL.

★33—USEM, Telegram to SoS, 12/12/1986, Sommer, Peter: files, Fol.Spain-1986(1), Box 90900, RRL.

★34—González, Letter to Reagan, 20/11/1986, Sommer, Peter: files, Fol.Spain-1986(1), Box 90900, RRL.

★35—実際には、湾岸戦争により撤退は若干遅れた。

★36—USEM, Telegram to SoS, 12/12/1986, Sommer, Peter: files, Fol. Spain-1986(1), Box 90900, RRL.

★37—USEM, Telegram to SoS, 5/8/1983, Sommer, Peter: files, Fol. Spain-1983(July 1983-August 1983), Box 90424, RRL.

★38—USEM, Telegram to SoS, 12/12/1986, Sommer, Peter: files, Fol. Spain-1986(1), Box 90900, RRL.

★39—USEM, Telegram to SoS, 24/1/1983, Sommer, Peter: files, Fol. Spain-1983(January 1983-February 1983, Box 90424, RRL.

★40—WH, Schedule Proposal, 1/8/1983, Executive Secretariat, NSC: Country File, Fol. Spain (06/04/1983-10/31/1983), Box 20, RRL.

★41—DoS, Memorandum for Vadm John M. Poindexter, 25/8/1986, Sommer, Peter: files, Fol. Spain-1986(2), Box 90900, RRL.

★42—USEM, Telegram to SoS, 11/9/1986, Sommer, Peter: files, Fol.Spain-1986(2), Box 90900, RRL.

★43—DoS, Memorandum for Vadm John M. Poindexter, 25/8/1986, Sommer, Peter: files, Fol. Spain-1986(2), Box 90900, RRL.

★44—NSC, Memorandum for Rondney B.McDaniel, 11/9/1986, 16/9/1986, Sommer, Peter: files, Fol.Spain-1986(2), Box 90900, RRL.

★45——DoS, Memorandum for Mr. William P. Clark, 27/7/1983, Sommer, Peter: files, Fol. Spain-1983(July 1983-August 1983), Box 90424, RRL.

★46——SoS, Telegram to USEM, 22/12/1983, Sommer, Peter: files, Fol. Spain-1983(December 1983), Box 90424, RRL.

★47——USEM, Telegram to SoS, 25/11/1983, Sommer, Peter: files, Fol. Spain-1983(November 1983), Box 90424, RRL.

★48——Ibid.

★49——評価している学者として例えば（Viñas 1996）。

終章　一九九〇年代から二〇〇〇年代へ

1　地中海・中東とスペイン

戦後日本と同様に、フランコ・スペインは米国と不平等な二国間協定で繋がることにより、多国間の地域安全保障の枠組みの中に位置づけられることとなった。NATO加盟を経て、一九八六年のEC加盟以降、スペインはNATOの南側国境としての地中海という意識を持って外交政策を考慮するようになる。スペインは一九八九年に初めてのEC議長国となり、中米・中東・西サハラ問題を議題に採り上げた（Blázquez 2006:111, 225, 238）。これはスペインが欧州・米州・地中海との「架け橋」という立場を自覚する上で重要な経験となった。そして翌年の一九九〇年には西欧同盟に加入している。

ベルリンの壁崩壊以降、欧州内で自国の影響力が減退することを懸念したスペインは、仏と共に「東」重視の政策に対し地中海諸国（南）との連携強化を訴えた（上原、二〇〇五年、二〇〇－二〇一頁）。

中東地域についてはNATO加盟後も中東諸国との関係を考慮し、一九九一年には中東和平会議を開催している。一九九五年以降も地中海諸国と政治・経済関係を強化するバルセロナ・プロセスなどのイニシアティブを打ちだした。むろん、その背後に一九八〇年代スペインの武器輸出先の大半が、エジプトを筆頭とする中東であったという経緯が横たわっていることを忘れることはできない。

米西二国間関係は、条約改定、NATO問題といった懸案事項も多かったが、ゴンサレス首相自身によれば、中東紛争に関する意見交換を通じて次第に信頼関係が醸成され、米ソ共催のマドリッドでの中東和平会議開催に至ったという(Iglesias 2003:846-847)。湾岸戦争時に米軍は、スペインの許可を得て空中給油機や爆撃機の発進基地としてモロン基地を使用した[★1]。戦争終結後、ゴンサレス首相は、同地域から発した米軍機の三五%がスペインの兵站支援を受けたと発表した(Viñas 2005: 290-291)。これは一九七三年の第四次中東戦争時(フランコ政権の許可なしに一方的に米国が基地を使用)、一九八六年の米軍によるリビア空爆(基地の使用許可を求められスペインが拒否)などと異なり、国連安保理決議に裏付けられたオペレーションであり、スペインはあくまでも国連・ECの枠組みの中で協力に動いたのである。

こうしたEC加盟、米西条約改定交渉といったゴンサレス首相の外交問題処理能力は選挙民にも評価されるところとなった(Cooley 2008:82)が、加えてそこには首相自身が、外交政策の実施には世論の支持が重要なことをよく認識し、自ら積極的に世論形成を図ったことも寄与していたことだろう。

彼の手腕は、米国にも評価された。ブッシュ大統領は、一九九一年一〇月末のマドリッド中東和平会議における記者会見で、両国関係は「非常に良い」と述べ、ゴンサレス首相が短期間に会議をアレンジしたことに感謝の意を表した。大統領はまた、オルドニェス外相およびゴンサレス首相の中米における尽力を高く評価し、米国が湾岸戦争に手一杯である際に、スペインが中米における「平和と民主主義の素晴らしい橋渡し役」になりうると述べた[★2]。さらに大統領は、外相と首相のみならず国王にも湾岸戦争時のスペインの協力について感謝の意を表明した[★3]。国王も両国関係、国際関係のために米国に協力的だったのだ。ただし大統領は、記者団から出た、国王の訪米時（同年一〇月八〜一〇日）にスペインでの開催が決定されたのではないかとの質問については否定した［★4］。国王によれば、スペインでの開催を依頼してきたのはアラブ側だという（Vilallonga 1993: 235）。

こうしてゴンサレス首相は、ブッシュ大統領、ゴルバチョフ（Mikhail Gorbachev）大統領のみならず、フセインヨルダン国王、ムバラク（Hosni Mubarak）エジプト大統領、ハッサン・モロッコ国王をはじめとする中東諸国の元首らとも意見交換を行い、国際秩序の再構築とパレスチナ問題をリンケージさせる推進者のひとりとなったのである（Palomares 2005:367-368）。

イベリア半島は中世の八世紀にわたり、イスラム勢力の支配下にあった。そのため欧州にありながら特別視され、独自の道を歩んできたスペインが、地中海、中東で高まる民主化要求運動に提示できることは少なくない。

ただスペインは地中海沿岸諸国に対し、政治力・軍事力ではなく、むしろソフトパワー（影響力）を行使する立場にある。一九八〇年代前半、ゴンサレスは社会主義インターナショナルの副議長として活躍した。NATOやEUといった欧州機関加盟による情報入手も、欧州域外、国際社会での活躍への布石となった。地中海沿岸諸国の民主化支援実施のために内政干渉にならぬよう、スペインは様々なアクター、多国間協議の場を通じてその国の構成員と多様な関係の構築が必要である。

2　スペイン人のイデオロギー対立

スペイン内戦下においては、「反ファシスト、反独裁政権」への対抗の旗の下、共和国軍側はまとまった。

しかしその陣営は、アナーキスト、共産党、反スターリン主義のPOUM、PSOE、地方主義者など思想も政策も異にする雑多な集団で構成されていた。

内戦後はスペインのみならず、米国内へもこうした内戦時の思想対立が持ち込まれた。冷戦期、反フランコ派のどの派閥を支援するかは複雑な利害関係が絡むものであった。そして米国・欧州諸国の政府・個人レベルでは対スペイン政策は明らかに異なっていた。米国政府が、欧州から見ると「ファシスト」のフランコ政権を支持する一方、米国内の労働組合やCIAに近い人々は、共産党以外の反ファシスト民主主義勢力を支援した。その支援は、AFL-CIO、CIAを通じて組織的に行われる場合と、政治家ローウェンスタイン、ハンフリー議員など個人の大義を中心に行われる場合があった。つまり、労働党政権下の英国と異なり、米国では民主党政権下であろうと共和党政権下であろうと、対スペイン政策に関する政府内外での政策連携は存在しなかった。

ただし、米国内の構図はシンプルである。KGBがスペインにおいて北米の国際旅団の義勇兵として内戦に参加した人々をリクルートしていた事実や、米国の大統領府、国務省、財務省、軍などに幅広くスパイ網を形成していたことから、米国政府は左派に対する猜疑心を欧州諸国以上に有していた(これらの事実はヴェノナ作戦で明確になっていたが米国政府は公表しなかった)。そのために民主党政権であっても、反共産主義を主張するフランコを支持したということなのである。またポルトガル革命後の同国の共産党勢力の伸長を目の当たりにしていたため、スペインの民主化プロセスにおいて、保守派・社会労働党以上の国内結束力を有する共産党の合法化には、最後まで懐疑的にならざるを得なかったこともあろう。

その結果、米国の政府外アクターで、反共主義者ではあるが反ファシスト(反フランコ)でもある人々は、共産党以外の亡命スペイン人を支援することになる。結局、米国に政府外アクターによる支援が存在していたこと、スペインの共産党自身も特に六〇年代からソ連と距離を置いていたことから、フランコ体制支援一辺倒であった米国政府が、民主化過程においてスペインの民主化勢力と良好な関係を構築することが可能となったのである。

冷戦期の二極体制による「イデオロギー的一体感」で、国際社会の協力体制が形成された(ウェスタッド、二〇一〇年、四〇二頁)のであれば、スペイン内戦後もこの一体感によって、国外において亡命スペイン人がフランコ体制を打倒すべく結集した力が形成されていく。ただしそれは、反共から反ファシズム(フランコ体制)へと形を変え、スペインでは共産党をも含めた「和解」、多様性の許容が成立するのである。

フランコ体制は、左翼や地方主義者など、共和国側についた者を弾圧した。民主化の途上、内戦で共和国政府側とフランコ将軍率いる反乱軍側に分裂した国内をいかに和解させていくかが課題となった。共産党を非合法のままに留め置き、同党を民主化プロセスに組み入れないわけにはいかなかった。民主化プロセスにおいて、こうした軍隊の複雑な名誉感情、内戦、フランコ時代の傷跡から、二つのスペイン和解の中心となりうるのは、これらを超越した存在、皇太子(国王)以外になかった。

民主化後、スペインは内戦時・冷戦時の思想の対立を乗り越えていく。イデオロギー色の強調が時代遅れであることを察したPSOEは、マルクス主義の看板を下ろし、中立主義に固執する内部の派閥を飲み込み、国民の普遍的な代表を目指した。そして保守派のレーガン大統領やコール首相と親密な関係を構築したゴンサレス首相、PSOE時代には反NATO派であったソラーナNATO元事務局長・EU共通外交安全保障政策上級代表といった大物国際政治家を輩出していく。

自らも外交官であり、ソラーナの縁者マダリアガが言うように、スペイン政治の原動力は、フランスのように原理原則ではなく、個人の人格である。マダリアガは、スペイン人政治家やスペイン国民が政治的見解を変えやすいことを指摘する。スペイン人にとって政治はドラマであり、客席に座る国民は主人公の「成長」に伴って意見を変えていく(Madariaga 1951:195-201)。その意味からも、一九八六年のNATO残留に関する国民投票は重要であった。スペインは外交政策策定・実行の際に、国際社会で責任ある地位を占める国家として、広く国民のコンセンサスを得る必要性を迫られていたからである。

3 スペインの安全保障

ゴンサレス首相は、党内では外交政策に関し対立しつつも、野党時代、社会主義インターナショナルなどの場で培った国外の人脈をベースに、外交政策を推進した。その際に米国への経済・軍事的依存度を低下させ、自主独立政策を推進しようとするのである。米国にはその姿は、スペインが「駐留米軍に関する国民投票を希望する国民の圧力」を過度に強調し、一九八二年条約延長の交渉を有利に進めようとしていると映った。

実際には、ゴンサレス首相の国内支持率の高さは一九八七年の市町村選挙[★5]によってすでに明らかで、国民投票開催の要請圧力に屈して彼が二国間関係をリスクにさらす可能性はほとんど考えられなかった[★6]。しかし駐留米軍の縮小を公約にする彼は、反米的な世論を盾に米国と交渉していたが、直ちに民意を問うことは回避したのである。彼はいつどのように国民の支持を取り付けるべきか敏感に察知していた。

最終的に米西条約は、一九八八年一二月に署名された条約によって駐留米軍の四〇%削減、トレホン・サラゴサ両基地の閉鎖、軍事援助・経済支援が基地の対価として供与されないことが約された(Cooley 2008:79)。

それは、前政権のUCDが行った、欧州への参加が叶わないがため現実逃避的に非同盟諸国と連携するような場当たり的政策ではなく、まず欧州への参加を前提としたものであった。欧州へ復帰して初めて、スペインは米国と対等な交渉が可能となる。フランコ時代のスペインの国際的孤立、社会主義インターナショナルでの経験から、ゴンサレス首相は、米国に意見するにはECのメンバーとなることが必須と考えたのである。

表向き中立を保つとしつつもスペインからモロッコ支援を行った一九七五年の「緑の行進」、あるいは一九八六年の米国によるリビア空爆時に見られたように、米西両国の対地中海政策・利害関係はけして同一のものではなかったし、スペインと地中海諸国の経済関係は米国よりも緊密であった。国益を重視するならば、大西洋主義以上に欧州主義重視が重要であった。

米西戦争敗北後は特にその後進性を克服すべく、欧州を目指したスペイン。しかしフランコ政権発足後には、ファシスト政権への親近性のため欧州から疎外された。「親米」政策をとるフランコ政権打倒を目指した野党としては、その解決策(＝民主化)は欧州にあったのである。またこれは、スペイン企業の市場を拡大し、外資を呼び込み、軍需産業を含む重工業の振興を行うためにも不可欠であった。

一九八八年にはシュワルナゼ(Eduard Shevardnaze)ソ連外相が訪西し、NATO加盟国のスペインが核兵器を保持しないことを歓迎した。ゴンサレス首相にとってこの訪問は、駐留米軍の縮小が合意され、PSOEの党大会の直後という非常にデリケートな時期に行われた[★7]。このように彼は、政策実施の際、国内情勢と国際情勢(西欧のみならず、ソ連、東欧への目配りも忘れない)のマッチする時期を見計らっていた。さらに国内でも、一九八九年のベルリンの壁崩壊、一九九一年ソ連の崩壊などを経て、NATOの敵が東側諸国ではなくなると、反駐留米軍の世論も沈静化してくるのである(Viñas 2005:292)。

スペインは一九八八年、国際協力院を創設。一九八九年からはアンゴラ、ナミビア、中米、ハイチ、ボスニア・ヘルツェゴヴィナなどへの国連平和維持活動へ積極的に参加している。国際機関の長としては、マヨール＝サラゴサ(Federico Mayor Zaragoza)ユネスコ事務局長(任期一九八七〜一九九九年)、ソラーナNATO事務総長(任期一九九五〜一九九九年)、ウェステンドルプ(Carlos Westendorp)ボスニア・ヘルツェゴヴィナ上級代表

（任期一九九七～一九九九年）［★8］サマランチ（Juan Antonio Samaranch）国際オリンピック委員会委員長（任期一九八〇～二〇〇一年）［★9］などの人材を輩出している。ゴンサレス首相自身も、辞退したものの、一九九八年、サンテール（Jacques Santer）欧州委員会委員長の後任として推挙された。こうしてスペインは、ようやく国際政治の舞台で主要な役割を果たすようになるのである。

その一方、一四年にわたった長期政権下で、政府内に汚職事件が頻発したこともあり、一九九六年の総選挙でPSOEは僅差で敗北し、国民党PPが政権を奪還した。

EC加盟によりスペインは補助金額が拠出金額を上回り、経済的な恩恵を受けていた。一九九五年にEUが拡大し、次第に加盟国の関心・重心が中東欧諸国へ向くと、PP政権（一九九六～二〇〇四年）は再び大西洋主義へと向かった（Arenal 2008）。一九七四年、フランコ時代にリベーロ駐西大使が指摘した「欧州との関係に問題があると、外交政策の柱として米国との関係を強調する」スペイン特有の傾向といえる［★10］。PP政権を率いるアスナール首相の外交目標は、EUからの補助金を維持しつつ、EUの中でスペインが大国としての位置を確保することであり、そのためEU拡大には消極的であった（Pereira 2008:1023）。ブレア前英首相は、補助金を確保しつつ大国と同様に位置づけられることにこだわるアスナールを「手ごわい交渉者」であると評価している（ブレア、二〇一一年、上巻、二九六－二九八頁）［★11］。

PP政権下、世論からも特に問題視されることなく、スペインは一九九九年にNATO軍事機構加盟を果たし、二〇〇〇年の徴兵を最後に、同制度を廃止した。二〇〇三年、イラク戦争が勃発すると、国内の反米・反戦の世論に反して、アスナール政権は米国に同調してイラク出兵を行う。これはスペインのEUにおける役割の変化、スペインの外交政策の転換点を示していた（Viñas 2005:247）。結果的に、二〇〇四年三月一一日、スペインはアルカイダ系過激派による列車爆破テロの標的となり、内務省の集計で死者一九二名、負傷者一九二七名を出すに至った。翌日の反テロリズムデモには、フェリーペ皇太子（Felipe de Borbón y

Grecia）、主要なスペインの政治家をはじめ欧州の政治家も加わった。一四日の総選挙ではPSOEが勝利し（投票率七五・七％、得票率PSOE四二・六％、PP三七・七％）、政権交代が行われた。PSOEのサパテーロ政権（二〇〇四〜二〇一一年）は選挙公約を果たすべく直ちにイラクからのスペイン兵撤退を完了させ、これにより米西関係には不協和音が生じるのである。

4 スペインの原動力：愛国心

フランコ時代、東西二極の軍拡競争という世界情勢を背景に、米国のスペイン基地に対する要求は変化していった。それを敏感に察知し、米国と対等に渡り合うためにはスペインとして何をなすべきかを真剣に考慮したリーダーが存在した。

フランコ権威主義体制下では親米政策がとられたという見方が、スペインにおいても一般的である。そのために民主化後の政権、特にPSOEが米国と距離を置いたと説明することはたやすい。しかし、実際はフランコ時代も米西戦争敗北以来の名誉回復への執念が底流に脈打っており、二〇世紀後半には米西の不平等な関係を修正し、米国との対等な関係の構築が、対米政策におけるスペインの目標であった。内戦中は石油などの物資を融通され、一九五〇年代からは協定を通じて米国に支えられたフランコ政権であったが、カレーロ＝ブランコなどの一部を除くと政権内のすべてが親米派だったわけではない。ミドルパワーであるが故に独自政策は採れず、冷戦期には米国の傘下に入らざるをえなかったスペイン。しかし、そうすることで軍隊の自立性が損なわれると考える者も少なくなかった。

フランコ時代から、駐留米軍による大都市の基地周辺住民への影響を盾に、米軍と共同使用する基地数の削減交渉も行われた。これにパロマレス沖での水爆搭載機の墜落事故がスペイン側に有利な交渉カードとして加わった。しかし責任が一方的に米側にあってさえスペインにとって超大国相手の交渉は容易なものではなかった。それでも交渉は弛まず続けられた。

フランコは、対ソ戦略・中東政策のためスペインを重視する米国を利用し、カスティエーリャ外相は米国追従を危険視し、自主独立政策を模索するスペインがあたかも大国であるかのように、国際政治の舞台で威厳をもった外交を求め続けた。一二年にもわたる任期の後、彼のスタイルはその後任に受け継がれる。すなわちカスティエーリャ外相の下、後に外相となるオレッハ、モランらが育てられた。しかしカスティエーリャは、カレーロ＝ブランコ首相と対立し、国外からの支持も無論得られず、フランコ政権内の派閥争いの犠牲となって更迭された。

一九七〇年代、スアレス首相は当初こそ米国からの支持も得られたが、主義主張が異なる小政党の集団UCDを結束させることは不可能であったし、外務省とも政策上の対立がみられた。スアレスUCD政権は外交政策において中立路線を貫こうとしたのである。

ゴンサレスはマルクス主義を党の綱領からおろし、政権の座についた一九八〇年代、NATO残留の国民投票を実行した。イデオロギーを超越した彼は、一九九一年の中東和平会議を米ソ首脳と共にマドリッドにて開催した。欧州復帰を果たしたPSOE政権(正確にはフェリーペ・ゴンサレス)は、主張する点は主張しつつも親米的だったのである。こうして米国との関係は、二〇世紀に追従から自主独立政策模索、民主化支援依頼、平等な立場での国際協力へとシフトしていく。主に社会主義インターナショナルでの経験から幅広い人脈を築き、国外の支持も得ていたゴンサレスだったが、惜しむらくは政権が長期にわたりすぎた。

そして最後のキーパーソンが、フランコの下で教育されながら、王族独自のネットワークを形成していたフアン・カルロス国王である。カトリックという旗印の元でさえ一つにまとめられなかった国を、国王は共産党や社会労働党まで取り込んでしまいまとめたのである。その意味で、一九七〇年代前半から世論の支持を得、イデオロギーを超越して海外からも支持を得、地中海・中東・中南米といったスペインが伝統的に重視する地域との非公式チャンネルを有する、そして人一倍スペインへの愛国心に溢れる国王の存在は、スペインの民主化プロセスのみならず、その後の国際関係においても多大な貢献をしたと評価できる。

こうした事例——地中海の中立、非同盟中立からアクティブな中立へという流れ——から、中規模国スペインの国民性として普遍化できるいくつかの行動様式を挙げることが出来る。彼らに共通しているのは、米国一カ国に依存せず、帝国から没落しミドルパワーとなったとしても、多国間関係の中でスペインがイニシアティブを有して対等な国家としての発言権を得るべきだと考えたことである。その意味ではアスナールも、「スペイン帝国」のプライドを伴う愛国心を持ち合わせていたと言える。

スペインが国際社会でそれにふさわしい役割を果たすためには、次のようなリーダーが必要であった。第一に国内に向けては公約を順守し、必要とあらば自らが首相や党内と対立したり、自党の存在理由《レゾンデートル》を変更したりすることが可能であり、世論を味方につけつつ内政に振り回されない強いカリスマ、すなわち、何を国益とすべきか明確に世論に訴えることのできるリーダーである。

第二に国外からの支持を得ること、特に隣接地域における協力・信頼関係が創出できるリーダーである。他国の政治家のイデオロギーに拘泥せず、多様化したチャンネルで外交を仕切ることができることと言い換えてもよい。スペインが経済問題を軍事関係交渉の駒として用い、経済再建、安全保障を米国に依存したのは、国際的に孤立した期間限定の必要悪だった。

そして最後に目先に囚われず、長期的な視点で政策を行うことが必要だが、政権の座に長期に居座らず、引き際を心得ていることも必要なリーダーの条件であろう。自らの属するところの保身ではなく国益を考え決断するのである。

大国米国に対し不平等な米西関係を是正していったミドルパワー、スペインの個人の人格、リーダーの原動力とは何だったのか。それはイデオロギーを超えた「愛国心」と言えるではないか。マダリアガは、スペイン人の「愛国心」を、フランス人のように理念的でもなく、英国人のように民族的・本能的でもなく、祖国を自分自身の中に取り込んだ自己愛と分析している(Madariaga 1951:275)。

かつてフランコが思想の違いを超越してホー・チ・ミン、カストロを尊敬したように、理念・民族の相違や本能を越えているのである。革命前の一九五三年バティスタ独裁政権下の法廷陳述で被告自身が弁護人であったカストロが「歴史は私に無罪を宣告するであろう」と述べたように、短期的な判決ではなくて歴史の流れの中での長期の判決に耐えうる愛国心、そしてそれを自分自身の中に取り込んだリーダーの存在が、今後もスペインの原動力であり続けるだろう。

註

★1——一九九九年コソボ空爆作戦においては、空中給油機の主力基地となり、二〇〇〇年からは米空軍の新しい部隊編成・展開方式である航空宇宙遠征軍の、中東方面展開の「展開準備基地」として使用されているほか、スペース・シャトルの緊急着陸飛行場としても指定されていた(江畑、二〇〇五年、一三九－一四〇頁)。

★2——Bush, Gerorge. 'Remarks Prior to Discussions With Foreign Minister Francisco Fernandez-Ordóñez of Spain'. The American Presidency Project.
http://www.presidency.ucsb.edu/ws/index.php?pid=19360&st=spain&st1=#axzz1W5s8sUcA, アクセス 1/12/2010.

★3——Bush, Gerorge. 'Remarks Prior to Discussions With Foreign Minister Francisco Fernandez-Ordóñez of Spain'. The American Presidency Project.
http://www.presidency.ucsb.edu/ws/index.php?pid=19360&st=spain&st1=#axzz1W5s8sUcA, アクセス 1/12/2010.

★4——Bush, Gerorge. 'The President's News Conference With Prime Minister Felipe González of Spain in Madrid'. The American

Presidency Project.
http://www.presidency.ucsb.edu/ws/index.php?pid=20161&st=spain&st1=bush#axzz1W5s8sUcA, アクセス 1/12/2010.

★5――PSOEの得票率三七・一%、野党第一党のAPは二〇・四%（スペイン内務省統計）。

★6――CIA, National intelligence Daily, 14/5/1988, CIA-FOIA, アクセス 1/12/2010.

★7――CIA, National intelligence Daily, 20/1/1988, CIA-FOIA, アクセス 1/12/2010.

★8――ウェステンドルプは、PSOE政権最後の外相。ソラーナおよび彼の任命は、米国の助力によるものであると言われている（Viñas 2002:212）。

★9――その後ものちのPP政権で経済相であったラト（Rodrigo de Rato）は二〇〇四～二〇〇七年にIMF専務理事を務めた。

★10――USEM, Telegram to SoS, 29/3/1974, AAD, アクセス 1/12/2010.

★11――ブレアはまた、スペイン国内の対イラク軍事行動支持率が四%であっても米国と手を組もうとするアスナールを「タフな男」と評している（ブレア、二〇一一年、下巻、一二〇頁）。

あとがき

本書は、二〇〇五年にマドリッド・コンプルテンセ大学において最優等を得たスペイン語による博士論文を中心に、以降の研究を体系的にまとめたものである。第一章は書き下ろし、第二章は(細田 2010a)、(Hosoda 2010)、(Hosoda 2011a) および (Hosoda 2012) を、第三、四、五章は博士論文および(細田 2010b) を、第六章は (Hosoda 2011b) をもとに、それぞれ大幅な改稿を加えている。

なぜ、米西関係の研究を日本人である私が行うのか。第一に、私がスペインで研究を始めた当時、スペイン人学者による戦後米西関係の研究は不思議なほど手つかずであった。フランコ時代を経て、関連文書が非公開のままであったり、既に失われていたりしたため、手がかりに乏しかったこともあるだろう。あるいは、内戦というあまりに陰惨な歴史を客観視できなかったのかもしれない。このミッシング・ピースを埋め、冷戦期の米西関係の見取り図を完成させようとする試みが本書執筆の出発点であった。結果的に、スペイン国内のアクターだけでなく、米国が公式・非公式に王室、労働組合、亡命スペイン人、欧州、国際機関などを通じ、スペインという国に強い影響力を行使してきた実態を詳らかにできたように思う。

第二に、スペインの歴史を学ぶほどにイデオロギーの対立を超えた「何か」が人々を突き動かしている、という実感を強めたことがある。この「何か」を追求せずにスペインの現代史を分析していくことは困難である。とりわけスペインの外交は人物主義とでも言おうか、属人的要素によって動くところがきわめて大きい。具体的に言えば、「この人だから、重要な情報を教える」とか「この人だから、たとえ一時的に経済が悪化しようと皆がその政治指導に従う」といったようなことである。かつて私は外交の現場に身を置き、実際にスペイン民主化の過程で活躍した政治家たちと身近に接する機会に恵まれた。オーラを放つかのような彼らとの邂逅は、現在も強い印象を残している。本書にたびたび登場し、まさに本書執筆中の二〇一二年一月に亡くなったマヌエル・フラガは、そうしたオーラを感じさせる政治家のひとりであった。

もうひとつ、スペインと中南米の間には、旧植民地・宗主国といった関係性だけでは片づけることのできない「何か」がある。面識すらない右派のフランコやフラガと、左派のフィデル・カストロの間に流れる通奏低音からもそれを感じた。スペインのリーダーたちは、イデオロギーに拘泥するのではなく、むしろそれを柔軟に適用することで、冷戦の変容を生き延びてきたのである。こうした柔軟性は、内戦で「二極化」したスペインに図らずも多様性を許容する土壌を育むこととなった。そして彼らが、イデオロギー以前に共有してきた明確な軸、共通する芯、「何か」、それこそが愛国心なのである。

変化する事象、想定外の事態に柔軟に対応する、スペイン政治外交の超党派的な姿勢は、今日の日本に求められていることでもあろう。右派・左派、勝ち組・負け組のような近視眼的な二元論から、日本人が脱することを願ってやまない。

＊＊＊

本書に至るまでの、外務省職員、その後の研究生活のいずれにおいても、私は心強い絆に恵まれた。お世話になった方々に厚く御礼申し上げたい。とくに昨年急逝された神田外語大学の戸門一衛先生には、実務と研究を結びつけることなど、東京外国語大学時代から長年にわたって様々なご助言をいただいた。スペインの政治・経済に初めて出会ったのは、フランコ時代・民主化期を体験された戸門先生の、臨場感あふれる授業においてであった。現代スペイン研究として、僭越ながら先生の高著『スペインの実験――社会労働党政権の12年』（朝日選書）の末に連なることを目指した本書を、謹んで戸門先生に捧げたい。

米国や日本に住む筆者が本書の基礎となった博士論文を完成させるまでには、マドリッド・コンプルテンセ大学のフアン＝カルロス・ペレイラ先生の数年にわたる指導があった。論文審査委員長のフアン＝パブロ・フシ先生からは出版を薦めていただき、同大学のアントニオ・モレーノ先生、アントニオ・ニーニョ先生、フェリーペ・サアグン先生、国立通信教育大学のグスタボ・パロマレス先生、セビーリャ大学のラファエル・サンチェス＝マンテロ先生、ウエルバ大学のエンカルナシオン・レムス先生からは有益なご助言・激励をいただいた。またマイアミ大学のホアキン・ロイ先生は、私の論文を書籍の一章として採り上げ、世界に発信してくださった。心より感謝申し上げる。

学部生時代から今日に至るまで、東京外国語大学の恩師からは温かいご指導をいただいている。スペイン史学会の方々、特に首都大学東京の野上和裕先生はご多忙にもかかわらず、スペイン史の専門家の観点から有益なコメントを寄せてくださった。拙稿の出版を後押ししてくださった関東学院大学の君塚直隆先生、ご助言いただいた東京外国語大学の立石博高先生にも厚く御礼申し上げる。博士論文の他のベースとなった草稿・報告に関して、ご意見をいただいた日本国際政治学会、日本ラテンアメリカ学会の皆様、研究を支援してくださった早稲田大学国際教養学部、神奈川大学外国語学部にも感謝申し上げる。スペイン研究者とは異なる視座に立ったご指摘のおかげで、本書は現代とのリンクを強く意識することとなり、博士論文を凌駕する充実した内容になった。

現在の私があるのは、外務省の方々、スペイン日本国大使館のスタッフの方々、外務省研修所の中平紀子先生、カルロス・モリーナ先生のおかげである。恩返しには及ばないまでも、本書が大学や外務省の後輩たちに資するものとなってくれることを願う。

国外のアーカイブは宝の山である。ただし、どこに何が埋もれているかは分からない。幸い私は史料のありかを嗅ぎつける感覚に恵まれたが、それは以下の方々の協力あってのことである。スペイン外務省の外交文書館のピラール・カサード女史、フランコ財団の方々、フォード大統領図書館のゲイル・グンダーセン氏には特にお世話になった。また、アリアス・ナバーロ文書館、スペイン商務省中央文書館、スペイン王立歴史アカデミー、スペイン総合行政公文書館、パブロ・イグレシアス財団、コンプルテンセ大学図書館、オックスフォード大学ボードリアン図書館、ウォーリック大学現代情報センター、英国国立公文書館、米国国立公文書館、ノースカロライナ大学図書館、ジョージ・ミーニー・センター、フーバー研究所、デューク大学図書館、イェール大学図書館、ジョージタウン大学図書館、ハーバード大学図書館、アイゼンハワー、ケネディ、ジョンソン、ニクソン、カーター、レーガン各大統領図書館、オクラホマ大学(カール・アルバート・センター)、ストーニブルック大学(ジャビッツ・コレクション)、ボワーズ州立大学(チャーチ・コレクション)、ロードアイランド大学(ペル・コレクション)、オランダの国際社会史研究所、早稲田大学・上智大学・東京外国語大学・日本大学図書館の方々のご支援に感謝する。

スペイン語の博士論文執筆に当たっては、スペイン文化省の二〇〇一年度グラシアン基金の助成、フランコの対キューバ政策に関しては、早稲田大学より特定課題研究助成(2009B-321)を受けた。また、本書の出版に当たっては、日本大学商学部出版助成を頂いた。日ごろ教育・研究環境を整えてくださる同学部の関係者の方々、同僚の先生方にも感謝申し上げる。そして良いものを作るために、体裁から内容まで妥協を許さないプロフェッショナル、千倉書房の神谷竜介氏に厚く御礼申し上げる。

最後に様々な援助を惜しまなかった義父母・両親、稚拙な議論に我慢強く付き合ってくれた夫と、「政治は演劇」を今更ながらに気づかせてくれた娘と科学に疎かった母を刺激してくれた息子に感謝したい。

二〇一二年　初夏の砧公園を眺めつつ

細田晴子

✣略語

DoD: Department of Defense
DoS: Department of State
HAK: Henry A. Kissinger
MAE: Ministerio de Asuntos Exteriores
NSA: National Security Agency
NSC: National Security Council
PCF-A: Presidential Country Files for Africa
PCF-EC: Presidential Contry Files for Europe and Canada
USEM: US Embassy in Madrid
WH: White House
WHCF: White House Central Files
UKEM: UK Embassy in Madrid

✣参考文献

1　一次史料

(1) 米国

AAD: National Archives, Access to Archival Databases, http://aad.archives.gov
CA: Carl Albert Congressional Research and Studies Center Congressional Archives

CIA-FOIA: Central Intelligence Agency, Freedom of Information Act, http://www.foia.ucia.gov
DDRS: Declassified Documents Reference System（アメリカ機密解除文書データベース）
DEL: Dwight D. Eisenhower Library
DNSA: Digital National Security Archive, http://nsarchive.chadwyck.com
DoS: Department of State
DUKE: David M. Rubenstein Rare Book & Manuscript Library and University Archives, Duke University
FOIA: U.S. Department of States, Freedom of Information Act, http://foia.state.gov
FRUS: Foreign Relations of the United States, http://www.state.gov/www/about_state/history/frus.html/
GFL: Gerald R. Ford Library
GMMA: George Meany Memorial Archives
HI: Hoover Institution Archives, Stanford University
JCL: Jimmy Carter Library and Museum
JJC-SBU: Senator Jacob K. Javits Collection, Stoney Brook University
LJL: Lyndon B. Johnson Library
NACP: National Archives at College Park
NPMP: Nixon Presidential Materials Project
RRL: Ronald Reagan Presidential Foundation and Library
UNC: The Allard K. Lowenstein Papers #4340, Southern Historical Collection, The Wilson Library, University of North Carolina at Chapel Hill
YUL: Lowenstein Papers (MS 1450). Manuscripts and Archives, Yale University Library

（2）スペイン
AMAE: Archivo del Ministerio de Asuntos Exteriores
AAN: Archivo y Biblioteca de D.Carlos Arias Navarro en la Fundación Hullera Vasco-Leonesa
FNFF: Fundación Nacional Francisco Franco

（3）英国

BSC: Bodleian Library Special Collection, James Callaghan, Oxford University
MRC: The Modern Records Centre, University of Warwick
TNA: The National Archives

（4）その他

IISH: International Institute of Social History (Holland)

（5）新聞

The Christian Science Monitor
The New York Times
The Washington Post
Pueblo
Ya
以下はＷｅｂ上での検索も可能
ABC: http://www.abc.es
La Vanguardia: http://www.lavanguardia.com
El País: http://www.elpais.es

2　二次史料

上原良子（二〇〇五）「フランスのヨーロッパ政策」森井裕一編『国際関係の中の拡大ＥＵ』信山社
江畑謙介（二〇〇五）『米軍再編』ビジネス社
遠藤乾（二〇〇八）「ヨーロッパ統合の再活性化　１９７９－９１年」遠藤乾編『ヨーロッパ統合史』名古屋大学出版会

岡住正秀（二〇〇二）「アンダルシア主義の歴史」立石博高、中塚次郎編『スペインにおける国家と地域』国際書院
黒崎輝（二〇一一）「米国の核優位への執着と全面完全軍縮、一九五九 - 一九六三年：核軍縮競争における米国の役割の再考」『国際政治』第163号
佐々木卓也（二〇一一）「序章『核』とアメリカの平和」『国際政治』第163号
佐瀬昌盛（一九九九）『NATO：21世紀からの世界戦略』文春新書
篠原一（一九八六）『ヨーロッパの政治』東京大学出版会
砂山充子（二〇〇八）「第二共和国とスペイン内戦」関哲行、立石博高、中塚次郎編『世界歴史大系　スペイン史2：近現代・地域からの視座』山川出版社
立石博隆（二〇〇二）「国民国家の形成と地域ナショナリズムの擡頭」立石博隆、中塚次郎編（二〇〇二）『スペインにおける国家と地域：ナショナリズムの相克』国際書院
谷川稔編（二〇〇三）『歴史としてのヨーロッパ・アイデンティティ』山川出版社
津崎直人（二〇一一）「グローバル・ガバナンス論の社会民主主義的起源：ブラント、社会主義インターナショナルによるグローバル・ガバナンス委員会の形成（1976 - 1992）」『国際政治』第164号
戸門一衛（一九九四）『スペインの実験：社会労働党政権の12年』朝日選書
中北浩爾（二〇〇八）『日本労働政治の国際関係史 1945 - 1964――社会民主主義という選択肢』岩波書店
中塚次郎（二〇〇二）「歴史学とナショナリズム：スペインにおける「歴史教育改革論争」立石博隆、中塚次郎編『スペインにおける国家と地域：ナショナリズムの相克』国際書院
――（二〇〇八ａ）「フランコ独裁」関哲行、立石博高、中塚次郎編『世界歴史大系　スペイン史2：近現代・地域からの視座』山川出版社
――（二〇〇八ｂ）「国家と地域」関哲行、立石博高、中塚次郎編『世界歴史大系　スペイン史2：近現代・地域からの視座』山川出版社
西澤龍生（一九九二）『スペイン：原型と喪失』彩流社
細田晴子（二〇一〇ａ）「スペイン・フランコ政権下における対キューバ貿易政策（1959 - 75年）」『ラテンアメリカ研究年報』第30号
――（二〇一〇ｂ）「スペインの民主化プロセス：ファン・カルロス国王と対米関係（1969 - 1977年）」『人文研

究』第一七一号
細谷雄一（二〇〇一）『戦後国際秩序とイギリス外交：戦後ヨーロッパの形成　１９４５〜１９５１年』創文社
松森奈津子（二〇〇九）『野蛮から秩序へ：インディアス問題とサラマンカ学派』名古屋大学出版会
渡部哲郎（二〇〇四）『バスクとバスク人』平凡社新書

ウェスタッド、Ｏ・Ａ（佐々木雄太監訳）（二〇一〇）『グローバル冷戦史』名古屋大学出版会
オルテガ・イ・ガセット、ホセ（神吉敬三訳）（一九九八）『大衆の反逆』ちくま学芸文庫
クレア、Ｈ／Ｊ・Ｅ・ヘインズ／Ｆ・Ｉ・フイルソフ（渡辺雅男、岡本和彦訳）（二〇〇〇）『アメリカ共産党とコミンテルン：地下活動の記録』五月書房
シュミッター、フィリップ／ギジェルモ・オドンネル（真柄秀子、井戸正伸訳）（一九八六）『民主化の比較政治学：権威主義支配以後の政治世界』未来社
ステパン、アルフレッド・Ｃ（堀坂浩太郎訳）（一九八九）『ポスト権威主義：ラテンアメリカ・スペインの民主化と軍部』同文舘
ブレア、トニー（石塚雅彦訳）（二〇一一）『ブレア回顧録』上下巻、日本経済新聞社
ヘインズ、ジョン・アール／ハーヴェイ・クレア（中西輝政監訳）（二〇一〇）『ヴェノナ：解読されたソ連の暗号とスパイ活動』ＰＨＰ研究所
リンス、Ｊ／Ａ・ステパン（荒井祐介、五十嵐誠一、上田太郎訳）（二〇〇五）『民主化の理論：民主主義への移行と定着の課題』一藝社

Anson, Luis María. (1994) *Don Juan*. Barcelona: Plaza & Janés.
Apezarena, José. (1997) *Todos los hombres del Rey*. Barcelona: Plaza & Janés.
Areilza, José María de, y Castiella, Fernando María. (1941) *Reivindicación de España*. Madrid: Instituto de Estudios Políticos.
———. (1977) *Diario de un ministro de la Monarquía*. Barcelona: Planeta.
———. (1983) *Cuadernos de la Transición*. Barcelona: Planeta.
———. (1984) *Memorias exteriores 1947-1964*. Barcelona: Planeta.

———. (1985) *Crónica de libertad 1965-1975*. Barcelona: Planeta.

———. (1992) *A lo largo del siglo*. Barcelona: Planeta.

Arenal, Celestino del. (2008) “Consenso y disenso en la política exterior de España.” Real Instituto Elcano. <http://www.realinstitutoelcano.org/>, アクセス 1/12/2010.

Armero, José Mario. (1989) *Política exterior de España en democracia*. Madrid: Espasa-Calpe.

Arias, Inocencio. (2010) *La trastienda de la diplomacia: de Eva Perón a Barack Obama, 25 encuentros que cambiaron nuestra historia*. Barcelona: Plaza & Janés.

Avni, Haim. (1982) España, Franco y los judíos. Madrid: Altelana.

Bardavío, Joaquín. (1995) *Las claves del Rey*. Madrid: Espasa Calpe.

———. (1979) *Los silencios del Rey*. Madrid: Strips.

Blázquez Vilaplana, B. (2006) *La proyección de un líder político: Felipe González y Nicaragua 1978-1996* . Sevilla: Centro de Estudios Andaluces, Consejería de la Presidencia, Junta de Andalucía.

Brown, Anthony Cave.(1982) *The Last Hero: Wild Bill Donovan*. New York: Times Books.

Busquets, Julio. (1999) *Militares y demócratas: Memorias de un fundador de la UMD y diputado socialista*. Barcelona: Plaza & Janés.

Carrillo, Santiago. (1993) *Memorias*. Barcelona: Planeta.

Carro Antonio. (1976) “La Descolonización del Sahara.” *Revista de Estudios Internacionales* 144, Marzo-abril: pp.11-32.

Calvo Serrer, Rafael. (1978) *Mis enfrentamientos con el poder*. Barcelona: Plaza & Janés.

Cañellas Mas, Antonio. (2011) *Laureano López Rodó: Biografía política de un Ministro de Franco (1920-2000)* . Madrid: Biblioteca Nueva.

Cebrián, Juan Luis y González, Felipe. (2001) *El futuro no es lo que era: una conversación*. Madrid: Aguilar.

Chamorro, Eduardo y Fontes, Ignacio. (1976) *Las bases norteamericanas en España*. Barcelona: Editorial Euros.

Chavkin, Samuel, y otros (eds.) (1976) *Spain: Implications for United States Foreign Policy*. Stanford: Greylock Publishers.

Cooley, Alexander. (2008) *Base Politics: Democratic Change and the U.S. Military Overseas*. Ithaca: Cornell University Press.

Cummings, Richard. (1985) *The Pier piper: Allard K.Lowenstein and the Liberal Dream*. New York: Grove Press.

Delgado Fernández, Santiago y Sánches Millas, Pilar. (2007) *Francisco Fernández Ordóñez: un político para la España necesaria, 1930-1992.* Madrid: Biblioteca Nueva.

Delgado Gómez-Escalonilla, Lorenzo. (1992) *Imperio de papel: Acción cultural y política exterior durante el primer franquismo.* Madrid: CSIC.

Díaz, Onésimo y Meer, Fernando. (2010) *Rafael Calvo Serer: la búsqueda de la libertad (1954-1988)* . Madrid: Rialp.

Domínguez Arribas, Javier. (2009) *El enemigo judeo-masónico en la propaganda franquista (1936-1945)* . Madrid: Marcial Pons Historia.

Dougherty, James E., and Pfaltzgraff, Robert L. Jr. (1986) *American Foreign Policy FDR to Reagan.* New York: Harper and Row Publishers.

Durán-Loriga, Juan. (1999) *Memorias diplomáticas.* Madrid: Siddharth Mehta Ediciones.

Eaton, Samuel D. (1981) *The Forces of Freedom in Spain, 1974-1979: A personal account.* Stanford: Hoover Institution Press.

———. (1990) *Oral history interview*, Georgetown University Library, October 22, 1990.

Fernández Sebastián, Javier y Fuentes, Juan Francisco (dirs.). (2008) *Diccionario político y social del siglo XX español.* Madrid: Alianza Editorial.

Fulbright, William J. (1972) *The Crippled Giant. American Foreign Policy and its Domestic Consequences.* New York: Random House.

Garrigues Díaz-Cañabate, Antonio. (1978) *Diálogos conmigo mismo.* Barcelona: Planeta.

Genscher, Hans-Dietrich. (1997) *Rebuilding a House Divided.* New York: Broadway Books.

Gillespie, Richard. (1989) *The Spanish Socialist Party: A history of factionalism.* Oxford: Clarendon Press.

González, Felipe. (1987) "A New International Role for a Modernizing Spain," In Robert P. Clark, and Michael H. Haltzel (eds.) *Spain in the 1980s: The Democratic Transition and a New International Role*, pp.179-190. Cambridge: Ballinger Publishing Company.

Halperin, Morton H. (1974) *Bureaucratic Politics and Foreign Policy.* Washington, D.C.: The Brookings Institution.

Hartmann, Robert T. (1980) *Palace politics: An inside account of the Ford years.* New York: McGraw-Hill Book.

Henríquez Uzal, María José. (2008) "El Prestigio Pragmático: Iberoamerica en la Política Exterior de Gregorio López Bravo

(1969-1973)." *Cuadernos de Historia Contemporánea* 6: pp.91-168.
Herrerín López, Ángel. (2004) *La CNT durante el franquismo: Clandestinidad y exilio (1939-1975).* Madrid: Siglo XXI.
Hosoda, Haruko. (2005) *La política exterior de la administración Ford hacia España durante la Transición (1973-1977)*, Thesis Doctoral, Departamento de Geografía e Historia. Madrid, Universidad Complutense de Madrid.
———. (2010) "The Franco regime's influence on Cuba 1959-75." International Journal of Cuban Studies 2(1&2) Spring/Summer: pp.50-61.
———. (2011a) "Influence of Spanish Domestic Issues on U.S. Base Politics during the Late Franco Regime (1960-1975)." *Waseda Global Forum* 7: pp.75-106.
———. (2011b) "Spanish Affiliation to the EEC and Interrelationship of its NATO Membership as seen from the United States." In Joaquín Roy, and María Lorca-Sucino (eds.) *Spain in the European Union: the First Twenty-Five Years (1986-2011)*, pp.251-263. Coral Gables: Jean Monnet Chair/EU Center, University of Miami.
———. (2012) "The American and British Labor Unions' Policies Toward the Spanish Democratic Transition 1962-1977". Nihon University Journal of Humanities and Sciences 17(3): pp.37-52.
Huguet, Montserrat. (2005) "España y el Mediterráneo en los años setenta." *Historia del presente* 6: pp.109-136.
Hyland, William G. (1987). *Mortal Rivals: Superpower Relations from Nixon to Reagan*. New York: Random House.
Iglesias, María Antonia. (2003) *La memoria recuperada: lo que nunca han contado Felipe González y los dirigentes socialistas.* Madrid: Aguilar.
Kaplan, Stephen S. (1977) "The Utility of US Military Bases in Spain and Portugal." *Military Review* LVII,4: pp.43-57.
Kissinger, Henry. (1999) *Years of Renewal*. New York: Simon & Schuster.
Lemus, Encarnación. (2001) *En Hamelin...La Transición Española más allá de la Frontera.* Oviedo: Septem ediciones.
López Rodó, Laureano. (1977) *La larga marcha hacia la Monarquía*. Barcelona: Noguer.
———. (1992) *Memorias. El principio del fin. III*. Barcelona: Plaza & Janés.
———. (1993) *Memorias. Claves de la Transición*. Barcelona: Plaza & Janés.
López Zapico, Misael Arturo. (2010) *El tardofranquismo contemplado a través del periódico The New York Times, 1973-1975.* Gijón: Abaco Ediciones.

Madariaga, Salvador de. (1951) *Ingreses, franceses, españoles.* México D.F.: Hermes.

Mateos, Abdón. (2008) *Historia de la UGT: Contra la dictadura franquista, 1939-1975.* Madrid: Siglo XXI.

Marquina, Antonio. (1986). *España en la política de seguridad occidental 1939-1986.* Madrid: Ediciones Ejército.

McDermott, P. (2006) "Gorkin y CIA: una interrogación sobre 'la cospiración liberal' a través de las revstas del exilio exterior e interior durante la Guerra Fría cultural." En Manuel Aznar Soler (ed.) *Escritores, editores y reivtas del exilio republicano de 1939,* pp.959-968. Sevilla: Biblioteca del Exilio.

McCloskey, Robert J. (1990) "The 1976 Treaty: Overview of the Negotiations." In McDonald, John W. Jr., and Bendahmane, Diane B. (eds.) *U.S. Bases Overseas: Negotiations with Spain, Greece, and the Philippines,* pp.16-21. Boulder: Westview Press.

Meer Lecha-Marzo, Fernando de. (2007) *Antonio Garrigues Embajador ante Pablo VI: Un hombre de concordia en la tormenta (1964-1972).* Cizur Menor: Aranzadi.

Molas-Gallart, Jordi (1992) *Military Production and Innovation in Spain.* Chur: Harwood Academic Publishers.

Mollenhoff, Clark. R. (1976) *The Man Who Pardoned Nixon.* New York: St. Martin's Press.

Moran, Barbara. (2009) *The day we lost the H-bomb: Cold war, hot nukes, and the worst nuclear weapons disaster in history.* New York: Ballantine Books.

Morán, Fernando. (1990) *España en su sitio.* Barcelona: Plaza & Janés.

———. (1984) "Principios de la política exterior española." *Leviatán* 16: pp.7-19.

Morán, Gregorio. (1979) *Adolfo Suárez. Historia de una ambición.* Barcelona: Planeta.

Morgan, Ted. (1999) *A Covert Life Jay Lovestone: Communist, Anti-Communist, and Spymaster.* New York: Random House.

Morodo, Raúl. (2001) *Atando cabos: Memorias de un conspirador moderado (I).* Madrid: Taurus.

Muñoz Sánchez, Antonio. (2007) "La Fundación Ebert y el socialismo español de la dictadura a la democracia." *Cuadernos de Historia Contemporánea* 29: pp.257-278.

Nakakita, Koji. (2008) "Incorporating Japanese labor into the Free World: Cold War diplomacy and economic interdependence, 1949-1964". *Labor History* 49 (2): pp.199-222.

Nixon, Richard. (1978) *The memories of Richard Nixon.* New York: Grosset and Dunlap.

Oreja Aguirre, Marcelino. (2011) *Memoria y esperanza: Relatos de una vida.* Madrid: Esfera de los Libros.

Ortí Bordás, José Miguel. (2005) *La Transición desde dentro.* Barcelona: Planeta.

Ortuño Anaya, Pilar. (1996) "El movimiento laborista britanico y España." *Espacio, Tiempo y Forma, Serie V, Historia contemporánea* t.9: pp.279-293.

———. (2002) "Partidos socialistas europeos y sindicatos. La transicón democrática española 1959-77." *Espacio, Tiempo y Forma, Serie V, Historia contemporánea t.15*: pp.495-523.

———. (2005) *Los socialistas europeos y la transición española.* Madrid: Marcial Pons Historia.

Osorio, Alfonso. (1980) *Trayectoria política de un ministro de la Corona*. Barcelona: Planeta.

Palomares, Alfonso. S. (2005) *Felipe González: El hombre y el político.* Barcelona: Ediciones B.

Pardo Sanz, Rora. (1996) "Fernando María Castiella: Pasión política y vocación diplomática". *Historia Contemporánea: Nombres propios para una diplomacia* 15: pp.225-239.

———. (2007) "La política norteamericana de Castiella." En Oreja Aguirre, M., y Sánchez Mantero, R., *Entre la Historia y la memoria, Fernando María Castiella y la política exterior de España*, pp.307-381. Madrid: Real Academia de Ciencias Morales y Politicas.

Payne, Stanley G. (1992). *Franco: el perfil de la historia*. Madrid: Espasa Calpe.

———. (1987). *The Franco Regime 1936-1975*. Madison: The University of Wisconsin Press.

Pell, Claiborne. (1972) *Power and Policy: America's Role in World Affairs*. New York: WW Norton & Company.

———. (1976) *Portugal (Including the Azores) and Spain in search of new directions. A report by Senator Claiborne Pell to the Committee on Foreign Relations United States Senate.* Washington, D.C.: U.S.G.P.O.

Pereira, Juan Carlos, y Martínez Lillo, Pedro A. (2008) "Política Exterior, 1976-2004." En Javier Paredes (ed.) *Historia contemporánea de España SigloXX,* pp.1000-1027. Barcelona: Ariel.

Perinat, Luis Guillermo. (1996) *Recuerdos de una vida itinerante.* Madrid: Compañía Literaria.

Powell, Charles. (1996) "Un 'hombre-puente' en la política exterior española: el caso de Marcelino Oreja." *Historia Contemporánea* 15: pp.241-256.

———. (2003) "Spanish Membership of the European Union Revisited." In Sebastián Royo, and Paul Christopher Manuel (eds). *Spain and Portugal in the European Union: the First fifteen years,* pp.147-168. Oxon: Frank Cass.

———. (2001) *España en democracia, 1975-2000.* Barcelona: Plaza & Janés.

———. (2011a) *El amigo americano: España y Estados Unidos: de la dictadura a la democracia Cambio de régimen y política exterior.* Barcelona: Galaxia Gutenberg.

———. (2011b) "The Long Road to Europe: Spain and the European Community, 1957-1986." In Joaquín Roy, and María Lorca-Sucino (eds.) *Spain in the European Union: the First Twenty-Five Years (1986-2011)*, pp. 21-44. Coral Gables: Jean Monnet Chair/EU Center, University of Miami.

Prego, Victoria. (2000) *Presidentes: Veinticinco años de historia narrada por los cuatro jefes de Gobierno de la democracia.* Barcelona: Plaza & Janés.

Preston, Paul. (2002) *Franco: Caudillo de España.* Barcelon: Grijalbo.

Puig, Núria. (2003) "La ayuda económica norteamericana y los empresarios españoles." *Cuadernos de Historia Contemporánea* 25: pp.109-129.

Rein, Raanan. (1996). *Franco, Israel y los judíos.* Madrid: Consejo Superior de Investigaciones Científicas.

———. (2006) "Diplomacy, Propaganda, and Humanitarian Gestures: Francoist Spain and Egyptian Jews, 1956-1968." *Iberoamericana* VI(23): pp.21-33.

Robinson, Archie. (1981) *George Meany and His times.* New York: Simon and Schuster.

Rodorigo, Fernando. 1995 "La inserción de España en la política de seguridad occidental." En Richard Gillespie, y Jonathan Story (eds.) *Las relaciones exteriores de la España democrática*, pp.77-103, Madrid: Alianza Universidad.

Roldan, Concha. (1998) *Los americanos en Zaragoza. La presencia de las fuerzas aéreas de los Estados Unidos en la Base (1954-1992).* Zaragoza: Ibercaja.

Roy, Joaquín. (1986) "Presencia de España en los Estados Unidos: economía o cultura una propuesta para el 92." En *Realidades y posibilidades de las relaciones entre España y América en los ochenta*, pp.173-197. Madrid, Ediciones Cultura Hispánica.

Royo, Sebastián. (2005) "The Transformation of the Spanish Economy and FDI." In Félix E. Martín, and Pablo Tokal (eds.) *Latin America's Quest for Globalization: The Role of Spanish Firms,* pp.58-85. Hants: Ashgate.

Sánchez Mantero, Rafael. (2007) "Castiella y Gibraltar." En Marcelino Oreja Aguirre, y Rafael Sánchez Mantero (eds.) *Entre la Historia y la memoria, Fernando María Castiella y la política exterior de España*, pp.137-152. Madrid: Real Academia de

Ciencias Morales y Politicas.

Sarasqueta, Antxon. (1985) *Después de Franco, la OTAN*. Barcelona: Plaza & Janés.

Schoenebaum, Eleanora W., (ed.) (1979). *Political Profiles: The Nixon-Ford Years.* New York: Factson File.

Southworth, Herbert R. (1996). "The Grand Comouflage: Julián Gorkin, Burnett Boloten and the Spanish Civil War." In Paul Preston, and Ann L. Mackenzie (eds.) *The Republic Besieged Civil War in Spain 1936-1939*, pp.261-310. Edinburgh: University of Edinburgh.

Stabler, Wells. (1987) "The View from U.S. Embassy". In Hans Binnendijk (ed.) *Authoritarian Regimes in Transition*, pp.192-197. Washington, D.C.: Foreign Service Institute.

———. (1991) Oral history interview, Georgetown University Library, February 28, 1991.

Stennis, John C., and Fulbright, William J. (1971) *The Role of Congress in Foreign Policy.* Washington, D.C.: American Enterprise Institute for Public Policy Research.

Stiles, David. (2006) "U.S. Information Policy and the 1966 Palomares Incident." *Journal of Cold War Studies* 8 (1) Winter: pp.49-67

Stoessinger, John G. (1976) *Henry Kissinger: the Anguish of Power.* New York: W ·W· Norton & Company.

Suárez Fernández, Luis. (2005) *Franco.* Barcelona: Ariel.

———. (2011) *Franco y la Iglesia: Las relaciones con el Vaticano.* Madrid: Homo Legens.

Szulc, Tad. (1975-76) "Lisbon & Washington: Behind the Portuguese Revolution". *Foreign Policy* 21, Winter: pp.3-62

Torreblanca, José I. (2001) "La Europeización de la política exterior española." En Carlos Closa (ed.) *La europeización del sistema politico español*, pp.486-512. Toledo: Istmo.

Tovias, Alfred. (1991). "US policy towards democratic transition in Southern Europe." In Geoffrey Pridham (ed.) *Encouraging Democracy: The International Context of Regime Transition in Southern Europe,* pp.175-194. London: Leicester University Press.

Tusell, Javier. (1993) *Carrero. La eminencia gris del régimen de Franco.* Madrid: Temas de Hoy.

Urbano, Pilar. (1996) *La Reina.* Barcelona: Plaza & Janés.

Vilallonga, José Luis de. (1993) *El Rey.* Barcelona: Plaza & Janés.

Viñas, Ángel. (1981) *Los pactos secretos de Franco con Estados Unidos.* Barcelona: Grijalbo.

———. (1996) Dos hombres para la transición externa: Fernando Morán y Francisco Fernández Ordóñez. *Historia Contemporánea: Nombres propios para una diplomacia* 15:pp.257-288.

———. (2002) "Rompiendo las cadenas del pasado." En Sebastian Balfour, and Paul Preston (eds.) *España y las grandes potencias en el siglo XX*, pp.194-213. Barcelona: Crítica.

———. (2003) *En las garras del águila*. Barcelona: Crítica.

———. (2005) "Los pactos con los Estados Unidos en el despertar de la España democrática." En Lorenzo Delgado Gómez-Escalonilla, y María Dolores Elizalde (eds.) *España y Estados Unidos en el siglo XX*, pp.245-299. Madrid: CSIC.

Walters, Vernon A. (1978) *Silent Missions*. New York: Doubleday and Company.

———. (2001) *The Mighty and the Meek: Dispatches from the Front Line of Diplomacy.* London: St Ermin's Press.

Wells, Benjamin. (1965) *Spain, the Gentle Anarchy.* New York: Praeger.

Yáñez-Barnuevo, Juan Antonio, y Viñas, Angel. (1992) "Diez años de política exterior del gobierno socialista (1982-1992)." En Alfonso Guerra, y José Félix Tezanos (eds.) *La década del cambio: Diez años de gobierno socialista 1982-1992*, pp.85-133. Madrid: Editorial Sistema.

Ziegler, Philip. (1993) *Wilson: The Authorised Life of Lord Wilson of Rievaulx*. London: Weidenfeld & Nicolson.

ヤ

ラ

サ

タ

ナ

主要人名索引

ア

カ

サ

タ

ナ

ハ

ア

カ

主要事項索引

[著者略歴]

細田晴子（ほそだ・はるこ）

日本大学商学部助教

東京外国語大学外国語学部スペイン語学科卒業。マドリッド・コンプルテンセ大学歴史学博士。外務省に入省、在スペイン日本国大使館などに勤務。早稲田大学国際教養学部助教などを経て現職。

主な論文に La política exterior de la Administración Ford hacia España durante la Transición (1973-1977) (Universidad Complutense de Madrid, 2005); Spain in the European Union: the First Twenty-Five Years (1986-2011)（共著、Jean Monnet Chair/EU Center, Universtiy of Miami, 2011）などがある。

戦後スペインと国際安全保障　米西関係に見るミドルパワー外交の可能性と限界

二〇一二年九月三日　初版第一刷発行

著者　細田晴子

発行者　千倉成示

発行所　株式会社 千倉書房
〒一〇四-〇〇三一　東京都中央区京橋二-四-一二
電話　〇三-三二七三-三九三一（代表）
http://www.chikura.co.jp/

印刷・製本　中央精版印刷株式会社

造本装丁　米谷豪

ISBN 978-4-8051-0997-7　C3031

ファシストの戦争　石田憲 著

イタリアにとってのエチオピア戦争、日本にとっての日中戦争を対比させつつ、遅れてきた帝国主義の顚末を描く。

❖四六判／本体 三二〇〇円＋税／978-4-8051-0980-9

ナショナリズムとイスラム的共存　鈴木董 著

西洋の衝撃によって崩れ去ったイスラム的共存のメカニズム。オスマンの落日に民族問題の淵源を訪ねる。

❖四六判／本体 二八〇〇円＋税／978-4-8051-0893-2

おどる民 だます国　小林章夫 著

18世紀最大の経済事件。その発端と終息には、現代社会によく似た、持つ者と持たざる者の悲喜劇が浮かび上がる。

❖四六判／本体 二六〇〇円＋税／978-4-8051-0915-1

千倉書房

表示価格は二〇一二年九月現在